AN INTRODUCTION TO
MORAL PHILOSOPHY

牛津大学哲学通识课

道德哲学

[英] 乔纳森·沃尔夫 (Jonathan Wolff) 著
李鹏程 译

中信出版集团 | 北京

图书在版编目（CIP）数据

道德哲学 /（英）乔纳森·沃尔夫著；李鹏程译
. -- 北京：中信出版社，2019.7 （2023.11 重印）
（牛津大学哲学通识课）
书名原文：An Introduction to Moral Philosophy
ISBN 978-7-5217-0383-2

Ⅰ. ①道… Ⅱ. ①乔… ②李… Ⅲ. ①伦理学—高等
学校—教材 Ⅳ. ① B82

中国版本图书馆 CIP 数据核字 (2019) 第 068673 号

道德哲学
（牛津大学哲学通识课）

著　　者：［英］乔纳森·沃尔夫
译　　者：李鹏程
出版发行：中信出版集团股份有限公司
（北京市朝阳区东三环北路 27 号嘉铭中心　邮编　100020）
承 印 者：河北鹏润印刷有限公司

开　　本：880mm × 1230mm　1/32　　印　　张：13　　字　　数：302千字
版　　次：2019年7月第1版　　印　　次：2023年11月第5次印刷
京权图字：01–2019–1692
书　　号：ISBN 978–7–5217–0383–2
定　　价：58.00元

献给我的侄子丹和汤姆

目录

前言

思考某个道德问题时，关键理念之一是站在他人的角度来看待事物。这一点对于道德观本身而言很重要，在我看来，撰写有关道德的内容时，它也同样重要。我写作时，包括写这本书时，一直致力于写出那种我自己在相应的人生阶段想读到的书；具体到本书的主题上，就是我开始学习道德哲学的阶段。伟大的道德哲学家伊曼努尔·康德在文章《什么是启蒙》中表达的思想一直指引着我。要获得启蒙就要**独立思考**，不能不假思索地接受别人的思想，连它们是不是有道理都不自己先想一想。

这本书的目的是帮助刚开始接触这门学科的人独立地思考道德哲学。如果你愿意，我希望帮助你更好地了解你应该如何带着道德自信去思考、感受和行动。我不会告诉你该思考**什么**，而是要帮助你独立地思考道德问题——不仅是本书中的这些问题，还包括你生活中和头脑中可能会冒出来的其他问题。换言之，这本书的目的是帮助你走上道德启蒙之路（至少是康德所谓的那种**启蒙**），虽然这么说可能会让你产生不切实际的期待。不过，启蒙并非指知道了问题的答案，而是指拥有了认真思考问题的工具。

本书关注的焦点是理论或概念，旨在带领读者了解目前构筑起道德哲学，使之既能成为大学研习科目，又能作为实用生活学问的那些主要争论、理论和概念。鉴于此，我经常会举些例子，但仅凭一本书的篇幅，很难对实际问题进行全面和深入的考察，所以本书还有一本配套的读本，名为《道德哲学选读》（*Readings in Moral Philosophy*），里面有本书中讨论的许多著作的节选，以及应用伦理学中诸多重要讨论的文选。这两本书可以作为对道德哲学较为详尽的介绍一起使用，也可以每本书单独使用。

本书的目标之一是思考道德哲学越来越丰富的进路和主题。因此，在举例时，我会从学生可能正在学习的其他科目中借鉴大量内容，比如，心理学、人类学、文学、生物科学等等。此外，学生还会在书中很多地方看到有关当下性别和种族问题的广泛讨论。特别要指出的是，许多人错误地将女权主义伦理学局限在关怀伦理学之中，我会尽量避免这么做。

每章的结尾都有一篇总结、三到五个讨论题、一份关键词列表和一份关键思想家列表，以及一个延伸阅读的板块。书的末尾附有关键词的术语表，以及关键思想家的简介。此外，可与本书配合使用的，还有一套完整的试题库和一个包含了小测验和讨论话题的课程资料包，可载入大部分的学习管理系统。要获取这些资源，可登陆 digital.wwnorton.com/intromoral。

第一章

道德哲学与道德推理

在求索智慧这件事上，愿每个人在年少时都不迟钝，在年老后都不倦怠。因为对于灵魂的健康而言，没有哪个年龄是太早或者太晚的。说研究哲学的时机还没到或者已经过去了，就像在说获得幸福的时机还没到或者现在已经过去了。因此无论长幼，每个人都应求索智慧，对前者而言，目的是随着年龄渐长，他或可承蒙过去的恩泽，在很多美好的事物中保持年轻，对后者而言，目的则是虽然他还年轻，但或可同时老成起来，因为他对未来之事已无畏惧。

——伊壁鸠鲁，《致墨诺叩斯的信》

道德哲学的意义

从“导论”这个词的一个意义上来说，读这本书的人中，没有谁需要我来指导一下什么是道德。甚至在牙牙学语前，我们就已经接受了道德的训练。我们被教导要学会与人分享，要遵守秩序。我们被告知不要咬人、掐人、挠人，也不要抢别人的玩具。我们会说话之后，又被叮嘱不要撒谎，不要言而无信。我们被示范该如何为他人的感受着想，而且发现，我们很轻易便能察觉自己遭受了不公正的对待。一些孩子可以轻松地适应这些规则，一些孩子需要被一遍又一遍地提醒，而另一些孩子则永远都学不会。但是，道德以及道德问题从一开始就围绕在我们身边。

一个人知道有道德问题这回事是很早的，但对道德的思考和反思，也就是道德哲学，出现得就晚一些了，当然，前提是会出现的话。在开篇的引文中，古希腊哲学家伊壁鸠鲁（公元前 341—公元前 270）邀请所有人都早点儿对哲学产生兴趣，但在哲学有据可查的早期时代，另一个观点却认为道德哲学不适合年轻人。我们将在后面的内容中详细研究的亚里士多德（公元前 384—公元前 322）写道：

> 因此，男孩子不太适合听取有关（道德哲学）的讲座，因为他对生活中发生的诸种行为并无经验，但对它的讨论皆始于此，也关乎此；而且进一步来说，男孩子通常随心所欲，所以他的学习会徒劳无益，毕竟，（道德哲学的）目标并非获取知识，而是指导行为。（亚里士多德，《伦理学》，卷一，iii）

亚里士多德的意思是，男孩缺乏人生阅历以及自控能力，因此还没有做好研究道德哲学的准备。而对于女孩子，亚里士多德似乎认为她们根本不会遇到这个问题，这反映了古代希腊人对女性在社会中的地位所持有的普遍看法（我们还会在后面的章节中再次提及）。不过，亚里士多德又补充道，年轻不年轻，并不是用年龄来衡量的：你或许岁数很大，但要是不成熟的话，道德哲学的价值也会与你擦肩而过（卷一，iii）。就本书而言，我会先假设亚里士多德说得对，研究道德哲学需要人生阅历，而诸位读者，无论男女，都已经在观念和行为上趋于成熟，对道德本质的深刻思考，也就是研究道德哲学，可以让你有所获益。

道德观的培养

但是具体而言，到底什么是道德哲学，又为什么要研究它呢？人们时常会求助于道德哲学，是因为他们在人生中遇到某种严重的道德困境后，想要解决它，或者至少想通过了解那些大哲人的著作，让问题有所缓解。怀抱这类希望的人面对哲学家时的心态有点儿像某些人对待宗教领袖的态度：视之为道德智慧和慰藉的源泉。但事实是，鲜有哪个道德哲学家受过此类训练或者有能力以如此直接的方式提供帮助。

不过，道德哲学虽然包含了诸多重大、重要的理论要素，但它依然是一门**实用性**的学问。运用得好，道德哲学能帮助你建立起自己的人生道德观。我的意思是，它可以帮助你更敏锐地搞清楚从道德的角度来看，什么重要、什么不重要。它可以帮助你认识到哪些考虑需要或不需要严肃对待，以及我们该如何培养自身的论证能力、注意力及情感。最重要的是，它可以帮助你彻底地思考你与他人、与其他有价值的事物，例如动物世界和自然环境之间该具有怎样的关系。它可以帮助你思考如何将你的才能和精力最优化，以及你该有什么样的人生目标。它还可以启发你该如何试着去影响并在合适的时候去教化你周围的人。不过，正如我们会看到的，虽然很多哲学家会就一些具体情境提出有益的引导，但通常情况下，最好的哲学家能做的，也只是启发你找到一种看待世界以及其中每个个体的方法。

拿我们会在书里讨论的一些大哲学家来举例子吧。比如，从古希腊哲学家柏拉图（公元前429？—公元前347）那里，我们可以学到要想拒斥“客观的道德真理事实上存在”这个观点，到底有多难。比如，从我前面提过的亚里士多德那里，我们可以学到道德既和一个人的品格有关，也和他的行动有关。从德国哲学家伊曼努尔·康德（1724—1804）那里，我们会理解尊重他人到底有多重要。从英国哲学家杰里米·边沁（1748—1832）和约翰·斯图亚特·穆勒（1806—1873）那里，我们可以想想自己是否认同“人类与其他有感知能力的生物的幸福才是重中之重”。而从德国哲学家弗里德里希·尼采（1844—1900）那里，我们可以学到，真正的道德不应与我们恰好在历史上的这个时刻赞同或者不赞同的东西混为一谈。所有这些思想家都非常深入地阐述了他们的见解，而且通常在他们自己最关心的问题上，抱持着十分复杂的道德立场。但是他们都有东西可以传授给我们，而且不光具有思想性，还具有实用性。无论你是否赞同他们观点中的细节，他们的见解都可以影响和启发你的人生道德观。

我说了，这些大思想家不光有思想性的东西，还有实用性的东西，可以教给我们。但是，正如其中的很多哲学家会拒斥另一些哲学家的思想一样，很多读者会拒斥我刚刚概括的某些思想。举一个例子来说，边沁和穆勒坚持认为人类（或者动物）的幸福感是所有道德的基础。康德却觉得这犯了本质上的错误，他主张，道德的基础应当是尊重其他理性生物的意志，而非关心其幸福。尼采甚至更不屑，他令人印象深刻地称，只有英国人才会在乎幸福感。不过，还是有很多人会支持边沁和穆勒，反对康德和尼采。在这本书中，我不会试着论证在思考道德问题时，哪种特定的方式是正确的，虽然我赞同哪种观念或许会显而易见。我的目的是介绍一些有关道德问题的最优秀的哲学作品，提供一些可能的选择来引导我们的思考。

道德哲学的传统

在思考道德问题时，尽管有些人会出于实用性的考量，拒斥上述某些或者全部观点，但这些思想家的观点仍然非常重要，值得任何希望严肃思考道德问题的人去研究。首先，在试图评价某个观点时，理解它的微妙与复杂之处很重要，不能没理解清楚就否定它。但同样重要的是，这些观点在西方世界的思想传承中是很重要的一部分，而西方思想的传播，且不论结果好坏，都意味着它们具有世界性的影响。因此，如果我们想要理解世界历史、文学或者文化，甚至想参与到有关战争与和平、生与死以及很多其他话题的讨论中，就必须了解西方道德哲学的主要传统。

不过，我不想让别人觉得，好像在我眼中，西方的道德理论是唯一值得检视的思想。中国、印度、阿拉伯、非洲和其他伦理传统也充满了智慧和见地，很值得深究。它们中的一些，尤其是印度的传统，就曾影响本书中讨论的一些思想家。（在本章末尾的“延伸阅读”部分，我罗列了介绍这些传统的参考书目。）然而，单靠一本书无法详尽地介绍所有内容，所以我选择把关注点集中在西方的伦理思想传统上，而不是为了视野更宏大，粗浅地一扫而过。虽然我有时候会提及别的传统（尤其是在第二章“文化相对主义”中），但它们在这里只扮演了一个很小的角色。

道德探究的本质

道德问题是难解的谜。它不像科学，我们可以通过观察和实验来获取与增进我们的知识，也不像文学，如果我们有能力，就可以凭借想象力创造出文学作品。道德原则，或者说至少道德标准，似乎是存在的。那么，它们是什么？它们对我们有何要求？它们又来自何处？我们如何了解它们是什么？道德原则是否同基础运算的原理一样，不分时间，不分地点，甚至更重要的，不分人群，永远为真？如果是，那么它们似乎就具有一种更高级别的**客观性**。抑或它们像时尚界的规则一样变来变去，因时间和地点而不同，全靠该领域一小群领导者的兴之所至？所谓领导者，在时尚界的话是设计师和记者，在道德界的话是祭司、先知，或许还有哲学家。如果道德如此变幻莫测，那么其客观性似乎就受到了威胁。还是说，这两种类比都有误导性，道德同数学或者时尚全无相近之处？

细心观察的话，我们会发现这些问题可以被归为不同的类别。其中一些在本质上似乎具有深刻的哲学倾向，我指的是，它们探寻的是现实的本质以及我们如何了解它：道德标准来自何处？我们如何知道它们是什么？其他问题则看起来更偏向实际：道德原则是什么？对我们有何要求？事实上，哲学家为道德哲学划分出了三块不同领域：元伦理学、规范伦理学和应用伦理学。现在，我们就来看看这些术语的含义及意义。

元伦理学

相对来说，由于信息技术和网站设计，人们对“元”（meta）这个词已经不再陌生。我们会用“元数据”来抓取某个网站中最重要的内容，进而通过搜索引擎进行索引编目。这样说来，“元”具有“更高层级”的含义。在这个意义上，很多哲学问题确实是“元问题”。比如，当科学家想搞清自然法则时，哲学家想要理解的则是，说某某**是**一项自然法则，到底意味着什么。和科学哲学家一样，许多道德哲学家也对元问题很感兴趣。对于道德哲学家而言，有关价值的本质、伦理规则的来源和我们如何了解它们的问题，都是**元伦理学**（meta-ethics）问题。

事实上，很多人可能在很小的时候，就已经有过第一次元伦理学的讨论，内容可能类似下面的对话：

“对你妹妹好一点儿。”

“谁说了我必须要这样做？”

当然，劳累、焦灼的家长可能不会有耐心参与哲学上的沉思，但这个对话片段确实提出了一些根本性的元伦理学问题。孩子在质问的是某条道德原则的权威性，但同时又做出了一个有可能错误的假设：权威的唯一来源是一个有权威的人（她问的是“谁说了？”而不是“为什么我应该？”）。当然，孩子是在含蓄且粗暴地质问在和她说话的那个人。她犯的错误可能是，认为道德原则只有在某个有权制定这些规则的人将其制定出来后，才具有权威性。但道德原则有没有可能是通过其他方式来约束我们的？这些就是本书前几章中要探讨的几类问题，我们会分别检视文化相对主义、怀疑主义和主观主义。

规范伦理学

这个无礼的孩子在被告知要对她妹妹好一点儿后，又问了一个问题："我真的一定要这样做吗？"这有可能是因为她真的困惑不解。假设妹妹对她很不好，她真的要以德报怨吗？如果是，为什么？有没有道德原则可以告诉你，在这类或者其他更严峻的情况下，该如何表现？

相对于元伦理学，有关"我们应该在道德上怎么做"这类偏实际问题的研究，通常被称为**规范伦理学**（normative ethics）。normative 一词源于 norm，意思是"标准"。但什么是标准，概念却很模糊，因为我们在日常生活中使用这个词时，可以有两种完全相反的含义。对**规范**或者**标准**的一种理解是"普通"，指的是正常（想一下"完全在标准范围内"这个短语）。但我们也可以用标准来表达另一种意思：不是统计数据，而是理想状态。比如，健康专家可能会告诉我们，在世界上的某些地方，90% 的成年人都体重超标。在下这个判断时，他们并没有拿个人体重和统计调查中得出的平均值做比较，而是对人的理想体重有一个基本的推测，会考虑人的身高和其他因素，然后以此作为规范或者标准，但其内涵是一种理想模型。他们提出的是一种规范性观点，意思是很多人的体重超出了理想的范围，而不是说他们超过了统计得出的标准水平。这种基准或标准的预设就是“规范伦理学”这个短语中“规范”暗含的意思。因此，作为伦理学的一个分支，规范伦理学问的是：我们应该接受哪个道德准则、原则或者信条？我们应该依照什么样的基准或标准来生活（且不说我们是否真的会这么做）？

我们业已触及的一个问题是，如果某个规范性观点已经预设了一套理想化的标准，那这个理想化标准从何而来？例如人的体重，生理学家对人体的健康机能及维持它正常运行的要素有自己的观点。我们或许最终可以认为他们说得不对，但他们确实有理论来支撑他们的判断。可道德呢？它的理想化标准从何而来？这类问题又让我们回到了元伦理学上。因此，规范伦理学和元伦理学的问题显然有紧密的联系，只是元伦理学看似更“深刻”一些，因为它提出的是最基本的真理和理由问题。在本书中，我们会从深的一头讲起，先来思考元伦理学的问题。

应用伦理学

很多人对道德哲学产生兴趣，源于对某个特定道德问题的关切，其出发点可能是实际的，也可能是理论的。比如，什么情况下（如果有这类情况的话），堕胎可以被允许？你如何区分自愿性行为和强奸，尤其是在牵涉到酒精的情况下？或者在一个不同的层面上，美国在第二次世界大战期间向日本投下原子弹，是不是对的？恐怖主义可以有正当的理由吗？这类现实生活中的问题十分需要道德分析，而如何分析就叫**应用伦理学**（applied ethics）。

应用伦理学与规范伦理学的主要区别在于关注和强调的对象。在规范伦理学中，我们试图从一般的角度探讨道德规范，而且希望它们会具有广泛的应用性。相比之下，应用伦理学通常始于某个具体问题，然后再寻找可以用来解决它的价值观、原则或者其他规范性标准。有些问题看似用某个道德理论就能轻松解决。比如，某种禁止一切暴力的理论似乎反对投掷原子弹或者发动恐怖袭击。但事实上，这仅仅是把问题往后推了一层，回到了规范伦理学上：为什么你觉得这个理论就正确？因此，在应用伦理学中，人们通常会从各种角度审视某个问题，看看哪种观点最有说服力、最令人信服。在本书中，我会举很多事例作为例证和讨论点，但不会对任何应用伦理学的问题做详尽的讨论。更确切地说，通过本书的学习，你会获得必要的知识背景，由此来更深入地考察应用伦理学的问题。读者若想对此有进一步研究，可参阅《道德哲学选读》（沃尔夫，2018）中的选文。

在继续往下讲之前，我想再简单谈一下本书的术语。到目前为止，我交替使用了**道德**（morality）和**伦理**（ethics）这两个词。在日常生活中，我们经常会听到或者读到这种说法——通常是政客或者记者在争辩——“没有任何正当的道德或伦理依据反对”他或她提出的什么东西。我们不清楚他们区分道德和伦理的原因，我想他们只是觉得用两个词更能强调他们要表达的观点，虽然其实一个词就够——我们大多数人都有这个坏毛病。大部分哲学家使用这两个词时表达的是同样的意思。有些人确实会区分二者，但也会小心地解释为什么要区分，而且不同的哲学家对二者的区分还会有所不同。通常来讲，除非有专门说明，我在本书中会把**伦理的**和**道德的**这两个词视作同义词使用。

道德推理

然而，道德哲学该怎么研究？它的方法是什么？令人懊恼的是，这个非常好的问题并没有一个明确的答案。如何研究道德哲学本身就是道德哲学中的一个问题，因此，正确答案是什么，众说纷纭。事实上，许多思想学科也是如此。在讨论本书中提出的问题时，我会偶尔强调一些方法论上的问题，并结合情境来解释它们，但继续讨论之前，我们有必要探讨一下道德哲学中常用的一些方法。这可以帮助你培养出把这里讨论的技巧运用在其他道德问题上的能力。不过有一点很重要，那就是不要把书中提出的方法当作规则手册来对待。同其他许多研究领域一样，道德哲学仍在不断地发展，而这意味着明天或许就会有人发明一些新方法，或者那些用了几个世纪的方法可能会被抛弃。抑或情况正好相反：以前被抛弃的方法，有时会被重新拿出来用。不要忘了，道德哲学是一种思想传统，而非一套需要死记硬背的教条。我们每个人都可以随时为它添砖加瓦。接下来，我将把这个讨论分为四个部分：适用于所有主题的逻辑推理原则，不太正式但同样适用于所有主题的论证技巧，思维实验和道德直觉，道德哲学中一些具体的方法论。

形式逻辑：有效性、可靠性、一词多义谬误、循环论证

首先要介绍的是一些一般性的逻辑技巧，它们可以用在任何形

式的缜密探究上，无论是哲学、科学，还是别的方面。其中最基础的概念是**论证**（argument）。在日常语言中，argument 通常指的是两个人或多个人之间的争执，而且事实上可能也很难和冷静、理性搭上边儿。还有 logical（合乎**逻辑**的）这个词，有时会用来表达“合理”的意思。但在哲学中，这两个词都有更为具体的含义。论证是指通过推理，用一些主张来支持某一特定的结论——这些主张都对结论提供了一定形式的支持。逻辑则是论证的形式化方法。

我会先讲一些基本的逻辑原则，然后再介绍其他的论证类型。最常见和最简单的论证形式，是通过两个最初的说法，也就是前提，来推出一个结论。思考下面的例子：

论证 1

前提 1：苏格拉底是人。

前提 2：人终有一死。

因此，

结论：苏格拉底终有一死。

如果结论是根据逻辑从前提中推断出来的，那么我们就说，这个论证**在逻辑上有效**（logically valid）。在这种情况下，只要前提为真，那么结论就不可能为假。换句话说，如果论证有效，而且前提为真，那么结论也必然为真。因此，测试某个论证是否有效的好方法，便是设想一个前提为真但结论为假的世界。我们可以判断上面这个论证有效，是因为我们无法想象出一个“苏格拉底是人”“人终有一死”都为真，但“苏格拉底终有一死”却不真的世界。那样会产生**矛盾**（contradiction），因此是不可能的。

现在思考第二个论证：

论证 2

前提 1：苏格拉底终有一死。

前提 2：人终有一死。

因此，

结论：苏格拉底是人。

乍一看，这似乎仅仅是重新组织了一下第一个论证。前提和结论都是真的。但事实是，这么一重组，我们得到的却是一个无效论证。根据“苏格拉底终有一死”和“人终有一死”这两个事实，我们无法推断出“苏格拉底是人”：仅根据我们从前提中得到的信息，苏格拉底有可能是任何终有一死的生物，比如猫。如果苏格拉底是只猫，那两个前提仍然是真的，但是得不出“他是人”的结论。我们说“苏格拉底终有一死”“人终有一死”，但“苏格拉底不是人”，并不会产生矛盾。

显然，有效性很重要。但论证要正确，还需要更多，思考下面这个例子：

论证 3

前提 1：苏格拉底是猫。

前提 2：猫都有十条腿。

因此，

结论：苏格拉底有十条腿。

这是一个在逻辑上有效的论证（可以再次设想前提为真但结论为假，来检验一下）。但是，要判定“苏格拉底有十条腿”，这可不算什么令人信服的根据。问题当然就出在前提是假的，如果前提为假，那么推出的结论就不可能为真。我们需要的是根据真前提推出的有效论证：这类论证既是有效的，也是**可靠的**（sound）。可靠的论证很强大，可以作为一种证明。但它必须基于真前提。上面的论证 1 就是可靠论证的一个例子。

到目前为止，我们已经了解了论证的简单形式。通常情况下，论证会更为复杂，整个过程中会出现多个前提和次级结论。但是，我们仍然能看到，试着搞清楚哲学家所谓的论证的**逻辑形式**（logical form）——将论证严谨地表述为一系列的前提和一个结论——很有价值。在本书中，我们会经常这么做，因为这可以将复杂的问题分解成一系列的步骤，然后对其分别进行检验。我们可以一个一个地分析前提以及论证中各步的逻辑有效性。不过，话虽这么说，要明白如何表述一个论证，并不总是那么简单，其中有许多陷阱和谬误需要我们避免。

比如，有一种谬误叫**一词多义谬误**（equivocation），指的是同一个词在不同前提中具有不同含义。我们来看一个哲学家常用的典型例子。

论证 4

前提 1：每条河都有两个 bank（河岸）。

前提 2：bank（银行）是一种金融机构。

因此，

结论：每条河都有两个金融机构。

此处的一词多义谬误很容易看出来。bank 的意思既有“河岸”，也有“银行”，甚或还有其他含义。在这个例子中，它在不同前提中的含义不同，因此这个推论在逻辑上看似有效，其实不然。但如果一个词有相近但不同的意思，那么一词多义谬误就不太好发现了。

比如，man 这个词有时可以用来指代“人类”，有时可以用来指代“男性”。使用了这个词的论证可能要比用 bank 的论证更容易出现一词多义谬误。

还有一种谬误，通常被称为**循环论证**（circular argument），也叫**乞题**（begging the question）。循环论证是指虽然根据前提推出的结论有效，但前提本身已经预设了结论为真。这种谬误不太容易发现，尤其是在又长又复杂的论证中，而且常常会有争议；不过还是有明显的例子。举一个伦理学之外的例子吧，假设一个朋友试图说服你相信上帝存在，并且提出了论证：《圣经》说上帝存在。你问，为什么《圣经》值得信赖，你朋友回答，《圣经》可信是因为它是上帝的话语。不管你朋友的学术水平或者信仰怎样，你都能轻易看出这个论证很差劲。说《圣经》是上帝的话语，已经预设了上帝一定存在，但那恰恰是论证想要证明的东西。因此，通过预设它想要证明的东西，这个论证又循环回去了，什么都没有证明。我说过，这个例子很简单。而对于更为复杂的论证，要发现它是不是循环论证，难度会很大，这一点，我们会在本书后面考察的一个例子中看到。

此外，在接下来的章节中，我们还将研究一下其他的逻辑技巧，比如两难论证和排除论证，但这些要放在真实的例子中才好介绍，所以我们暂且不做讨论。

类比论证、归纳推理、最佳解释论证

逻辑有效的论证是一种令人满意的证明形式。但是，通过不算严谨证明的推理模式，也有可能证实某个结论。比如，有一种论证方式叫作**类比**（analogy），我曾在前面简单使用过。在前面的小节中，我问过我们是否该认为道德类似数学或者时尚。如果我们觉得它类似数学，那么似乎就应该存在无论何时何地都为真且经得起严格论证的道德真理。如果我们认为它像时尚，那么道德真理便可能随着时间和地点而变化。通过类比来进行论证的好处是，如果我们能在两个探索领域中做出令人信服的比较，那么就可以利用在其中一个领域获得的知识，来阐明另一个领域中的问题，而这可以很有成效。比如，老师在教学生电路时，就可以利用往供暖系统里泵水来做对比。但话说回来，类比的劣势也很明显。如果比较得不合适，就会造成误导。无论如何，正如某些民间智慧，类比总会在某个地方卡壳，因为两个领域在所有细节层面都完全具有可比性的可能性很小。比如电路和水循环在出问题后，表现会大相径庭。不过，只要论证的时候小心谨慎，那么寻找类比仍然是一种很有用的推理策略。

此外，我们还应该问一问，科学推理是否能为道德推理提供更有价值的模式。当然，科学家既使用逻辑推理，也使用类比论证，但还有一种特别的科学方法，即通过积累证据来得出普遍的原则。一种对科学的简单看法是，这是一个积累数据，直至有可能推出一般性原则或者定律的过程：我看到一只白天鹅，又看到第二只、第三只，因为我看到的所有天鹅都是白色的，所以我便创立了一条定律"所有天鹅都是白色的"。这个过程被称为**归纳推理**（induction）。这在找出证据来支持假说上，是很有用的办法（不过你得先构想出假说，才能知道该找什么证据），但问题也很明显。无论你见过白天鹅多少次，或者你看到旭日东升多少次，都无法保证下一次你见到的天鹅不会是别的颜色，第二天早上太阳也未必会升起来。归纳永远不能被当作证明——但如果利用得好，它可以提供强有力的证据。

不过，科学推理如何能作为一种有用的道德推理模式呢？正如我们已经讲到的，道德是一个规范性学科，目的是理解事物应该是什么样，而不是寻找证据来说明事物是什么样。比如，一两代人以前，父母为了管教孩子而用腰带或者拐杖进行体罚是很常见的事。但这本身并不足以说服我们相信体罚是正确的教育方法。因此，纯粹意义上的归纳看起来并不能直接用在道德哲学上；但是，广义上的归纳，用处就非常大了。

这种广义形式是另一种在科学等领域很常用的方法，被称为**最佳解释论证**（inference to the best explanation），有时也叫**溯因推理**（abduction，这和强行劫持别人的犯罪行为，也就是绑架，一点儿关系都没有，虽然二者在英文中是同一个词）。想一想吸烟与肺癌之间的关系这一重要的医学与科学案例。虽然不是所有的烟民都会得肺癌，虽然有些人没抽烟也得了肺癌，但是通过归纳（证据的积累），我们可以很明显地看到，肺癌同吸烟有着密切关系。结果，人们便容易草率地得出结论：吸烟可能导致肺癌。但是，就算结论正确，我们也不能仅凭把吸烟和肺癌联系在一起的归纳性证据，就采信这种观点。归纳本身并没有证明其中的因果联系，因为与其相符的证据可能是，你首先有某种潜在的因素或情况，导致你既容易得癌症，也容易吸烟。换句话说，与这个证据相符的假说有可能是，易得肺癌的体质导致了你抽烟。事实上，这个结论就被那些想为烟草行业辩护的人当作一种可能性提出来过。虽然它不是真的，但也并非完全是疯话。比如可能的情况是，有些人患有某种极端的焦虑症，导致他们不仅想吸烟，也容易患上肺癌。

那么，与数据相符的，便至少有两种互相抵触的假说了：第一，吸烟可能导致肺癌；第二，某种潜在因素导致了患肺癌和吸烟的倾向。今天，我们可能会认为第二个可能的假说很荒唐，缺乏证据支持，并辩称第一个，也是我们更熟悉的那个主张，更好地解释了数据。它能成为更好的解释，与人体生理学的知识有关。所以在决定采信哪个理论时，我们要问的是“什么理论能为数据提供最佳解释”，而不是“什么理论最符合数据”。因此，我们在实践中才会觉得，诉诸最佳解释论证并寻找潜在的因果机制、理由或理论，要比纯粹的归纳更让人感到踏实。我们会看到，这一技巧在道德哲学中有着广泛的使用。现在，我就来举例说明。

思维实验和道德直觉

思考下面这个例子，作者是哲学家威廉·葛德文（1756—1836）：

> 笼统来看，我和邻居都是男性，而且重要的是，都有权得到同等的重视。但现实是，我们中的一个可能要比另一个更有价值、更重要。人比禽兽有价值，因为人拥有更高级的官能，因而可以拥有更精妙、更真实的幸福。同理，光芒万丈的康布雷大主教［芬乃伦（1651—1715）］比他的女仆更有价值，如果

他的府上失了火，两人中只有一个能被救出来，那对于哪个人更该得救，我们没有几个人会迟疑。

哪怕那个女仆是我妻子或我母亲或我的赞助人，也不会改变上述提议的真实性。芬乃伦的生命依然要比女仆的重要；正义，纯粹、不折不扣的正义，仍然会更看重最有价值的事物。正义会教我救芬乃伦的命，牺牲其他人。“我的”这个代词中有什么魔力，能推翻永恒真理的决定？我妻子或我母亲，也许是白痴或者娼妓，心肠歹毒、撒谎成性或老奸巨猾。如果是这样，那她们是我的什么人又怎样？（葛德文，1798/2013，pp. 53—54）

失火了，你该救光芒万丈的弗朗索瓦·芬乃伦大主教，还是你当女仆的母亲？在书的后续版本中，葛德文把例子中的女仆改成了男仆，或许是为了避免其中明显的性别歧视吧。但别管是女仆还是男仆，你会怎么做？葛德文显然对芬乃伦大主教钦佩有加，他写道：

假如他那会儿正在酝酿他不朽的“忒勒玛科斯”，我救了他的命，就等于促进了无数人的利益，翻翻他的书，人们的某些错误、缺点和由此造成的痛苦就能被消除。不，我带来的好处还不止于此，因为每个改过自新之人，都将成为社会更优秀的一员，进而为他人的幸福、学识和提升做出贡献。

《忒勒玛科斯历险记》现在几乎已经被人遗忘了，但在 18 世纪却脍炙人口，它间接批判了腐败的法国王室，而且极具影响力，据说 1789 年的法国大革命受过其影响。那么，你应该救出这位人类的大救星，而不顾你母亲的死活吗？

再举一个近一点儿的例子，作者是道德哲学家菲利帕 · 富特（1920—2010）：

> 假设人们聚众闹事，要求一位法官或者治安官必须将犯了某项罪的歹徒绳之以法，不然他们就自己报仇雪恨，到附近的街区杀人。法官并不知道真正的歹徒是谁，但觉得嫁祸某个无辜之人，把他处死，就能避免一场血光之灾。除这个例子外，还可以再举一个例子：一个有轨电车司机（男人）驾驶的那辆车失控了，他只能把车从一条窄窄的轨道变到另一条上；一条轨道上正有五个人在工作，另一条上有一个人；不管他变到哪条上，都得有人死。再假设在聚众闹事的那个例子中，暴徒们挟持了五名人质，那么，两个例子中，都是用一个人的命换五个人的命。问题来了，我们为什么会毫不犹豫地说司机应该把车变到人少的那条轨道上，而我们中的大多数人却对那个无辜之人被冤枉的想法感到震惊？（富特，1978，p. 23）

富特的两个例子都包含了“牺牲一个人，救下五个人”。在嫁祸的例子中，我们对于这种可能性感到错愕，但在电车的例子中，这似乎又是再明显不过的义举。二者的差别该怎么解释？富特的例子后被命名为“电车难题”，而且经过了很多人的改良，衍生出一大批文字作品——甚至包括专门的网站，你可以去上面测试自己对各种修改过的例子有何反应，体验一下愁肠百结的感觉。

不过，你注意到了吗？葛德文和富特描述的都不是人们在现实生活中遇到过或者有可能遇到的情况。确切来讲，这些例子叫作**思维实验**（thought experiments），指的是描述某种情况，以刺激人们去深入思考。虽然科学家可以奢侈地做实验——哲学家很少会这样（在本书的最后，我们会看几个这样的例子），但科学家也会利用思维实验。比如，爱因斯坦曾问道：如果你以光速移动，会看到什么？尽管这个实验无法在现实中做到，却是一个令人着迷的问题，能引出新的想法和发现。

为什么要在道德哲学中进行思维实验？至少有两个虽然有关系，但也有很大不同的原因。葛德文用那个例子是为了阐释他对道德哲学的处理态度——可以说是**功利主义**（utilitarianism，我们会在后面详尽探讨这一理论）的一种形式。他主张，正确的做法是尽可能多地带来幸福。在葛德文看来，救芬乃伦能比救你那位当女仆的母亲给世界带来更多的幸福，所以，他的道德理论要求你拯救芬乃伦。

但是，你认同葛德文的观点吗？你在思考这类道德案例时产生的想法被称作**道德直觉**（moral intuition）。某种道德理论，如果与人们的道德直觉一致，通常会被认为具有很大优势。在上面的案例中，有些人会完全不同意葛德文的说法，认为正确的做法应该是别管大主教，救你母亲。这样的人会认为葛德文的理论会带来**反直觉**（counterintuitive）的推论。反直觉的理论不太容易被接受，因为它很可能需要我们至少抛弃一些自己已有的道德信念。但无论如何，从这个例子中，我们都能看到思维实验的一种用途：通过思考某种理论是否符合你的道德直觉，对它进行测试。如果符合你的道德直觉，那么这个理论对你来说就是直觉理论；反之便是反直觉理论。

不过，老生常谈又来了：这个测试尽管有用，但远非绝对可靠。我们的直觉可能会出错。想一下我们有关物理的直觉。大多数没有研究过万有引力定律的人会认为，如果从一个高塔上同时扔下一个炮弹和一个棒球，更重的炮弹会先落地。但根据万有引力定律，两个球会同时落地（或者说至少在真空中会）。因此可以说，万有引力定律预言的结果是反直觉的。这并不意味着它不真，只是更令人惊讶罢了。但是在道德的问题上，我们却没法进行那种被用来确立万有引力定律的实验。所以如前所述，道德直觉通常被视作某项理论的重要证据来源。当然，有些道德哲学家也愿意考虑具有反直觉结果的理论，但前提是接受它们的其他理由要足够充分。

威廉·葛德文用他的思维实验提出了自己的道德理论，但对我们其他人而言，思维实验更多是一种测试，而非理论的阐释。菲利帕·富特比较的那两种为救五个人而牺牲一个无辜之人的方式，是为了让我们注意到，大多数人对两种情况拥有明显不同的道德直觉。她没有利用我们的直觉阐释某个理论，而是向我们展示了人的直觉很复杂，哪个理论最符合我们的直觉，不是一下子就能看出来的。我们可以认为，她是在邀请我们试着提出一种符合自身直觉的理论。事实上，这正是在建议我们使用“最佳解释论证”这个方法。她要我们试着搞清楚哪种道德理论能最好地解释我们在这两个不同案例中明显相互矛盾的直觉。可以说，在这个例子中，我们的直觉确实就像科学中的归纳论证所采用的数据，只不过此数据并非我们在世界上观察到的东西，而是我们自身的道德直觉。挑战的难点在于搞清楚它们如何才能同某个理论相一致。有时候，仅仅是为了让这个任务有实现的可能，我们也许就得抛弃一些直觉。

特殊的道德论证

在本节中，我们先了解了一些适用于所有研究领域的一般推理形式，接着又看了思维实验——虽然它们同应用更广泛的问题有关，但在道德推理中也有着特定的用途。然后，我们又考察了道德直觉的相关问题。在结束方法论的讨论之前，我们有必要再简要介绍一下两种比较常用且在很大程度上属于道德哲学特有的论证方式。

首先是**普遍化**（universalization）。这种论证方式可以有很多不同的形式，在涉及康德的道德理论时，我们会再来全面探讨。不过，基本的概念大家应该很熟悉。比如你正在考虑采取某种行动，而且还明白在通常情况下，你的行为不会得到周围人的赞同，那么，考察这么做对不对，你就可以问："如果大家都这么做，会发生什么？"假设你生活的小镇向来不赞同跨种族交往，但你和潜在的交往对象正考虑打破这个传统，你可以问问：如果大家都这么做，会发生什么？你的回答可能是，也许会让某些人感到惊讶或者不快，但不会发生什么严重的后果。如果是这样，你或许就可以有信心认为，你打算要做的事并没有错。

再举个例子，假设你想买一件大学的纪念衫，但是没有钱，然后你意识到，可以神不知鬼不觉地偷一件。你会这么做吗？好，你可以问自己：如果大家都这么做，会发生什么？情况很可能是，这家商店和别的商店会破产。如果这个例子的范围扩得更广些，整个商业可能会因此崩溃。这就充分证明，偷纪念衫是不对的。这种普遍化的方法还需要进一步讨论，不过我们已经看到，在你应该怎么做的问题上，它可以作为一条很好的一般性指导原则。

最后，我想回到之前冒出过好几次的一个问题——先是在讨论描述伦理学和规范伦理学之间的区别时，然后是在我们考察通过收集数据来确立某项道德原则的可能性时。在这两种情况下，科学中涉及的那类“事实”，与我们在道德哲学中要讨论的“价值”之间，似乎都存在一种重要的区别。确实，**事实 / 价值差别**（fact/value distinction）通常被认为是一条不应逾越的重要界线。这种区分对不对，我们回头再来看，但此时，我们应当注意，这条原则在道德哲学史上扮演了重要角色。这一说法由苏格兰哲学家大卫·休谟（1711—1776）提出，指的是从“是怎样（实然）”很难推出“应该怎样（应然）”。休谟指出，他那个时代的很多作者经常会在刚开始时描述各种实践或情境，但“不知不觉”中，他们就开始用“应该”或者“不应该”发生这类语言进行道德说教了。休谟正确地指出，这种方式在讨论中引入了某种需要得到解释的新东西。虽然他只是提出了质疑，认为每当这种情况出现，都需要做出解释，但有时候，他的观点也被解读为是设定了一条明确无误的界线。无论这条界线是否存在，我们都要提高警惕，比如某些哲学家很可能会试着从事实前提中推断出道德结论。如果我们真的注意到了这种形式的论证，那么在试着搞清楚前者如何转变为后者时，一定要多加小心。

本书的安排

第一次接触道德哲学这门学科的人可能会感到困惑，大学里竟然还有这样一门课程。说到底，道德一直都是我们生活的一部分，很多人都曾以复杂且富有想象力的方式深深反思过道德，因此可能会认为，道德真理清晰明确，没有必要系统性地研究道德哲学。持这类主张的人通常会提出一个特定的哲学观点——比如，所有道德规范都具有主观性——来质疑进一步沉思的必要性。如果所有道德规范都是主观的，也就是说，任何人都有自由相信他们希望相信的东西，那还有什么好讨论的？在本书的第二章和第三章中，我们将探讨文化相对主义，然后是怀疑主义和主观主义，它们各自对道德规范和道德哲学提出了质疑。在第四章中，我们还会考察另一种威胁要让道德哲学变多余的观点：我们人类缺乏自由意志，因此对我们的行动不负有道德责任。这几章的观点通常会在不同程度上被用来试图中断有关道德规范的哲学讨论。但是，我将试图说服你，它们都是讨论道德哲学的方式，而且都依赖需要详细讨论和考察的哲学假设。

在随后的三章中，我们会结合更为积极的观点，来看看对道德哲学的意义或者必要性的一些怀疑。这些章节会依次探讨宗教道德（第五章）、利己主义（第六章）和社会契约（第七章）。之后，我们会稍微深入地探讨一下伟大哲学家们的主要道德学说，他们包括：杰里米·边沁、约翰·斯图亚特·穆勒、伊曼努尔·康德和亚里士多德。当然，不难注意到的是，这些哲学家都是男性——事实上，都是已故的欧洲白人男性——正如本书中会讨论到的大部分哲学家那样。因此，在考察他们的理论时，我们还会关注一些重要的女权主义者和基于种族的批评。不过，在本书的结尾，我会更详细地考察性别与种族问题，以及性别和种族理论家如何通过对道德哲学的积极思考为主流哲学提供另外的选择。

本章回顾

小结

在本章中，我介绍了道德哲学的概念，即沉思道德规范的本质以及我们面临的道德问题。我也提出，学习道德哲学的一部分意义在于帮助你建立自己的人生道德观，在思考你和他人必然会面对的种种人生选择时搞清楚什么才是重要的。

我解释了道德哲学三个领域的差别：（a）元伦理学，研究价值的本质与存在问题；（b）规范伦理学，研究我们应该怎么做和如何生活的问题；（c）应用伦理学，研究具体的道德问题。接着，我介绍了一些道德哲学中常用的推理技巧，并把这些方法论问题分成了四个类型：（a）适用于任何推理形式的形式化方法；（b）同样适用于所有话题领域的非形式化方法；（c）思维实验和道德直觉；（d）一些特殊的道德论证，包括普遍化和“实然 / 应然”差别。这些方法虽然在如何研究道德哲学上无法提供永远正确的规则，但都是十分有用的起点。最后，我解释了本书其他部分的安排。

讨论题

1. 解释元伦理学、规范伦理学和应用伦理学之间的区别。
2. 有效论证和无效论证的差别是什么？有效论证在什么情况下也是可靠论证？
3. 什么是思维实验？它们如何应用在道德论证中？
4. 事实 / 价值差别是什么意思？

关键词

客观性，p. 6
元伦理学，p. 7
规范伦理学，p. 8
应用伦理学，p. 10
论证，p. 12
逻辑有效性，p. 12
矛盾，p. 12
可靠性，p. 14
逻辑形式，p. 14
一词多义谬误，p. 14
循环论证，p. 15
乞题，p. 15
类比论证，p. 16
归纳推理，p. 16
最佳解释论证，p. 17
溯因推理，p. 17
思维实验，p. 21
功利主义，p. 21
道德直觉，p. 21
反直觉，p. 21
普遍化，p. 23
事实 / 价值差别，p. 24

关键思想家

伊壁鸠鲁（公元前 341—公元前 270），p. 2
亚里士多德（公元前 384—公元前 322），pp. 2—3
柏拉图（公元前 429？—公元前 347），p. 4
伊曼努尔·康德（1724—1804），p. 4
杰里米·边沁（1748—1832），p. 4
约翰·斯图亚特·穆勒（1806—1873），p. 4
弗里德里希·尼采（1844—1900），p. 4
威廉·葛德文（1756—1836），pp. 18—22
弗朗索瓦·芬乃伦大主教（1651—1715），pp. 18—19
菲利帕·富特（1920—2010），pp. 20—22
大卫·休谟（1711—1776），p. 24

延伸阅读

* 伊壁鸠鲁的《致墨诺叩斯的信》（*Letter to Menoeceus*），可在线查看 www.epicurus.net/en/menoeceus.html（检索于 2016 年 12 月 23 日）。
* 亚里士多德的《尼各马可伦理学》（*Nicomachean Ethics*）版本众多。本章的引文摘自 Oxford World's Classics 版（Oxford University, 1980, 2009）。
* 苏珊·穆勒·奥金的著作《西方政治思想中的女性》（*Women in Western Political Thought,* Princeton University Press, 1979），精彩地分析了女性在一些伟大哲学家的作品中如何被边缘化的问题。
* 由丹尼尔·博内维奇（Daniel Bonevac）和斯蒂芬·菲利普斯（Stephen Phillips）主编的《世界哲学入门：多文化读本》（*An Introduction to World Philosophy: A Multicultural Reader,* Oxford University Press, 2009）一书，内容涉及的范围很广，选文包含了中国、印度、阿拉伯和非洲道德哲学家的作品。
* 由朱莉安·巴吉尼（Julian Baggini）和彼得·福斯莱（Peter Fosl）合著的《简单的哲学》（*The Philosopher's Toolkit*，第二版，Wiley-Blackwell, 2010）一书是很好的入门指南，介绍了本书中提到的许多论证方法，当然还有更多别的方法。
* 威廉·葛德文的那两段话引自他的《政治正义论》（*An Enquiry Concerning Political Justice,* Oxford University Press, 2013），编者是马克·菲尔普（Mark Philp）。（首版于 1793 年。）
* 你可以在 www.philosophyexperiments.com/fatman/ 找到各种“电车难题”，来测试自己的直觉。
* 菲利帕·富特的那段引文摘自她的文集《美德与恶行》（*Virtues and Vices,*

Oxford University Press, 1978）。

* 其他详尽讨论过电车难题的人包括朱迪丝·贾维斯·汤普森（Judith Jarvis Thompson），《电车难题》（“The Trolley Problem”, *Yale Law Journal, 94*, 1985: 1395—1415）；弗朗西丝·M. 卡姆（Frances M. Kamm），《电车难题的奥秘》（*The Trolley Problem Mysteries*, Oxford University Press, 2016）；大卫·埃德蒙兹（David Edmonds），《你会杀死那个胖子吗？》（*Would You Kill the Fat Man?*, Princeton University Press, 2013）。

* 本章中提到的众多哲学家的作品摘选可参见乔纳森·沃尔夫（编），《道德哲学选读》（W. W. Norton, 2018）。

第二章

文化相对主义

任何人，不管是谁，如果有机会从世界上所有国家中选择他认为最优秀的那种信仰，那么仔细考量各自的优点之后，他不可避免地会选择自己国家那套。每个人都无一例外地相信，自己国家的传统、他从小信仰的宗教是最优秀的。因此，除了疯子外，谁都不大可能嘲笑这些东西。大量证据表明，这种对祖国古老传统的感受具有普遍性。大家可能记得有关大流士的一个故事。他还是波斯国王时，曾叫来碰巧在他朝堂之上的希腊人，问他们怎么才肯把父辈的尸体吃掉。他们回答，就算把全世界的钱都给他们，他们也不会吃。随后，当着希腊人的面，他又通过翻译——好让他们明白他在说什么——问一些来自一个叫卡拉提亚部落的印度人，他们怎么才肯把父母的尸体烧掉。这些事实上真会吃掉双亲尸体的人惊恐地叫喊起来，禁止他再提这么可怕的事。

——希罗多德，《历史》，第三卷

道德实践的种类

历史之所以会如此有趣、如此惊人，原因之一便是它能让我们拿过去的传统和我们现在的实践做比较。在某个时代被视作理所当然的事情，到了另一个时代会被认为在道德上骇人听闻。比如在古希腊和古罗马的世界，某些类型的奴隶制在道德上被认为是可以接受的。大哲学家亚里士多德自己就曾主张，有些人“天生就是奴隶”。随着时间的推移，奴隶制度逐渐式微，但并未彻底消亡，比如后来就曾在美国南部、加勒比海地区和巴西的种植园中大规模卷土重来。美国打南北战争就是为了巩固废除奴隶制的成果，而直到今天，奴隶制依然以各种形式非法地存在于世界各个角落。但是，就算这种制度依然存在，几个世纪以来，人们对它的道德评价也发生了明显变化。或者再想一想古希腊世界的性爱习俗：富有的中年男性同十几岁的少年发生性关系是很常见的事。在古代雅典被认为正常的行为，到了今天则会让一个人被社会抛弃，并且度过一段漫长的铁窗生涯。同样，在现代医学出现前，护理工作有时会被认为在道德上等同于卖淫。而在莎士比亚那个时代的剧院中，人们对女演员也有同样的看法，所以，当时的女性角色通常都由男孩子来扮演。

不仅道德评价会随着时间而改变，同一时代还可能存在完全不同的习俗。即便在古代世界，云游四方的旅者回家后，也常常会带回有关各种文化差异的骇人故事。在本章的开头，我引用了古代历史学家希罗多德（公元前 484—公元前 425）记录的一件事，谈的是希腊和卡拉提亚（Callatiae）不同的丧葬习俗。

各时代的理论家都曾广泛记录各种文化习俗。下面这段引文是美国重要的人类学家鲁思·本尼迪克特（1887—1948）对这个问题的看法：

> 标准，无论是指行为的哪个方面，在不同文化中，都在正极到负极之间浮动。我们可能会认为，在杀人的问题上，所有人都会一致谴责。但事实恰恰相反，比如在谋杀的问题上，有的文化会认为，如果相邻的两个国家断交，那么杀人者便无罪，有的文化则认为，按照风俗，一个人可以杀死自己的头两个子女，而丈夫拥有妻子的生杀大权，或者子女有责任在父母变老前把他们杀掉。又或许，有的人会因为偷鸡摸狗被杀死，有的孩子会因为先长出了上牙或者出生在星期三而被杀死。在有些民族中，一个人意外导致他人死亡后，会受到折磨；在别的民族中，这种事又无足轻重。自杀可能是件小事，是一个人稍微遭到一点挫折就会选择的行为，在部落中时有发生，但也可能是一个人能做出的最高尚的行为。或者，整件事可能会被当作一件难以置信的笑谈，人们完全无法想象一个人能做出这种行为。它也可能是要受到法律制裁的罪行，或者被认为是违背神意的罪孽。（本尼迪克特，1934，p. 45）

不过，我们不必去考察那些充满异域风情的人类学作品，也能发现人们对某种行为是否可以接受，意见差别很大。即使在近几十年中，风俗习惯也发生了显著的变化。比如，我就记得小时候——20 世纪 60 年代末——英国的招工广告中列出两种薪酬等级，是司空见惯之事，高一些的给男人，低一些的给女人。广告并没有假装女人做的是不同的工作，或者做得不如男人好，但她们的薪酬就是要少 15%~20%。（当然，现在我们依然没有实现同工同酬，但公开宣扬同工不同酬，至少已经是违法行为了。）再比如，直到几十年前，男性同性恋关系在世界上大部分地方都属违法，很多人——包括剧作家奥斯卡·王尔德（1854—1900），以及数学家、计算机先驱、在第二次世界大战中破译过密码的艾伦·图灵（1912—1954）都曾遭到审判并被定罪。

此外，即便是当下的一些日常社会习惯，也存在着相当程度的差别。在一些国家开车要靠右，在别的国家则要靠左。拥有手枪在一些国家很普通，在另一些国家则前景很可怕。在成长过程中，你也许会认为开车的正确方式只有一种，或者枪支持有的正确规定只有一条，但随着你阅历渐长，比如通过看其他国家的电视节目或者出国旅行，你会意识到做事的方法有很多种。个人的行为习惯也会各有不同。20 世纪 80 年代念研究生时，我第一次去美国，我的资助人给了我一本小册子，上面介绍了一些在美国要注意的行为细节。我最喜欢的例子讲的是，你和北美的人聊天时，站得太近会让对方感到不舒服。来自南欧和拉美地区的人讲话时，通常喜欢凑得很近，而北美的人则倾向于往后退。这种我进你退的互动可能会无休无止地重复下去，看上去很滑稽。显然，写这本小册子的人注意到了礼貌或礼仪的风俗在世界上的不同地方各有差别。

个人行为的规范因文化而异，在上面列举的例子中，坚持认为一种文化的观点正确、另一种文化的观点错误，似乎就太过教条了。但是，如果一种文化允许所有有能力开车的成年人开车，而另一种——比如不久前的沙特阿拉伯——却拒绝赋予女性这项普通权利，那我们是应该轻描淡写地说这是一种文化差异，还是应该说一个国家在道德上犯了错？不过，一些人仍然坚持认为，一种文化无权评判另一种文化，并且提出，正如礼节规范因文化而异，道德规范同样因文化而不同。

是客观主义，还是文化相对主义？

那么，对于这些道德差异的事实，我们至少可以有两种态度——或者说两种**道德直觉**。一种是坚持认为，某些习惯做法体现了真正的或者正确的道德观，其他的则都是错误的。另一种态度是，道德真理在某种程度上取决于特定的文化或者传统，认为某一种比其他都优越并没有任何根据。前一种观点通常被称为**客观主义**（objectivism），后一种被称为**文化相对主义**（cultural relativism）。这是元伦理学中的一个争论点，考察的是道德价值的本质。有人认为，道德价值具有客观性，至少在同样的价值适用于任何时代、任何地方的任何人这个意义上是客观存在的。也有人认为道德因文化而异。哪种说法正确？文化差异的事实数不胜数，但并不足以证明文化相对主义就是对的，因为那就等于犯了（我们在第一章中讨论过的）谬误，直接从“实然”（对事物是什么样的陈述）推出“应然”（道德结论），而没有解释清从前者怎么可能推导出后者。

有些哲学家主张，客观主义是嵌入了我们日常道德思想中的直觉观点。大多数人会在意识不到的情况下，很自然地做出有关元伦理学的假设。正如我们的语言有一套大多数人都明白的语法，但要是没有经过全面的训练，我们很难说清楚它们是什么一样，我们的道德思想也会做出潜在的假设，而我们同样可能都没有意识到，并且需要下很大功夫才能讲清楚它们是什么。下面是一些人们经常在**常识道德**（commonsense morality，指我们在日常生活中倾向于使用的道德规范）中做出的元伦理学假设。

- 有些事情在道德上是错误的，比如纯粹为了取乐而伤害无辜儿童。
- "纯粹为了取乐而伤害无辜儿童是错的" 这类说法直截了当，要么为真，要么为假，具体到这个例子上，该说法为真。
- 有些事在道德上是对的，有些事在道德上是错的，分清二者是有可能的。
- 如果某人明知是错的还去做，那责备或者批评他或她那么做，就是正确的。
- 那些行为不道德的人，一般来说，本来是有可能选择其他行为方式的。

虽然这些假设都是我们日常道德信念体系的一部分，但在日常生活中，它们仍会遭到质疑。比如，有些人经常不愿意责怪他人的背德之行，并将其行为的根源归咎于人生的开局不好或者是生活环境恶劣。有些人则会怀疑道德信念是否真的可以为真，并且倾向于相信在某种程度上它们都是主观判断。但是，"客观的道德真理是存在的"——无论人们的看法如何，有些事确实是非分明——仍是一个很有力的观点。

不过，就算人们普遍相信有些事是对的，有些事是错的，要从哲学上去理解这到底意味着什么，也会很难。就拿“善待陌生人是好的”来说吧。“好”是一种价值，伦理学中的客观主义似乎预设了价值是“真实”的，因此在某种意义上，它们存在于世界中。这种观点认为价值存在于世界中，不以人类意志为转移，被称为**道德实在论**（moral realism），很多哲学家都维护过它。但是，人们也很容易感到困惑的是，价值在某种客观意义上存在，到底指的是什么。桌子和椅子“客观”存在。我能看到它们或者撞到它们，如果你和我在同一个房间里，也能看到和撞到它们。但如果价值存在，那它们在哪儿呢？我能看到吗？如果不能，我是怎么知道它们存在的，或者该如何与它们互动？问这些问题，通常会让我们离开客观主义，走向一种更为主观的不同观点，即价值在某种程度上是人为制造的，其存在要依赖于我们。因此，信仰客观价值的哲学家不得不肩负起说清楚自己信仰的东西到底是什么的沉重担子。

若以文字记载来看，柏拉图（公元前 429 ？—公元前 347）可能是第一位试图详细解释价值具有客观性到底意味着什么的哲学家。他认为，利用推理，我们可以发现客观价值的本质，甚至是它们的存在。但是，如果成功，我们究竟会发现什么？柏拉图采用了“**善的理型**”（form of the good）这一概念，我们需要仔细考察一下。首先，就像圆的理型是所有圆具有的共性一样，我们可以把善的理型看成是所有美好事物具有的共同点。圆是在同一个二维平面内，与某个点等距的所有点的集合。那么，大致而言，“善的理型”似乎就是对善的某种定义。但柏拉图把几何学的类比推得更远。一般说来，要想画出一个完美的圆是不可能的。虽然你可能需要显微镜才能看清楚，但任何画出来的圆，线条都会有细微的凸起或不完美。

因此，任何实际存在的圆都只是接近于完美的圆，或者说接近于真正的“圆的理型”。同理，柏拉图主张，尘世中的我们永远都无法体验到纯粹的善，因为任何善行或者善人都会有不完美之处。但就如同圆存在完美理型一样，善也存在一种理想的形式，只不过在物质世界中不存在罢了。

就像圆一样，美好的事物拥有某种共同点，但我们又无法在世界上的任何东西中找到其完美形式——这个观点无疑在某种程度上说得通。但当我们仔细思考时，又似乎很难搞清楚它的意思。理型是存在的，但又不存在于物质世界中，这是什么意思？柏拉图的结论是，理型必定存在于某种理想世界中。在他的作品里，柏拉图竭力想搞清楚这是什么意思，以及我们如何能获得关于我们无法直接经验的事物的知识。他讲了很多迷思，说人类原本存在于某个类似天堂的地方，在那里，我们不仅了解了善的理型，还认识了其他同样难理解的哲学概念，如美和真。他是否真的如此认为，我们无从知晓，但这确实表明，虽然我们很容易被“客观价值必然存在”这一观点吸引，但观点本身却并非那么简单直白。

别的哲学家则从我们业已提及的有关价值与数字的类比中找到了慰藉。拿简单的算数真理 2+2=4 来说。当然，常识观点是，这是一个客观真理，在任何时间、任何地点、对任何人而言都为真。早在人类存在之前，它就为真——当然，我们对这一真理的掌握，则要到人类出现之后。然而，你可能会好奇，数字 2 和 4 到底是什么？它们存在于哪里？我们如何能理解它们？仔细琢磨一下的话，它们其实是非常神秘的东西。不过，这种神秘感并不会削弱我们对数学客观真理的信仰。所以，或许价值是什么所具有的神秘性，也不必影响我们相信它们在某种意义上确实存在，且不论这意义是什么，只要它让道德真理具有客观性即可。虽然道德规范的客观性在哲学上有这么多难点，但对很多人而言，它仍是一种高度符合直觉的观点。

不过，我们在前一部分看到的那些有关道德差异的社会学和人类学证据，却给客观主义带来了压力，因此对很多人来说，文化相对主义就成了一个很有吸引力的替代选项。其他地方和其他时代的实践有时候会和我们所习惯的有差别，我们有什么根据说我们是对的而他们是错的呢？遵循一套惯例的人凭什么去批评遵循另一套做法的人？文化相对主义者认为，我们每个人都得从我们自身所处文化的角度看待事物。每个人自然会认为自己的文化中有更优秀的道德准则。但事实是，相对主义者说，其中不存在绝对的对与错，认为你和你的文化掌握着真理，而思想和行为方式不同的今人与古人都是错的，就未免太自大了。差别就是差别，仅此而已。我们必须尊重的一个事实是，我们只是生活在特定的空间与时间中，没有任何理由认为我们就比生活在不同时代或者不同地方的人更高级。这就是为什么文化相对主义对人们很有吸引力，很多人觉得它要比客观主义更符合直觉。但正如我们在上一章中讨论过的那样，道德直觉并非无可置疑。我们必须往深里探究，尤其是当我们的道德直觉同别人的产生冲突，或者更确切地说，当我们自己的内心感到矛盾时。

相对主义与伪相对主义

文化相对主义的核心主张是，“对”与“错”的概念只能放在某个特定的文化或社会语境中理解，在这个语境中对的东西，到了那个语境中或许就是错的。因此，我们必须尊重道德实践中的差异性。但哲学家指出，“因为价值是相对的，所以社会不应该彼此干预”的说法，其实很奇怪。思考一下我们可能会怎样用两个前提和一个结论来表达这个论证。

前提 1：对与错意味着“在某个社会中是对的”和“在某个社会中是错的”。

前提 2：在这个社会中对或错的东西，可能不同于在那个社会中对或错的东西。

因此，

结论：一个社会将自己有关对与错的观念强加于另一个社会，是错的。

乍一看，这好像是个有效论证，或者说至少在结论由前提推出这个意义上是有效的，虽然严格来讲，这个论证要在形式上有效的话，还需要补齐一些缺失的步骤。但它的奇怪之处在于，如果结论为真，那么第一个前提就一定为假。说到底，“一个社会将自己有关对与错的观念强加于另一个社会，是错的”这一结论是一项普遍性的主张，适用于任何社会，而不只是其中的一个。因此，它并不是相对于某个社会而言的，也因此与“所有有关对与错的观点都具有相对性”这一主张产生了矛盾。它说的是，任何文化中的任何人都有权遵照当地的传统行事，而不必受到来自外界干涉的威胁。用我们在上一章中讨论推理谬误时引入的说法，这个论证似乎犯了一词多义谬误，因为它使用了同一个词——wrong（错的）——的不同含义。

或许实际情况是，文化相对主义被混淆为**自由主义**的一种形式，即提倡人们容忍甚至是鼓励不同的生活方式。自由主义者的某些观点与文化相对主义有共通之处，认为一个社会中或者不同社会之间有着不同的道德观。比如，人们信仰不同的宗教——或者根本不信。一般而言，他们还承认，如果某个人或群体没有威胁到其他人或群体，那么就应该允许他们按照自己的价值观生活。因此，自由主义者通常会主张，文化自决权有其价值所在。但是这一点很重要，认可每个社会的自决权是一项普遍价值，并非只适用于某个地方。这种秉承自由主义与普遍主义的高度宽容立场，我们就称其为**伪相对主义**吧——它没有否定普遍价值的存在，而是主张至少存在一条普遍价值：每种文化都有自己的道德自决权。

这个观点似乎也很开明，但在继续讨论相对主义前，我们有必要思考一下伪相对主义是否真的如此有吸引力。思考一下国际关系中的一个类比。1648 年，欧洲的许多国家经过讨论，签署了《威斯特伐利亚和约》（Treaty of Westphalia），其目的是承认国家主权这一原则：每个国家都有权决定自己的内务而不受外部干涉。但过了三百多年，在第二次世界大战结束后，一个事实却越来越明显，那就是《威斯特伐利亚和约》实质上赋予了国家过多的权力。如果各国在自己的领土范围内拥有主权，那么当它们开始攻击本国公民时，我们该怎么看？如果它们只是在本国边界内实施种族屠杀，我们就可以袖手旁观吗？《世界人权宣言》（The Universal Declaration of Human Rights，于 1948 年 12 月 10 日正式通过）便是人们在认识到国家可以对本国公民做出骇人之事后采取的应对措施。

仔细考察明显的道德差异案例时，我们可以看到，在其他时代和地方，人们通常遵循的惯例似乎会压迫社会地位低下或者无权无势的群体，如奴隶、不受偏爱的种族、女性，以及处于同性关系中的人。自由主义政策是该宽容哪怕是最极端的歧视，还是该捍卫弱势群体的人权？正如当代的加纳裔美国哲学家奎迈·安东尼·阿皮亚（Kwame Anthony Appiah，生于 1954 年）所言，这两种理念，即对差异的尊重和对所有人的关切，会发生冲突。那么，宽容的自由主义立场就得想办法取得适当的平衡，既要把一些事情交给社会来自主决定，同时又要划定一些不可逾越的界限，以便保护个人。因此，一个乐于容忍或者鼓励不同生活方式的人，比如自由主义者，同一个拒绝批评另一社会中的任何习俗的人，是有区别的。自由主义者在认为各种不同的生活方式可以接受甚至值得钦佩的同时，也可以评判别人越了界。

在我们的时代里，所谓的少女生殖器切割就是一个很好的例子，它属于大部分人认为无法宽容的行为。某些社会盛行割除少女部分生殖器的习俗，或者会施行其他旨在确保少女在婚前一直保持贞操的外科手术。比如，很多个世纪以来，这种习俗在非洲的部分地区就很常见，而且和宗教信仰毫无关系。批评家指出，做完手术后，女孩的性快感在余生中可能都会降低，女孩通常要遭受相当大的痛苦和不适感，并且会面临术后并发症引起的感染甚至是死亡的风险。将生殖器切割视为可接受的文化差异是宽容的立场吗？还是说，应该主张这些年轻女性正在遭受腐朽的性歧视风俗的压迫，我们应该发起运动，并且不只在我们自己国家，而且要在全世界范围内，要求改革这种风俗，甚至是将其非法化？

你或许会惊讶于我用了“生殖器切割”（genital cutting）的说

法，因为你可能更习惯把这类习俗称为“女性生殖器残割”（female genital mutilation, FGM）。但很显然，道德相对主义者或者任何希望为这种习俗辩护的人，都不会接受后面的叫法。将其命名为一种残割形式，已经预设了该行为的有害性或者在道德上的不合理性。可以说，这就相当于把男性的包皮环割手术说成是男性生殖器残割。虽然很多人会主张二者有着关键的差别，并指出对男孩和男人来说，割包皮有好处，而对女孩和女人来说，生殖器切割却是有害的。但并不是所有人都承认这种区别。不管怎样，有害无害还得让证据来说话，而不是通过使用哪种叫法来做出预判。值得注意的是，我们如何称呼各种习俗，实际上已经包含了对其可允许性的假设。

而对于另一个极端，我们可以来思考一下肯尼亚的首位总统乔莫·肯雅塔（约 1891—1978，于 1964—1978 年在任）的说法。1938 年，肯雅塔撰写了一部重要的人类学著作——《面朝肯尼亚山》。在书中，他介绍了自己从小耳濡目染的基库尤传统，通过展示男性和女性割礼在基库尤仪式和典礼中，尤其是在成年以及成为族群正式一员的仪式方面所具有的核心地位，为其进行了辩护。他将这种习俗称作“修剪生殖器官”，使之听起来就像剪头发一样，是小事一桩。不同于肯雅塔或者其他批评者，我会继续使用生殖器切割这个说法，以避免让讨论偏向任何一方。虽然有些人会认为我的做法是“政治正确”的又一骇人例证，但实际上，政治正确仅仅是一种意识——我们不应该通过使用在道德上充满“诱导性”的语言预先判断问题，来回避严肃的道德讨论。预先判断（prejudgment），当然就是“偏见”（prejudice）一词的词源。因此，我们一直在思考的问题，其实是生殖器切割是否越过了道德界限，进而表明了文化自决权的局限性。但文化自决权，正如我们看到的，并不等同于真正意义上的道德相对主义，因为它强加了一条普遍价值：群体的自决权。实际上，要理解纯粹的文化相对主义作为一种论点到底是什么，相当困难。它并不等同于对群体习俗一视同仁的宽容，也不等同于所谓的**个人主观主义**（individual subjectivism，见第三章）——指道德主张的真实性取决于每个人的偏好或者判断。文化相对主义所做的，是将道德主张的真实性置于文化群体的传统或者判断之中。

我们再来思考一下人类学家鲁思·本尼迪克特提到的例子，比如自杀。在某些国家或者群体中，尤其是那些深受天主教思想影响的地方，自杀是一种不可饶恕的滔天大罪，被认为违背了上帝的意愿。但在另一些国家，比如日本，自杀又是一种高尚、受尊敬的选择，是诸如军事领导人甚至是某大型企业的领导在做出灾难性决定后的回应方式。我们是该说一个社会是对的，另一个是错的，还是应该说它们只能放在各自的社会语境中去理解，在这个地方是对的，到了另一个地方就是错的？但只要我们一加上“因此，我们一定不能干涉或者批评”，就等于叠加了一条普遍价值，放弃了相对主义的立场。看起来，文化相对主义者只能避免提出任何具有普遍适用性的道德主张。更确切地说，要想做一名毫无保留的文化相对主义者，似乎需要在道德问题上采取两种立场。一方面，和任何人一样，相对主义者身处一种有着自身道德规范的文化中，要通过那个社会的价值来看待世界。比如，如果我们生活的社会将自杀视作一种道德错误，那么至少在刚开始时，我们会谴责它，而且不仅仅是在我们自己的社会中，无论在什么地方看到自杀，都会认为它不道德，因为我们的道德规范就是这么说的。毕竟，鲜有哪种道德规范天然

"内置"了相对主义。但与此同时，相对主义者又必须采取另一种更为抽象的立场——人类学家或哲学家的立场——然后说："但那只是我们这个地方的看法罢了，不同文化中的人或许会有不同的道德观念。"这确实看起来像是一个可行且一致的立场，能让你在秉持某种道德观念的同时，又与之拉开某种批判性的距离。但是，这也会引出一个有趣的问题：你是否能在看到自己的道德观念还有其他替代选择之后，仍然像以前一样继续坚信你的观点。我们再来想一下那些听闻卡拉提亚丧葬习俗之后的希腊人。他们的本能反应是谴责吃尸体的行为，认为这是道德的沦丧。但国王大流士却看到了不同社会的习俗各有差别。我们的问题是，他在理解文化差异之后，是否还能继续认为希腊埋葬死者的习俗才是道德上正确的做法？还是说他的道德信念会动摇？他会开始认识到问题只是各地在传统上的差异，与道德原则无关吗？

文化相对主义似乎要求我们在坚持自己的道德信念时，也承认如果我们成长在别的环境中，同样会坚定不移地秉承不同的道德信念。这个观点当然是合理的，但同时，它也可能让人在心理上难以接受，进而让一些人开始质疑自己所承袭的传统。

相对主义的问题

文化相对主义常常被描述为一种通达的立场，但有些论证或许会让它不如第一眼看上去那么吸引人。事实上，当代非裔美国哲学家米歇尔·穆迪-亚当斯就曾提出，道德相对主义必须要做出一系列极为站不住脚的假设。第一，它假设把每个人分派到某一特定、封闭的群体中是合理的。但真是如此吗？想想你自己。你属于什么群体？你或许信仰某种对你而言意义重大的宗教，你或许是某个让你有着强烈认同感的国家的公民。或者，家人对你而言要比宗教或国家都重要。或者，你也许和你所属运动队的队友最有共鸣。此外，你还有可能已经远走异国，又或许远走异国的人是你父母或者祖父母（为了逃离故国的压迫）。现代世界的很多人很难简简单单地说清楚自己属于哪个群体。而如果不同群体有相异、抵触的习俗，你又属于不止一个群体，那你怎么办？你的道德信念应该对应哪种文化？

第二，穆迪-亚当斯指出，文化相对主义假定每个群体内部只有一种道德立场，并且大家都一致认同。但这很荒唐。任何文化都包含着各种各样的观点，其中一些还会相互抵触。比如，美国在控枪问题上的统一立场是什么？在大麻合法化问题上立场又是什么？在政府出资的医疗保健体系问题上呢？对于“每个社会都有一套公认的价值观”这个观点心有戚戚焉的人，实在应该花点儿时间去听听美国的政治辩论。现在我们再回到生殖器切割的话题上来（稍后还会继续讨论），哲学家玛莎·努斯鲍姆（Martha Nussbaum，生于1947年）指出，这种习俗其实在很多国家都有，却被列为非法行为。如此看来，这个例子展示的正是一个国家内部会存在多种观点——不过立场却很复杂，尤其是在那些刚刚获得政治和司法独立的国家中，比如非洲的很多国家。在这些国家中，正式的法律框架通常都是基于国际标准，所以有时会与不同群体的习惯法相抵触。

第三，穆迪-亚当斯的论点是，文化相对主义似乎认为，每个人的道德信念都直接脱胎于各自群体的价值观。但很显然，个人并不总是简单地吸收、复制所属群体的价值观，虽然十有八九会如此。自由、批判的思考有可能把人引向任何方向。在美国长大的人有时候会转信佛教或伊斯兰教。日本也有浸信会教徒。虽然文化相对主义通常被描述为一种经过改进的、开明的道德理论，但矛盾的是，它似乎并不能反映道德生活的复杂性。

适度的相对主义

就目前所说的一切来看，我们并不能排除“只有一种对待道德的态度是正确的，与之相左的其他习俗都是错误的”这种可能性，但是面对世界各地和人类历史上各种各样的道德实践，我们有必要考虑一下在多大程度上有可能承认和接受至少一部分这种多样性。另一种将相对主义的可能见解融到一起的方法是，从区分道德规范的两个层面入手，也就是必然存在统一性的层面和接受多样性的层面。

采取这一进路，可以从反思道德的一般意义入手。很多哲学家都认同，如果没有道德规范，生活会变得无法忍受，被冲突撕得粉碎。道德的意义（也许有很多）之一，是为了所有人的利益，以和平的方式解决冲突。那么，在这个意义上，道德规范可以帮我们寻找避免冲突或者应对冲突的方法，或者更积极一点地说，为了大家的共同利益，寻找能规范人们协作的方式。道德规范是一套裁定准则，我们可以通过它——借用政治哲学家约翰·罗尔斯（1921—2002）的说法——分配社会协作的利益和负担。

说这么多是为了说明道德的一部分本质，但我们仍然不知道那些规则是什么。而这正是不同文化会出现差异的地方。虽然所有社会都需要规则，但总体上能满足同一个一般性目的的规则，却可能不止一套。我们就拿道路安全来举例吧。对于该靠路的右侧还是左侧开车，每个国家都有自己的规则，而采用哪种惯例似乎并不重要，只要在同一个国家里，大家都在路的同一边行驶就行。或许根据科学研究的结果，我们会发现靠某一侧行驶要比在另一侧更安全（可能和大部分人都是右利手有关），但就算你的国家采用了危险一点儿的惯例，正确的行驶方向仍然是你的国家采用的那个。不管你是谁，如果仅仅根据科学研究，便去对于你的国家而言错误的那一侧开车，那你的行为就是鲁莽和不道德的。或者再思考一下希罗多德描述的希腊人和卡拉提亚人的丧葬习俗。你或许已经发现，他们的习惯或许不同，但在更深的层面上，双方都认为必须通过合适且庄重的仪式来纪念死者，而且其中还要考虑到安全处理尸体的社会需求。虽然二者的差异十分显著，但差异是细节层面上的。

一种相对适度的道德相对主义提出的主张就类似这些例子。虽然道德规范的总体目的是避免冲突、谋求合作，虽然达到这个目的需要不止一套规则，但并没有一套独一无二的规则会一直适用于这些目的。道德规则就像信箱的颜色——或者举个更恰当的例子，语言规则——在不同的社会中是有差异的，但服务的都是同一个一般性目的。黄百锐（生于 1949 年）捍卫过类似的观点。黄是一位华裔美国哲学家，在成长过程中，他意识到自己接触到了两种截然不同的价值体系。美国体系极其关注个人的自主、隐私和独立，而中国体系则更看重对社群和家庭的忠诚。这不是说社群在美国没有价值，也不是说个人在中国被忽视了。两种文化都很重视这些价值。但是，它们之间的冲突在不同的社会中有时会通过不同的方式解决。乔莫·肯雅塔也察觉到非洲和欧洲社会有类似的差别，发现非洲人更看重社群和家庭的传统价值。扩展一下这些例子，我们可以看到，不同的社会很可能会发展出不同的道德准则，来处理各自面对的不同问题。文化相对主义在这里可以有用武之地。

黄的叙述中有个值得注意的地方，那就是虽然我们会认识到另一个社会的道德规范同我们自己的差别很大，但在很多情况下，我们也能认识到其中的价值。确实，我们甚至可能很欣赏另一个社会的价值观，希望自己从小受到那种方式的熏陶，而与此同时又接受我们现在所做的不可能真正改变的事实。黄的立场似乎是合理的，不过也有人会质疑和反对，比如那些相信有一套真正适用于任何时间、任何地点的道德细则的哲学家或者宗教思想家。黄提出，道德规范有一种普遍性，但正如我们看到的那样，这并不排除社会层面上的相对主义。我们在上面引用过的希罗多德和鲁思·本尼迪克特的那种人类学证据似乎确实反映了这一点。

不过，有些人会质疑，这是否真的是人们通常理解的那种文化相对主义，还是说只是自由主义的又一种形式，拒斥了相对主义的元伦理学，但保留了其具体实践？适度的相对主义要面临的考验，或许是它如何看待我们前面探索过的那种更令人担忧的例子，比如某个群体遭到了剥削、压迫或伤害。它会如何评价古代或现代的奴隶制度，或者生殖器切割这类压迫性的性别习俗？我们是不是必须得认为，那些接受生殖器切割的社会与那些认为该行为骇人听闻的社会之间的差异，类似于那些车辆靠右侧行驶和靠左侧行驶的社会之间的差异，或者是说法语的社会和说葡萄牙语的社会之间的差异？这样的结果当然会让人不安，很多人对道德相对主义的担忧也正在于此，认为它同彻底抛弃了道德标准没什么两样。

生殖器切割和文化相对主义

黄倒是讨论了生殖器切割的习俗，具体来说是西雅图的某家医院曾面临这样一个窘境：如果拒绝提供手术，那些家庭就会通过更极端、更危险的方式去做。因此，在不采取任何道德立场的情况下，医院可能会提供一种“安全”、风险很小、几乎象征性的手术，在卫生的环境中抽一滴血。如果相关的家庭认为这能算某种形式的生殖器切割，那么小女孩就可以避免本来或许要做的那种开刀手术带来的严重伤害（黄，2006，pp. 260—263）。这种观点类似于通常用来支持堕胎合法化的论点。在堕胎属于非法的国家，会出现“偷偷摸摸”堕胎的危险行为，导致相当数量的女性死亡，或者对其生育能力造成永久损害。按照这个论点，将堕胎合法化只是两害相权取其轻，这也是为什么有些人会在道德上反对堕胎，但在实践中仍然会认可其合法性。

黄有关生殖器切割的讨论，实际上针对的问题并不是一个社会的人该如何看待另一个社会的风俗，因为他关注的是多元文化社会中包含了各种道德实践，而其中一些会被主流文化认为在道德上无法容忍。不过，黄的“适度的相对主义”仍提供了一种角度，可用来讨论一个社会该如何对另一个社会的习俗做出反应这种更为一般性的问题，而且我们继续拿生殖器切割作为例子，也会很有用。首先，我们应该回想一下黄对道德规范的两种层面所做的区分。一是所有道德规范共有的“道德核心”：合作、解决冲突和提供美好生活之典范的价值。二是社会的具体实践，它们提供了详细的规则，而且可能因社会的不同而有所差别。那么，问题就成了生殖器切割是否违背了道德核心。在这个问题上，不同版本的道德相对主义或许会有分歧，而这种分歧取决于人们如何看待切割的习俗，以及究竟如何对核心和具体规则做出区分。

常规的自由主义讨论，将生殖器切割视为一种野蛮的男性权力凌驾于女性的自由与快乐之上的行为：男性的支配地位根深蒂固，以至于女性通常会盲从甚至强烈赞同这种习俗。生殖器切割备受反对但又难以根除的原因就在这里。不过，黄又指出，“某些社群认为这种习俗能让身体具有生育能力，是人生的必经之路，能考验一个人的勇气和忍耐，将社区中奉行这种习俗的女性凝聚在一起”（黄，2006，p. 263）。乔莫·肯雅塔对生殖器切割在基库尤社会中所起的作用也发表过类似的评价。如果只从表面上来理解这类主张，切割习俗并不具有压迫性，反而是一种解放，当然，要确定这一点，还需要进行更深层次的人类学研究。但是，要把这种习俗放在黄的理论语境中去理解，我们首先得搞清楚它和所有社会共有的基本道德核心有怎样的关系。

一般而言，生殖器切割及类似习俗，目的是提升女性在结婚当天还是处女（或者如果不是，也可以很容易检查出来）且在婚内保持忠贞的概率，因为做过手术之后，女性的性快感会降低，也就不太可能出轨了。对婚外性行为的反对并不是什么古怪的价值观。长期以来，伊斯兰教和犹太-基督教传统中都有这种教导。当然，时移世易，这类习俗已经有所改变，婚前性行为现在在很多社会已经不算什么污点了，但一般来说，不忠行为虽然很常见，但仍然广受谴责。比如在很多国家，不忠行为曝光后，哪怕只是捕风捉影，某个政客的生涯也会毁于一旦。这种高层次的道德核心——美好的生活包括婚姻中的性忠诚——是许多道德准则所共有的，差别仅仅在于它如何执行：在一些社会中，是通过社会禁忌、道德批评和婚约；在另一些社会中，除了前面这些外，还会通过外科手术。

问题的关键在于，用外科手术来约束是不是过了头。一种担心是，这么做显然不公平，具有压迫性，因为只有女性需要为了保证在婚内保持忠贞而去承受痛苦，男性却不用。不过我们别忘了，在很多社会中，男性也需要为了其他目的，经受痛苦且艰难的成人仪式。但是，习俗中极端的性别歧视仍然令人深感不安。单凭这一点，我们或许会认定，生殖器切割显然违背了道德核心，正如其他保护忠贞的方式一样。比如，想一想用石头砸死不忠女性的习俗，且不论不忠行为是她们的主动选择还是（在最糟糕的情况下）因为被强暴。大部分“二层面”相对主义者会极为不适地说，虽然用石头砸死不忠女性可能符合一条重要的核心价值（忠贞），它却违反了其他更为重要的价值，比如个人自主权和不受伤害的自由。因此，即便是“二层面”相对主义者，也可以谴责施行此类习俗的社会，谴责它们忽略了所有道德规范如果要成为道德规范都必须具有的那部分核心。

在生殖器切割的问题上，也可以提出类似的论证，主张虽然这种行为满足了婚姻忠贞的价值，或许也促进了群体关系，是走向成年的标志，但这些价值远远不能作为正当理由。因为生殖器切割还违反了个人自主权和不受伤害的自由这类更重要的核心道德规范，并且侵犯了平等权，因此必须遭到谴责。由此，我们可以看到，一切取决于两个关键问题：自主权、不受伤害的自由和平等权是否可以被认为是所有道德规范都必须具备的核心价值，以及生殖器切割在何种程度上违反了这些价值。具体的习俗各有不同，所以同一个理论家可能会接受一些不太严重的形式，但不接受别的（这似乎是黄的立场）。理论家也各有不同，所以同样的习俗可能会被一些适度的相对主义者接受，但被另一些谴责。当然，我们也需要考虑到，“接受”这个概念本身没有那么简单。比如当代的非洲哲学家戈弗雷·B. 汤瓦就主张，对未达同意年龄的女孩或男孩进行生殖器切割，虽然不道德，但也不应被非法化。虽然这听起来有些奇怪，但事实是，很多被普遍认为不道德的事情并不违法。我们在前面举例时提到的外遇在很多国家就属于这种类别。不过，总体而言，“二层面”理论至少提供了看待这类问题的一种途径——虽然它本身并不能解决所有问题。

对于黄和汤瓦的分析，我们还可以用另一位当代哲学家米兰达·弗里克（生于 1966 年）的意见来做个补充。我们审视其他文化、想要批评习俗时，不一定要责备那些将其付诸实践的人。比如，我们看到，虽然生殖器切割显然是男性处于支配地位的结果，但这种支配地位根深蒂固，实践并鼓励该行为的人反而是女性。我们当然可以从自己的角度去批评这种习俗，但很多人认为，我们不应该去批评或者责备它的具体实践者。他们只是在遵守在他们看来正确的价值观罢了。在评价古代的奴隶制时，甚或更近一些，在看待对同性关系的不宽容态度时，也是如此。人们可能会抱着最大的善意做出错误的行为。

本章回顾

小结

我们在观察当今世界多种多样的道德规范以及反观历史时，会容易认为价值观一定在某种程度上只与特定的文化或社会有关。但正如我们看到的，很多人的道德直觉支持的是客观主义，而不是文化相对主义，因此，靠诉诸直觉来解决问题是行不通的。

那些青睐相对主义的人想要主张，一个社会不应干涉另一个社会的价值观。但要得出这个结论，就等于在说，文化自主权是一项普遍价值，可这其实是自由主义的一种形式，或者像我说的那样，是一种伪相对主义，不是严格意义上的相对主义。此外，我们还要直面一个问题：所有道德传统都值得尊敬这种说法是对是错？或者反过来问，有时候，某种道德体系是否只是一种掩饰压迫的幌子，因此需要来自外部的质疑？就我们应该尊重各群体的传统和习俗这个观念而言，一个难点在于，某个群体的习俗可能已经逐步演变为对不同的亚群厚此薄彼，大多数情况下是重男轻女，或者偏袒这个种族而苛待那个种族。当然，这并不意味着我们应当抛弃“群体自决权”的概念，只是说这个概念要比我们起初以为的更微妙、更复杂。

我们还看到，阐明真正的道德相对主义者立场，需要你迈出自己的价值观，采纳一种更为抽象的视角。我提出了一个问题：信仰你自己的道德观，同时又要接受道德相对主义，是否在心理上让人难以接受？但是，我们还看到，道德相对主义难以应对现代世界的复杂性，具体来说就是，个人并不会不假思索地接受自身所处文化的道德价值。

较为适度的“二层面”道德相对主义观点——将所有社会都秉承的道德核心，同各个社会可能在文化上相异的相对主义要素区分开来——是一种可能的妥协。我们可以承认，虽然某些确凿的道德约束必须受到所有社会的尊重，但这些约束如何转化为具体的习俗却会因社会而异，哪个社会都无权说自己是绝对正确的。但同任何妥协一样，这一立场也可能腹背受敌：青睐文化相对主义的人会说，共同的道德核心子虚乌有；认为存在一种独一无二的道德真理的人则不愿接受社会的多样性。总之，虽然道德相对主义表面上看起来是一种高度成熟和开明的立场，有望消解掉显而易见的道德分歧，但仔细审视之后会发现，它又领我们进入了一个充满概念和道德谜团的全新领域。

讨论题

1. 应该如何阐释文化相对主义的立场？
2. 支持文化相对主义的理由包括哪些？

3. 反对文化相对主义的理由包括哪些?

4. 文化相对主义和自由主义有什么区别?

5. 什么是“二层面”文化相对主义?

关键词

道德直觉，p. 35

客观主义，p. 35

文化相对主义，p. 35

常识道德，p. 36

道德实在论，p. 37

善的理型，p. 37

一词多义谬误，p. 40

自由主义，p. 41

伪相对主义，p. 41

个人主观主义，p. 44

关键思想家

希罗多德（公元前 484—公元前 425），pp. 31—32，48—49

亚里士多德（公元前 384—公元前 322），p. 32

鲁思·本尼迪克特（1887—1948），pp. 33，44，49

奥斯卡·王尔德（1854—1900），p. 34

艾伦·图灵（1912—1954），p. 34

柏拉图（公元前 429？—公元前 347），pp. 37—38

乔莫·肯雅塔（约 1891—1978），pp. 43，49，51

米歇尔·穆迪-亚当斯，pp. 45—46

约翰·罗尔斯（1921—2002），p. 47

黄百锐（生于 1949 年），pp. 48—51

戈弗雷·B. 汤瓦，p. 53

米兰达·弗里克（生于 1966 年），pp. 53

延伸阅读

* 希罗多德的《历史》(*Histories*)版本众多。我选用的是 Penguin Classics 版（修订版），出版于 2003 年。
* 亚里士多德有关奴隶制的观点，参见他的《政治学》(*Politics*)第一卷。Cambridge University Press 出过很好的一版（1996），其中还包括他其他的政治学作品，编者为斯蒂芬·埃弗森（Stephen Everson）。
* 有关古希腊同性关系的详尽讨论，参见肯尼思·J. 多弗（Kenneth J. Dover），《希腊同性关系》(*Greek Homosexuality*, Harvard University Press, 1978)。
* 鲁思·本尼迪克特的那段引文出自她的《文化模式》(*Patterns of Culture*)。我引用的是 1989 年 Houghton Mifflin 的重印本（首版于 1934）。该书的节选参见

乔纳森·沃尔夫（编），《道德哲学选读》（W. W. Norton, 2018）。

* 有关文化相对主义自我拆台的论证，参见伯纳德·威廉斯（Bernard Williams）的著作《道德：伦理学导论》（*Morality: An Introduction to Ethics*, Cambridge University Press, 1972, pp. 22—25）。

* 乔莫·肯雅塔的《面朝肯尼亚山》（*Facing Mount Kenya*），由 Vintage Books 出过一版（1962 年，首版于 1938 年）。

* 米歇尔·穆迪–亚当斯的主张，在她的《熟悉环境中的田野调查》（*Fieldwork in Familiar Places*, Harvard University Press, 1997）中有详细阐释。

* 约翰·罗尔斯的《正义论》（*A Theory of Justice*）首版于 1971 年，修订于 1999 年，由 Harvard University Press 出版，节选参见乔纳森·沃尔夫（编），《道德哲学选读》（W. W. Norton, 2018）。

* 黄百锐的有关讨论，参见他的《自然的道德》（*Natural Moralities*, Oxford University Press, 2006）。

* 戈弗雷·B. 汤瓦的主张，参见《割礼：一种非洲观点》（Circumcision: An African Point of View）一文，出自《男性和女性割礼：儿科实践中的医学、法学、伦理学考量》（*Male and Female Circumcision: Medical, Legal, and Ethical Considerations in Pediatric Practice*, Kluwer/Plenum Publishers, 1999, pp. 183—193），由乔治·丹尼斯顿（George Denniston）等人编辑。

* 米兰达·弗里克有关责备和道德相对主义的讨论，可参见她的著作《认识论的不义》（*Epistemic Injustice*, Oxford University Press, 2007）。

第三章

怀疑主义与主观主义

人类迄今为止认为重要的那些东西，连现实都不是，只能算是错觉，再严格一点儿说，只能算是病态天性中的糟糕直觉制造出来的谎言。

——弗里德里希·尼采，《瞧！这个人》

道德虚无主义

在前一章中，我们审视了所谓的**文化相对主义**，该观点的出发点是，不同时代以及同一个时代的不同地方有着各种各样的道德规范。这些相对主义的事实使得一些人更进一步地主张，尽管在不同时代和地点有着不同的传统，但严格来说，在更深层次的意义上，道德规范这种东西并不存在。人们虽然觉得遵循自己社会的传统很重要，但也会说，这些不过是传统——在很多方面，它们都很武断，并且完全有可能是另一种样子。这是对道德非常激进的一种批判，声言根本就不存在道德这种东西——或者换种说法就是，没有什么是不道德的。这个观点有时被称为**道德虚无主义**（moral nihilism），秉持这种观点的人就是所谓的道德虚无主义者。不过，道德虚无主义者们的行为仍然可能符合道德规范的要求，原因要么是他们碰巧想按照他们所处社会的常规做法行事（可以是在通常情况下，也可以是在某件具体的事情上），要么是不端行为通常会受到法律或者社会的惩罚。但道德虚无主义者的立场其实无关做什么、不做什么，道德虚无主义者只是不承认道德规范有任何根本性的正当理由。

有人可能会主张，道德虚无主义者不过是为自己的利益着想罢了，他们认为合乎理性、道德或者唯一能做的事就是追求快乐、避免痛苦，而不是遵守某种行为规范。这类观点被称为利己主义（以个人私利为目的），我们将在第六章“利己主义”中详细考察**心理利己主义**（psychological egoism）和**伦理利己主义**（ethical egoism）。确实，道德虚无主义者可以在某种程度上是利己主义者。但值得注意的是，道德虚无主义者未必要做利己主义者。如果实实在在的行为准则不存在，我为什么要被迫追求自利呢？我可以随心所欲地做事，且不论对我有利与否。毕竟，很多人似乎会欣然做出那些对谁都没有好处，反而会伤害自身的行为（抽烟、酗酒、暴食、打架）。道德虚无主义者只是怎么感觉就怎么做而已，他们认为没有什么正当理由让一个人去做任何别的事。

但是，单就主张本身来说，道德虚无主义者的立场似乎难以在理智上令人满意。社会制定出了复杂的道德规范，难道这一切只是某种理智错误，就像占星术那样？如果是，为什么它们会存留下来？（对于占星术，我们也可以有同样的疑问。）当然，道德虚无主义者可以拒绝回答，但如果道德规范的意义能通过某种解释被消解掉，道德虚无主义者的立场会更有说服力。

那么，道德虚无主义者都有哪些人呢？曾尖锐批评他那个时代的道德规范的弗里德里希·尼采（1844—1900），有时被认为是一名虚无主义者。在道德哲学中，尼采是一位激进人物，是所有时代最令人兴奋和害怕、解读方式最多元的哲学家之一。想一下他那部最著名的作品：《善与恶的彼岸：未来哲学的前奏》（*Beyond Good and Evil : Prelude to a Philosophy of the Future*, 1886）。书名本身似乎在暗示，道德是一种相对肤浅的现象：某种我们可以——而且应该——越过的东西，就像心理治疗师会告诉你要越过自己的那些心理障碍一样。

可“越过善与恶”（get beyond good and evil）是什么意思？听起来像是说挣脱道德的枷锁，而这也是人们通常对尼采的解读。不过，尼采的哲学虽然读起来很刺激，但解读困难也是出了名的。这种对他著作的虚无主义解读主要源自尼采本人，他把自己描述为不仅是“敌基督”，还是“第一个非道德主义者”（《瞧！这个人》，III UM 3）。不过，也有很多学者（虽然不是全部）更倾向于另一种解读，他们认为“越过善与恶”的意思是“善”与“恶”的说法会被“好”与“坏”取代——一个很微妙的转变，但我们会看到，这也是一个极其重要的转变。以这个解读来看，尼采的目标可能并不是拒绝道德规范，而是呼吁进行他所谓的“**重估一切价值**”（revaluation of all values），形成一种新类型的道德。我们稍后会考察这个观点。

或许，道德虚无主义者更典型的例子应该是色拉叙马霍斯。在柏拉图的对话录《理想国》中，这个人物在书的开篇极力主张“正义是强者的利益”，但他的立场恰恰是柏拉图准备反驳而非辩护的。虚构作品也提供了例子，比如法国哲学家、小说家阿尔贝·加缪（1913—1960）的《局外人》（1942）中的角色默尔索。默尔索杀了人，一个他不太熟的人，但他没有任何感受。如果我们在新闻报道里读到一个现代“默尔索”的故事，肯定会觉得这个人心理变态；事实上，在严重心理变态的案例中，人们通常会假定患者缺乏正常人拥有的那种道德反应。或许，我们在这里意外发现了现实生活中的道德虚无主义者：心理变态的人。当然，可以理解的是，很少有哲学家（如果有）会认为心理变态者的立场抓住了道德的实质并予以推荐。

道德与习俗

一个（会导向另一种形式虚无主义的）理由更为充分的立场则全力回到了先前的问题上：道德规则是拥有独立的证成理由，还是说它们仅仅是我们觉得难以打破的传统或者习俗？这种想法，很多人一定有过。比如，费奥多尔·陀思妥耶夫斯基（1821—1881）在他的名著《罪与罚》（1866）中就探讨了这个主题。在书中，穷得叮当响的俄国学生拉斯柯尔尼科夫坚信，道德行为对于某种人而言，本质上是一种懦弱的表现，真正的强者在适当的情况下会超脱它。为支持自己的这种说法，他主张，一个人在追求更高级的目标时，可以置传统道德于不顾：

> 在我看来，如果（德国天文学家约翰尼斯·）开普勒和（英

国物理学家艾萨克·）牛顿的发现要为大众所熟知，由于某些复杂因素，唯一的办法就是杀掉一个、十个、一百个，甚至更多试图阻挠或抵制这些发现的人，那么牛顿就有权，甚至是有义务去除掉这十个或一百个人，好让他的发现能公之于世。（陀思妥耶夫斯基，1866/2003，pp. 308—309）

不过，拉斯柯尔尼科夫不是希望推翻所有的传统道德。比如，他接着直接说，牛顿并没有权利想杀谁就杀谁，也无权每天去市场偷东西。然而，拉斯柯尔尼科夫却认为他本人可以忽视普通的道德规范，完全有理由抢劫和杀害一个有钱的老太太。当然，我们可以想见，他把自己的理论付诸实践后，结果事与愿违。拉斯柯尔尼科夫的立场——或许反映了他作为一个在虚构作品中心理失常的人的身份——并不十分明确，但他似乎认为，传统的道德规范是一种阴谋，而其策划者无法坚强或固执地靠自己的努力活下来，所以需要人为制造的规则来约束他人。道德是保护弱者不受强者伤害的一种手段。在某些情况下，如果有机会，真正的强者有权利——甚至有义务——忽略种种规则。但是，一旦人们说强者有“权利或义务”去打破常规，那么道德规范的一种概念就被另一种取代了。说到底，这并不是一种纯粹的虚无主义，而是给予了强者特权的道德形式。为了更好地理解这一点，我们有必要再简单看一下尼采描述的那种与此类似的立场。

道德作为一种钳制强者的手段

拉斯柯尔尼科夫把社会分割为“百姓”和“精英”的观点，

也同弗里德里希·尼采有关。前面我们提到过，尼采认为我们需要“重估”一切价值。他的核心观点是，我们必须把当代的道德，即我们目前拥有的道德规范置于显微镜下，考察其本质以及我们赋予它的种种理由。对于在 19 世纪的德国写作的尼采而言，“当代的道德”是基督教会的道德，而这种道德对于**德性**（virtues）与**恶习**（vices）有着自己的分类，其理由则是基于人类对上帝意志的信仰。做好基督徒，也就是做“好人”，意味着你需要谦卑、虔诚、温顺。但尼采说，这样的话，就等于接受了他所谓的**奴隶道德**（slave morality）——起这个名字，他对这种道德有多可取的态度就不言而喻了。尼采的重估问题可以换个方式来表达：做一个好人就好吗？或者更具体地说，如果恶是谦卑、温顺和虔诚的对立面，那做一个恶人有什么不好吗？这个问题以前也有人提过。苏格兰哲学家大卫·休谟（1711—1776）早在 1751 年时就说道：

> 独身、禁食、补赎、苦行、克己、谦卑、缄默、独处等一连串的修道士美德……被每个地方的有识之士厌弃，因为它们什么用处都没有……那么，我们就有理由把它们扔到相反的一栏，把它们置于恶习的类别中——一个阴郁、愚蠢的狂热者或许死后能在日历上获得一席之地，但在生前，他很难拥有亲密关系或者为社会所接受，除非对方是一些和他一样神志不清、阴郁沮丧的人。（休谟，1751/1983，pp. 73—74）

换言之，我们可以问问，基督教道德是否仍然“符合目标”？

当然，维护者会指出，它完全符合基督教的目标。但那就是试金石吗？尼采会让我们如何判断？在尼采看来，关键的考验似乎是这些价值是否“促进生命、保护生命、维护人类，甚或养育人类”（《善与恶的彼岸》，1886/1989，第一部分，第四节，p. 11）。在基督教的始创期，基督徒是遭受无情迫害的少数群体，这类德性使基督教得以存续，尽管基督徒个人做出了巨大牺牲。然而，在尼采看来，时移世易，现在有必要用一套更加正面、更符合时代的价值观，来取代那套已经过时的价值观。

总而言之，虽然在一定意义上，尼采确实认为道德规范纯粹是弱者用来钳制强者的一种手段，但他的直接目标还是他那个时代的基督教道德。不过，按照我们较为认可的那种解读，尼采的观点似乎是，基督教道德尽管控制着现代生活，但现在已经不合时宜，弊大过了利。而一种更深层次的道德形式——好与坏的道德，而非善与恶——却不会成为弱者用以钳制强者的手段。事实上，这种道德可以为强者所用，来捍卫他们自己。而这一点可能就是很多人觉得尼采看待道德规范的态度令人不安的原因：他对强者和天才这个少数派群体的钦佩，是以牺牲“百姓”或者普通人为代价的，而我们大部分人属于后者。我已经说过，虽然尼采试图撼动传统道德，但以我们较为认可的解读来看，他并不是真正的道德虚无主义者，因为他谋求的是建立一种不同的道德体系。不过，其他哲学家——比如 20 世纪的哲学家 J. L. 麦凯（1917—1981）——曾主张与道德虚无主义立场类似的观点，在本章的结尾，我们会探讨麦凯的立场。不过，现在我们要另循他径，来看看其他几种重新解释道德的方式，想必会更具有启发性。

个人主观主义

从“常识”角度看待道德时，我们通常会认为，某些道德判断显而易见是真的，而其他是假的。比如，我们大部分人会认为，开枪打死一个人“就为了看着他死”[借用约翰尼·卡什（Johnny Cash）那首老歌《福尔松监狱布鲁斯》（Folsom Prison Blues）的歌词]是不道德的，这不用说都是真的。但我们也看到，自己有关道德的常识理解会受到挑战。比如我们在第二章中讨论了文化相对主义，这种观点认为道德规范要相对于每个人的文化而言。然后我们发现，文化相对主义有一个棘手的地方，那就是在同一种文化内，人们也经常会在道德问题上产生深刻的分歧。这一想法可能会把我们推向一种更为个人主义的方向：就道德而言，即便在同一种文化中，也不存在什么普遍真理。这种观点认为，每个人的道德规范都具有主观性，更确切地说，是独属于那个人的规范。这就是所谓的**个人主观主义**，很多人都在想，也许这种看待道德的立场才是正确的——尤其是在他们碰上某个意见相左的人并争吵起来，而且争得越来越激烈的时候。在那个节骨眼儿上，人们会想退出争论，或许还会说一句“每个人都有权表达自己的观点”。当然，如果有人坚持说2+2=5或者地球是平的，你肯定不会这么说，除非你只是出于礼貌或者想赶快脱身。人们在客观事实上出现分歧的话，至少有一个人是错的。但有些问题却纯属主观看法，用对与错的概念来判断似乎不太合适。所以我们面临的问题是：道德规范属于哪种情形？

我们都同意不同的人可以持有不同的观点。但我们要注意，在哲学中经常出现的情况是，同一个名称——在这个例子里是主观主义——可以包含一系列截然不同的立场。主观主义当然是相对于**客观主义**而言的。基本问题在于：价值是等待我们去发现的客观存在，还是在某种程度上由我们制造的主观想象？如果确实是我们创造了价值，那么价值是全人类的创造，是某个群体或文化的创造，还是我们每个独立个人的创造？我们在第二章中讨论了文化主观主义，也就是通常所说的文化相对主义。在这部分，我们将重点看看最后一种情况——个人主观主义。

我们的问题是，在对待有关道德的分歧时，是应该像对待有关基本事实的分歧那样，还是说有别的方式？比如，思考一下表面分歧的另一个领域：两个孩子在争论哪种口味的冰激凌更好吃，是巧克力味的，还是香草味的。一个说："巧克力的要比香草的好吃。"另一个说："你胡说！香草的不知道要比巧克力的好吃多少。"无疑，这看起来似乎是个争论，而且会争得面红耳赤。但是你作为一个旁观者（比如哥哥或者姐姐）可能会觉得，如果你有耐心，是有可能平息局面的。你或许会试着说服孩子们，实际上没什么好争的。第一个孩子说"巧克力的要比香草的好吃"时，你可以主张她说的是自己的喜好，而不是冰激凌本身。换言之，她真正要表达的是"比起香草味的，我更喜欢巧克力味的"。同样，另一个孩子实际上是在说"比起巧克力味的，我更喜欢香草味的"。两个观点一旦经过重新表达，神奇的事就发生了，分歧顿时烟消云散，两种说法都是真的。除非其中一个孩子是为了找碴儿吵架，没有如实说出自己的喜好（当然，这是有可能的），否则按照这种解读，他们两个实际上都说了真话。他们当然会有不同的喜好，而且很可能都不敢相信另一个孩子真的会喜欢他或她宣称的那种口味，但无论如何，矛盾已经不存在了。毕竟，情况并不是其中一个说巧克力是由可可豆制成的，而另一个却说是由乌龟壳制成的。除非巧克力有两种制作材料，否则在后面那个争论中，只能有一个孩子是对的。但在争论哪种口味更好时，两个孩子可以在某种意义上都是对的，或者在另一种意义上都不对。

这种解决分歧的方案表明，那些表面上为事物赋予价值的说法，比如“巧克力冰激凌很好吃”，实际上表达的是某种与提出说法的那个人有关的东西，可能是在说“吃巧克力冰激凌让我很快乐”。这种理解怎么应用到道德判断上显而易见：“纳尔逊·曼德拉是个好人”，差不多是在说“我非常赞赏纳尔逊·曼德拉的品质和行为”。根据这种观点，道德判断确实表达了事实，但与我们预想的事实不同：是有关做出判断的那个人的事实，和曼德拉无关。这下，我们就可以像分析口味差异那样来分析明显的道德分歧了：一个人赞同，另一个人不赞同，结了。主观主义吸引人的地方就是它可以化解分歧。但这么做会伴随一定的代价。我们真的准备好说，道德分歧并不比哪种口味的冰激凌更好的分歧更重要，双方各自陈述完自己的观点，然后就可以各奔东西了？换句话说，主观主义在没有解决分歧的情况下消解了道德问题，我们能接受吗？

表达主义

我们上面讨论的观点认为，表面上的道德判断陈述的是有关做出判断的那个人的事实：他或她有一种赞同态度的事实。不过，有些哲学家采取了一种形式稍有不同的个人主观主义立场，被称为表

达主义（expressivism）。这种修正后的观点提出，道德判断是在不做出关于你有某种态度的陈述的情况下表达这种态度。这或许有点儿吹毛求疵：表达偏好和做出关于你有偏好的陈述，二者有什么差别？嗯，确实有。我们来做个类比。假设你看到你最喜欢的球队领先后，立即和其他人一起开始欢呼、鼓掌。可是要说你的欢呼应该被分析为一个英语句子，其实际意义是“我很高兴我的球队取得了领先”，就有些奇怪了。我们可能会说，你的欢呼只是表达了你的喜悦，而不是陈述你很高兴。

这个类比在道德哲学中引出了一系列理论，其核心理念就是，道德陈述表达的是我们的态度或者情感。这类观点被称为**情绪主义**（emotivism）或表达主义，不过恼人的是，大家使用它们时表达的意思不尽相同。无论如何，它们的核心说法是，说“纳尔逊·曼德拉是个好人”，就像在以一种表达强烈赞赏的口气喊：“纳尔逊·曼德拉！”同前面那个版本的主观主义一样，这种观点也否认了“好人”判断是在说纳尔逊·曼德拉。但在表达主义的观点中，“好人”判断和做出判断的人也没有关系，只是表达了那个人的观点或情绪，而不是陈述他或她有观点或情绪。

在哲学著作中，道德判断表达情绪而非陈述事实的观点，被称为**非认知主义**（noncognitivism）。与之相对的认知主义则认为道德主张表达的是“真正的”信念，就像科学信念一样，要么真，要么假，尽管可能很难分清是真是假。（信念也被称为认知，因此才会有非认知主义这个名称。）不用说，非认知主义不认为道德主张表达的是真正的信念，而是认为它们表达的是那些与表达者有关的东西：品味、偏好、情绪或者做判断之人的其他主观想法。同很多专业术语一样，认知主义和非认知主义在哲学的不同领域含义也不尽相同。在道德哲学中，它们牵涉的主要是道德陈述是否表达了真正的信念。

表达主义理论——被反对者调侃为“呸-哇”道德论（“boo-hurrah” theory of ethics）——有可能是正确的吗？再重复一遍上面提到的主观主义会带来的问题，就是认为道德分歧和孩子们争论哪种口味的冰激凌更好相似，或者与相互敌对的球迷为各自的队伍欢呼一样，是很令人不安的。当然，这些例子有着明显的不可类比之处。在道德争论中，我们通常会针对自己的观点给出理由，有时方式还会很复杂、很详细。偶尔，我们还能说服对方改变他或她的观点，甚或改变我们自己的观点。如果非认知主义者是对的，道德判断仅仅是一种态度的表达，那怎么会这样呢？

著名的表达主义者、哲学家 A. J. 艾耶尔（1910—1989）十分清楚这个批评。他指出，大部分道德分歧都与背景信息而非道德判断本身有关。比如，假设你认为某个朋友不是善类，而我坚定地认为他很善良。为了让我相信你的观点，你或许会告诉我他有几次说谎造成了严重后果。了解到这一点之后，我或许会改变主意，因为我并不了解所有的背景事实。偏好或态度可以改变。冰激凌的问题也是如此。比如，一个孩子或许在试尝了一口某种特别好吃的香草冰激凌后，改变了自己对香草冰激凌和巧克力冰激凌的偏好。这种方式提升了背景知识——香草冰激凌可以比预想的更好吃——而不是仅仅改变了判断。

艾耶尔的观点是，表面上的道德分歧通常源于某个人没有掌握全部事实，而就事实达成一致后，他或她的道德判断有可能改变。不过，正如艾耶尔问到的，如果在事实上达成了一致，但在道德判断上仍存在分歧，会发生什么？看起来，似乎只能一遍又一遍地重复你的观点，嗓门越来越高，怒气越来越大。他认为，这可以作为支持表达主义观点的一项考虑因素。

但是还有一个潜藏的问题。道德判断在我们的生活和对话中扮演着特殊角色，而不仅仅是被用来发泄我们的感受。我们会用它们来交流，并试着说服他人采纳我们的立场。这个认识让美国哲学家查尔斯·莱斯利·斯蒂文森（1908—1979）提出了一个更复杂的理论。斯蒂文森的观点简单来说就是，道德判断不仅表达我们的情绪，还包括了另一个要素，那就是邀请他人也来认同它们。

斯蒂文森这么说的原因很明显。做道德判断和为你的球队助威不一样，因为通常来说，你在做道德判断时，会预期——或者至少希望——对方的看法会和你的一样。做判断甚至可能是你的策略的一部分，目的是促使别人认同你的观点。相较之下，你为自己的队伍欢呼时，并不是想让另一队弃暗投明，让体育场里的人都来为你的队伍欢呼。事实上，如果真发生这种事，你反倒会心烦意乱，以为那一队的支持者是在挖苦你或者向你的球队表示抗议。因此，把道德判断仅仅看成是在表达个人情绪是不对的，因为这些判断同时也是在试图说服别人认同它们。斯蒂文森把企图说服的这个要素加入了他对道德判断的分析中：它们在表达你的情绪时，也在邀请他人产生相同的情绪。这种表达主义的扩展形式，更符合我们在日常生活中对道德语言的使用。艾耶尔和斯蒂文森一起通过对道德语言的哲学分析，向客观主义、普遍主义立场提出了严峻挑战。

我们可以采纳主观主义立场的某种变体吗？从直觉上来讲，这显然有些吸引力，能解释道德分歧为什么会存在，以及为什么如此难以解决。此外，它还能解释我们如何可以被驱使去做出有道德的行为，因为我们已经拥有了支撑我们道德判断的态度，因而更倾向于按照我们认为在道德上正确的方式去做事。但与此同时，这也相当令人担忧，因为它似乎让道德完全失去了约束。如果我们判定道德分歧在任何情况下都类似陈述或者表达不同的偏好或品味，那么一个人要是秉持大部分人都认为骇人听闻的道德观点，比如对不同宗教或种族的人进行迫害是一项道德义务，我们该怎么评价这个人？若以主观主义的立场来看，这个人似乎只是拥有与众不同的情绪或者偏好罢了，就像有些人很喜欢吃那种会让大部分人的嘴巴犹如火烧一样的辣椒。我们真的能接受这种观点吗？

我们很容易认为，如果一个人拥有的态度或者情绪导致他赞同种族主义，那很简单，他就是个坏人。但是，根据表达主义者的观点，我这么说，也只是在表达我不赞同那些发表种族主义观点的人，并且在鼓励别人同样不赞同它们。从表达主义角度分析负面的道德判断会很让人沮丧。当我说一个表达了种族主义观点的人行为恶劣，应该停止这么做的时候，我觉得我是在说种族主义者，而不是在说我自己。面对这类情况时，我们很难不认为至少有一些道德要素要比表达主义者认可的更客观。所以，尽管很吸引人，但主观主义和表达主义却撞上了直觉壁垒：它们会造成许多反直觉的结果。

客观的道德概念

要更好地理解我们为什么在一定程度上抗拒主观主义，现在不妨再回到第二章里有关客观主义的讨论上。在前面，我提出了相对于文化相对主义，客观主义者认为，某些习惯做法是真正或者正确的道德立场。要怀疑这样一种大胆、（或许还有些）狂妄和排他的观点很容易，这也是很多人寻找诸如文化相对主义或主观主义这类替代观点的原因。但是，客观主义发展出了不同的版本，最终使这个理念听起来少了些不切实际，多了点儿脚踏实地，审视这一过程会有助益。如果有更适度的客观主义版本，那么它们或许能成为在直觉上更吸引人的选择。

有些形式的客观主义先从关注我们在做道德判断时使用的语言开始。到目前为止，我在本书中对这一点没有谈多少。我用到了好与坏、对与错这类词，但我们现在有必要停下来，思考一下我们通常在生活中是怎么赞扬和批评别人的。我使用了“纳尔逊·曼德拉是个好人”这样的例子，但你上一次用好坏来评价某个男人或女人是什么时候？我们在训练自家的狗时会这么说——“好狗狗”或者“坏狗狗”——教训孩子的时候可能也会说，但这些词用在成年人身上不太常见。确实，我们经常会琢磨自己该怎么做才“对”，但停下来想想，你是怎么夸奖或者谴责别人的。我们赞扬别人时，经常用到的是“善良”“大方”“友好”“热情”“体贴”“周到”“坦率”“勇敢”这类词，而在批评别人时，则会用“刻薄”“残忍”“虚伪”“不老实”“不顾及他人”等词。

我们来看看这堆词里面的第一个——善良（kind）。怎么算是善良？这是一个有趣而微妙的问题。善良肯定包括顾及他人的感受或者担忧，在给予对方你的注意力、时间或者金钱时，不会让对方觉得你是在做什么负担很重的事。无疑，这个词可能包括更多内容，但上面这些已经足以让我们了解它的核心含义了。如果某个人说，刚才在你胳膊上捻灭烟头的女人很善良，这里面肯定有猫腻。或许对方是在讽刺她。或许背后有什么复杂的故事，能让你对她的行为有不同的理解（或许人家是为了帮你除掉一只只能用火烧死的寄生虫）。但如果这些都不适用的话，那么说她的行为是善举或她是个善人，显然就不能成立。换句话说，道德规范似乎确实包含了某些客观真理，比如这个：在别人的胳膊上捻灭你的烟头是不善良的。

哲学家伯纳德·威廉斯（1929—2003）利用被他称为**薄/厚伦理概念**（thin and thick ethical concepts）的区别，对这个观点进行了阐明。对与错、好与坏等概念被描述为薄，是因为通常情况下，它们似乎只是被用来传达道德认同或谴责。但日常道德规范的概念，比如善良、勇敢、体贴，要比前者厚：它们还包含所谓的描述性内容，就像我们在"善良"的例子中看到的那样。从那个例子可以得出一个结论：在某些情况下，说某个人善良完全是错误的。关键在于，认同与否似乎和描述性要素有关：除非行动达到了善良（或者其他正面的道德概念）需要满足的条件，否则我们就不会认同它。这就是善良这个概念归根到底似乎具有客观性的原因。

主观主义者当然知晓这类例子，也认同某些道德判断既含有描述性元素，也含有评估性的一面。但也许，道德判断中的描述性方面和评估性方面可以分离，只留下后者。这么分析，是为了可以坚持认为道德是主观的。为了验证这个观点，想象有一位来自火星的人类学家，而且我们假设火星上是道德虚无主义文化，所以这位人类学家根本没有道德概念。那么我们的地球访客能否写出一份有关人类实践的人类学报告，指出人类在某些情况下会使用一种叫"善良”的概念，然后准确地分析出它的用法？如果描述性方面可以同评估性方面剥离，那就有可能做到。主观主义者需要主张，在思维实验中，火星人能像我们那样使用“善良”这个词。按照这种观点，道德的客观性与描述性部分，也就是火星人能理解的那部分有关，但与主观性评估无关，而火星人没有后面这个概念，甚至也无法理解。主观主义观点可以归纳为：能识别善良行为是一回事，但知道社会赞同它们完全是另一回事了。

这种说法讲得通吗？你真的能认出善良或勇敢或大方的行为，但不赞同它们？有些当代哲学家，比如约翰·麦克道威尔（生于1942年）认为，描述性和评估性要素无法分开。火星人类学家的任务根本不可能完成：你要想确认某些行为是善良的，就得先知道它们被认为是有价值的一类东西。这就意味着，我们的道德概念至少有一部分是客观的：如果你要拥有“善良”这个概念，就必须承认善良的人在道德上是好的，至少在那个方面是这样。另一些人不同意，他们主张你可以知道什么算是善良，然后不持有任何同道德有关的观点。这方面人们仍有争论。

伦理、语言、形而上学与认识论

到目前为止，我们考察的许多主观主义观点都对道德语言提出了一个有趣的断言。它们主张，在某种意义上，道德语言具有欺骗性。举个简单的例子：“希特勒很邪恶。”这句话的表面逻辑是，将某一属性（“邪恶”）赋予了某一事物，即希特勒这个人，就像在“希特勒有黑头发”这个句子中，我们把“黑头发”这个属性归在他身上一样。正如我们已经看到的，有些主观主义者说，这并不是真正的根本逻辑。他们说，在现实中，我说出这句话，只是表达了我自己的感受或情绪。比如，按照最简单的表达主义分析——道德判断更接近于为一支球队呐喊助威，而不是陈述有关世界的某个事实。“希特勒很邪恶”这句话等同于“希特勒——呸！”按他们的观点，这句话的表面逻辑有误导性。20世纪中期，认为通过分析语言可以理解道德的想法很流行，当时的哲学主要关注语言分析。

但事物会向前发展，在目前的讨论中，怀疑主义中最重要的思想支流，可能是哲学家J. L. 麦凯（1917—1981）的**错误论**（error theory）。麦凯在这个问题上最重要的作品是《伦理学：发明对与错》（1977），在这本书中我们能找到什么，副书名已经给出了强烈的暗示。麦凯并没有试图重新分析我们日常的道德语言，而是承认它所预设的价值具有客观性。比如我说“希特勒很邪恶”时，就是把某种客观价值赋予了某种事物，虽然这个价值具有很强的负面性。但麦凯又主张，所有包含了向某个事物赋予客观价值的说法都是假的，因为不同于黑头发，客观价值并不存在。在这种意义上，麦凯的观点可以被理解为我们在本章开头讨论过的道德虚无主义的一种形式。确实，麦凯写道，他的观点可以被称为主观主义，但他觉得这种叫法不是很舒服，可能虚无主义更接近。后来沿用下来的是“错误论”这个名字。因为它得出的是这样一种结论：严格来说，“希特勒很邪恶”不为真；当然，这并不是说他是个好人，因为那同样是假的。两种主张都为假，是因为它们都有一个假的或者错误的预设，那就是客观价值是存在的。该观点故名“错误论”。

古怪性论证

为什么要认真对待错误论呢？因为麦凯想和我们分享他对于客观价值的“本质”感到的困惑，尤其是没有描述性内容的“薄”的道德价值，比如好与坏、对与错。我们已经注意到麦凯给自己的著作取了“发明对与错”这样的副书名。正如我们所见，与我们的价值体系是被发明的这一观点相对的是一种客观主义立场，即它们是被发现的。麦凯向客观主义者抛出了一个问题：“你觉得你能发现的是什么？”我们在上一章中曾看到，柏拉图认为客观价值确实存在，而且奠定了道德的客观性基础。但麦凯想让我们好好思考一下这些客观价值到底是什么。它们在哪里？我们如何认识它们？我们提到，柏拉图使用了“善的理型”的概念，即善的完美概念，但这样的善存在于某种理想领域中，我们在现实世界中永远不可能遇到。如果这就是所谓的价值在客观意义上存在，也难怪人们会对此有所怀疑。

客观价值在理解上的困难是麦凯的论证基础。他提出：“如果客观价值存在的话，它们会是一种极为古怪的实体或特性或关系，完全不同于宇宙里的任何事物。”（麦凯，1977/1991，p. 38）这一被他称为**古怪性论证**（argument from queerness，这里用的是 queer 的旧含义，也就是“古怪”或“奇怪”）的观点，提出了一个**形而上学**（metaphysics，研究世界上存在什么）中的根本问题。在这里，问题从根本上来说就是：“客观价值是什么？”是动物、植物，还是矿物？在什么地方？看起来是什么样？这个论证还提出了一个有关知识的问题：我们如何才能认识这些奇怪的事物？在哲学术语中，有关我们如何认识事物的问题被称为**认识论**（epistemology）问题。此外，麦凯的论证还提出了一个有关动机的重要问题。有关世界的某种事实如何能具有“固有的‘要做性’”（built-in to-be-doneness）？那个词的意思是，我对某物存在的认识，在某种程度上会自动要求我去追求它。

提出这些更深层次的哲学问题后，我们就不难理解主观主义者的优势了。他们对上述形而上问题的回答是：价值归根结底就是偏好或情绪，是我们在世界上，或者更进一步，在我们内心当中遇到的极为普通的事物，并不神秘。就像我们认识心智中的任何事物一样，通过内省，我们也可以认识这些价值。诚然，内省会引来一个令人困惑的问题：我是如何知道我心灵中的内容的？但问题的关键在于，以主观主义观点来看，认识到某种事物是坏的，并不比认识到被尖棍子戳很疼更难理解。说到底，我有追求价值的动机，是因为它们是我的价值——我的偏好或情绪——而不是由某种独立、客观的现实强加在我身上的东西。

麦凯的论证可以简单地表述为：

前提 1：如果客观价值存在，那它们必然不存在于物质领域，并且有“固有的‘要做性’”。

前提 2：没有什么可以不存在于物质领域，并且有“固有的‘要做性’”。

因此，

结论：客观价值不存在。

这个论证基于他对客观价值的奇怪特性的思考：如果它们存在的话，那它们看起来有多奇怪，我们能对它们有所认识或者受驱使去遵循它们有多奇怪。当然，不是每个人都认同麦凯的困惑。麦凯自己就提到了一种回应，这种回应否认上述论证中的第二个前提，指出宇宙中有很多古怪的事物：难道我们应该以同样的理由认为不存在完美的圆吗？还有数字、夸克、希格斯玻色子和意识，又该怎么办？价值似乎并不比这些更奇怪。

不过，任何以这种方式回应的人，都会面临解释清楚什么是客观价值的重要挑战。我们只能对柏拉图的理性论照单全收，还是说有可能利用上面解释过的客观的道德概念，构建一种不同形式的客观主义？麦凯的论证预设了如果道德具有客观性，那么价值在某种程度上一定是存在于世界上的事物。但或许这种思考客观性的方式是不对的，我们应该否定论证中的第一个前提。另一种选择或许是，某种对价值的几乎普适的共识，已经足够作为客观主义的形式。但是，几乎普适的共识存在吗？很可能没有。这是文化相对主义的话题，我们在第二章中探索过。麦凯还提出，文化相对主义也支持他有关价值的错误论。

总之，麦凯的论证看起来确实是有效的。但其可靠性并不那么显而易见。论证的每个前提都可以遭到质疑。我虽然没有证明它们是假的，但有理由说，它们至少有争议。

对虚无主义、主观主义与错误论的回应

我们已经考察了各种被用来削弱客观主义的方式，而且每个都提出了一些似乎合理的论证过程。比如，主观主义就有诸多可取之处。因为它似乎维护了一个人能构建自己的道德观这种重要的人类

自由，也让道德规范的形而上学和认识论问题迎刃而解了。问题在于，有没有人真的在内心最深处相信主观主义是真的？道德真的允许你随心所欲地想吗？你把某个杀人犯描述为邪恶之人时，真的只是在表达你的强烈谴责（并且邀请他人也认同你的判断）吗？

但是，对于所有质疑道德客观性的观点，最大的挑战可能是说清楚你最初赞同或谴责某种行为或某人的原因何在。我们再来回想一下冰激凌口味的例子。我喜欢香草味冰激凌胜过巧克力味的。这是为什么？当然不是因为我下了决心要有这类偏好。虽然有些人确实会下定决心拥有某些特定的喜好（比如训练自己喜好红葡萄酒胜过啤酒，或许是出于什么虚荣的原因），但在日常情况下，我对冰激凌口味的偏好是基于我品尝不同口味的冰激凌时的味觉感受，或许还有香味和质感。我就是觉得一种口味比另一种口味更让人愉悦，而且我的偏好或许甚至还可以从生理学角度来解释。

但是，现在来思考一下我赞同某种行为的情况吧。我为什么会这么做？似乎并不是出于什么与我生理机能有关的基本事实，而是因为我注意到某人专门努力去做了某件能在某种程度上改善另一个人境遇的事情，而我显然赞同这种行为。但是批评主观主义的人会说："要是我不认可帮助他人是善举，我为什么要赞同它？"但如果我们在这一点上达成一致，那看起来主观主义最终还是要以客观主义为基础：明白某些事是好的，某些事是坏的，所以我才会赞同或谴责它们。客观主义似乎比表面上看起来更难拒斥，但是批评客观主义的人还是可以撼动我们对于自己知道客观主义是什么的确信。

本章回顾

小结

在本章中，我们考察了一系列对传统道德观点的质疑。我先介绍了虚无主义，即认为道德规范根本不存在的观点，随后又讲了尼采的观点，他认为“重估”我们的价值很有必要，这与虚无主义者主张否定一切价值有明显区别。随后，我探索了不同版本的个人主观主义，包括道德可以被简化为个人偏好的观点。我还看了不同形式的表达主义，这种观点认为道德判断表达的是赞同和谴责的态度，或者只是表达我们的情绪，并邀请他人来认同它们。

然后，我概述了一种形式的客观主义，这种观点认为，我们在使用客观的道德概念时，道德判断可以明确地为真或为假。接着，我分析了麦凯的错误论，该理论提出，我们日常的道德判断全都是假的，因为它们预设了客观价值的存在。这似乎是本章开头讨论过的虚无主义的一种形式。最后，我考察了一些对主观主义的反驳。主观主义观点反驳起来或许不容易，但如果它为真，我们也很难看到自己还有什么理由继续对道德感兴趣。看起来，试图让道德哲学短路的努力——这次是采纳了一种主观主义分析——只是让我们再次回到了道德哲学的某些最深层次的问题上。

讨论题

1. 何为道德虚无主义？
2. 主观主义会把道德规范简化成个人偏好吗？
3. 解释表达主义立场。
4. 什么是客观的道德概念？能用它们来回应主观主义者吗？
5. 什么是道德的错误论？

关键词

文化相对主义，p. 59
心理利己主义，p.60
重估一切价值，p. 61
恶习，p. 64
个人主观主义，p. 66
表达主义，p. 68
非认知主义，p. 69
错误论，p. 76
形而上学，p. 77
道德虚无主义，p. 60
伦理利己主义，p. 60
德性，p. 64
奴隶道德，p. 64
客观主义，p. 67
情绪主义，p. 69
薄 / 厚伦理概念，p. 74
古怪性论证，p. 77
认识论，p. 78

关键思想家

弗里德里希·尼采（1844—1900），pp. 59，61，64
柏拉图（公元前 429？—公元前 347），pp. 61，62，77，79
阿尔贝·加缪（1913—1960），p. 62
费奥多尔·陀思妥耶夫斯基（1821—1881），pp. 62—63
约翰尼斯·开普勒（1571—1630），p. 62
艾萨克·牛顿（1643—1727），p. 63
大卫·休谟（1711—1776），p. 64
A. J. 艾耶尔（1910—1989），pp. 70—71
查尔斯·莱斯利·斯蒂文森（1908—1979），p. 71
伯纳德·威廉斯（1929—2003），p. 74
约翰·麦克道威尔（生于 1942 年），p. 75
J. L. 麦凯（1917—1981），pp. 76—79

延伸阅读

* 弗里德里希·尼采的观点贯穿于他的所有作品，不过，《善与恶的彼岸：未来哲学的前奏》（*Beyond Good and Evil: Prelude to a Philosophy of the Future*）是从本书所涉及问题的视角来看问题的最重要作品。Vintage 在 1989 年出过一版，编者为沃尔特·考夫曼（Walter Kaufmann）。（首版于 1886 年。）
* 至于尼采的其他作品，《尼采文选》（*The Portable Nietzsche*, Penguin, 1954）是一本不错的选集，编者为沃尔特·考夫曼。《瞧！这个人》（*Ecce Homo*），即本章开篇引文的出处，曾由 Oxford University Press（Oxford World's Classics 系列，2007）出版，译者为邓肯·拉奇（Duncan Large）。（该书首版于 1888 年。）
* 柏拉图的《理想国》（*The Republic*）版本俯拾即是，比如 W. W. Norton（1999）就出过一版。
* 阿尔贝·加缪的《局外人》（*L'Étranger*，英译为 *The Stranger*）可参见 Vintage（1989）出过的版本。（首版于 1942 年。）
* 陀思妥耶夫斯基的引文出自 Penguin Classics 版的《罪与罚》（*Crime and Punishment*, 2003），译者为大卫·麦克达夫（David McDuff）。（首版于 1866 年。）
* 大卫·休谟的引文摘自 Hackett 版的《道德原则研究》（*An Enquiry Concerning the Principles of Morals*, 1983）。（首版于 1751 年。）
* A. J. 艾耶尔的《语言、真理与逻辑》（*Language, Truth and Logic*）参见 Dover 的再版（1952）。（首版于 1936 年。）
* 查尔斯·莱斯利·斯蒂文森的《伦理学与语言》（*Ethics and Language*）由 Yale University Press 出版（1944）。

* 伯纳德·威廉斯的《伦理学与哲学的限度》(*Ethics and the Limits of Philosophy*)由 Fontana 出版(1985)。
* J. L. 麦凯的《伦理学：发明对与错》(*Ethics: Inventing Right and Wrong*)由 Penguin 出版(1991)。(首版于 1977 年。)
* 柏拉图、休谟、艾耶尔和麦凯作品的节选，可参见乔纳森·沃尔夫(编),《道德哲学选读》(W. W. Norton, 2018)。

第四章

自由意志与道德责任

那么，我们应该将宇宙的现状视为其先前状态的结果和后来状态的原因。假如在某一给定时刻，某种智慧能够理解所有赋予自然生机的力量和其中所有存在物各自的状况，而且这种智慧强大到能对这些数据做出分析，那它就可以将宇宙中最大天体和最轻原子的运动都包含在同一个公式里。对它而言，没有什么是不确定的，未来会像过去一样历历在目。

——皮埃尔–西蒙·拉普拉斯，《关于概率的哲学随笔》

自由意志

在前两章中，我们考察了各种试图扰乱我们日常道德感的质疑。在本章中，我们将着眼于一套不同的论点——有些人认为它威胁到了道德的一个重要方面：道德责任的概念，以及相关的赞扬和责备。

这个观点简单来说就是：人类缺乏**自由意志**（free will），人类的所有行为在某种程度上已被预先决定。根据这种被称作**决定论**（determinism）的观点，我们就如同高精尖的机器或者机器人。如果真是如此，它断言，那么道德规范就不可能存在，因为我们不用对我们所做的任何事负责。而如果我们没有责任的话，我们也不能因为自身的行为受到赞扬和责备。说到底，道德不就是一套赞扬和责备的体系吗？在本章中，我们将探索决定论者对道德责任的质疑，思考一些回答和替代观点。

上述观点可以简单地表述为如下论证：

前提 1：道德评价需要我们能认为他人要对他们的行为负责。

前提 2：如果人要对自己的行为负责，那么他们必须拥有自由意志。

前提 3：人没有自由意志。

因此，

结论：人不应受到道德评价。

如果这些前提正确，那么确实可以推出人类不能从道德上评价。换言之，如果论证可靠（第一章中介绍的那种专业意义上的可靠），那么看起来，人类道德就到此为止了。

同许多表面上看起来简单的论证一样，这个论证也需要更进一步考察。前两个前提导出了一个次级结论：没有自由意志的话，人类就不应受到道德评价。前提三则陈述了人类没有自由意志。我们先来看看在一定程度上属于科学问题的前提三：人类有没有自由意志？

不过在开始前，我要就术语简单说几句。首先，人类拥有自由意志的观点有时候被称为**自由意志主义**（libertarianism），因为它主张我们有做出自由选择的自由。但我倾向于不用这个词，因为政治哲学中也有一种理论被称为libertarianism（自由至上主义）——主张为维护个人自由，甚至可以质疑政府、税收和社会福利的合理性。后面这种理论也很有趣、很重要，但该词的两种用法并无关系。其次，另一种阐述人类拥有自由意志的方式，是说存在所谓的**行动者因果性**（agent causation）：人作为行动者可以导致自己行为的发生。而决定论认为，行为由不受行动者控制的因素导致发生。行动者因果性这个术语，可以有益地提醒我们这场讨论的利害攸关何在。

直觉上相信自由意志

从直觉感受的角度来看，人没有自由意志这个前提似乎很荒唐。你现在正在读这本书里的一段话。刚才你看完上一段后，很可能是下意识地决定多读一小会儿，但如果你觉得这本书不好读的话，也有可能是有意识地做出这一决定的。在做出决定的几秒钟前，你本可以停下来。你本可以合上书，站起来，出去和朋友们玩。但你没有。你自由地选择了继续读，虽然可能也有一点压力。每天你要面临的选择没有上千，也有上百，你的一天只是几百万甚至几亿种可能情况中的一种，如果你做了不同的选择，你的一天本有可能是别的样子。有的不同选择（比如，我应该先刷哪几颗牙？）可能不会改变你的轨迹，但有的则可能改变你在那一天甚至是你人生的方向。因此，我们才直觉地相信我们拥有自由意志。

但是，这里还是有些让人不安的疑问。我们仍然举继续看书的例子。或许说到底，你真的没有选择：话题的趣味，再加上我这让人拿起来就放不下的写作风格，让你停不下来。或者稍微符合现实一些，你要赶在某个时间前读完，你又有训练有素的治学习惯，因此你不敢想停下来的事，至少暂时不敢。那么，这些不得已有没有可能往后倒推，一直回溯到你出生时，所以你的人生只是一连串不可能以其他任何方式展开的事件的合集？自哲学肇始以来，很多哲学家坚信某种东西驱使着我们的行为，自由意志不过是一种幻觉。确实，我们认为自己的确拥有自由意志，可以做出任意数量的决定。但我们也曾认为地球是平的，认为太阳绕着地球转。或许就像波兰天文学家尼古拉·哥白尼（1473—1543）证明是地球绕着太阳转，结果把我们对宇宙的理解搅了个天翻地覆一样，我们对自由意志的惯常认识，也濒临被证明只是一种幻觉的边缘。

比如阿图尔·叔本华（1788—1860）就主张，我们对自己拥有自由意志的坚定信念，证明不了什么：

> 我们假想有个人正站在大街上……或许自言自语道："现在是晚上六点，一天的工作结束了。我可以去散个步，或者去俱乐部，也可以爬到塔上去看日落，我可以去剧院，也可以去看这个朋友，或者再去看那个朋友一次，是的，我甚至可以跑出大门，冲进广阔的天地中，再也不回来。所有这一切都取决于我，我有完全的选择自由。但那些事我现在一样都没做，而是以同样多的自由意志往家走，回到妻子身边。"这完全就像水在说："我可以激起巨浪（是的！在大海和风暴中），我可以匆匆地奔流而去（是的！在小河的河床上），我可以水花四溅地飞流而下（是的！在瀑布里），我可以像射流一样自由地升

到空中（是的！在喷泉里），最后，我甚至还可以沸腾、蒸发（是的！在100摄氏度的高温中）。但那些事我现在一样也没做，而是以自由意志平静、清澈地待在镜子一样的池塘中。”正如水只有在这种或那种现象的决定性原因发生后，才可以做到那些事一样，人也只有在同等条件下，才能做他幻想自己能做的事。（叔本华，1841/2009，pp. 62—63）

叔本华表明，自由意志的概念很成问题。诚然，他说，自由地行动就是能按照你的意志行事。不过，他又问，是什么导致了你的意志？你如此意欲，是出于你自己的意志吗？但这会造成**无穷倒退**（infinite regress），也就是说每一种意志行为发生前都有另一种意志行为。看起来，这链条的开头似乎必须存在一种“非有意的意志”，而既然是非有意，那它就不自由。可如果第一个行动不自由，那它之后发生的任何事怎么可能真正自由？必定有某种东西让我们如此意欲，而最终，这个原因必然存在于我们之外并决定着我们的行动。

社会决定论

否认自由意志的决定论有很多变种，其中最常见的版本或许是社会决定论：我们的成长环境塑造了我们，我们在试图挣脱其影响时会受到很大限制。早前在讨论文化相对主义时（第二章），我们已经看到世界上有多种道德体系，你可能秉承的价值观在一定程度上取决于你出生和成长的环境。要是你被一个不同的家庭抱养，尤其是宗教信仰和政治立场不同的家庭，并拉扯成人，那么你很可能会持一套不一样的价值观步入成年。这是一个让人慌神的想法，因为哪怕是我们秉承的最深刻的信仰，都会被它搞得看起来好像是某种偶然事件。

日常生活中，每当我们聊起自由意志的局限时，往往是指个人的成长状况会强烈地影响他或她在之后人生中的为人处世。比如，很多虐待儿童的人，据说小时候他们自己也遭受过虐待。如果有一个不一样的童年，或许他们成人后的行为模式也会完全不同。这一考虑因素有时候会体现在对某些虐童者的处罚中：那些在不幸环境中长大的人有时会受到怜悯，被从轻发落。

我们受到自身成长环境和其他社会压力及力量所影响的观点确有可信之处，但我们也需要明白它的局限性。很多人似乎克服了环境因素，摆脱了自身成长过程中的那部分行为模式和价值观。就连那些无法彻底摆脱环境因素的人，似乎在生活中的大部分事情上也能自由选择。换言之，所谓的决定，顶多可以算是“巨大影响”，而非“彻底的决定论”。正如我们所看到的，因为成长环境所导致的行为而惩罚人，似乎不太公平，在这个意义上，自由意志和道德责任确实遭遇了挑战；但是社会决定论的观点只能在一定程度上否认自由意志。实际上，它只能表明我们拥有的自由意志比传统上预想的要少，但不是完全没有。因此，这一认识虽然会带来道德影响，却无法彻底抹杀掉道德。

心理和物理决定论

对自由意志的第二个挑战是心理学方面的。在第六章讨论心理利己主义的时候，我们会更详细地考察这个理论。最极端形式的心理利己主义主张，由于天性使然，我们只会不停地追求快乐、避免痛苦。由此可以得出——至少从表面上看——我们没有自由意志。我们生来注定要追求快乐、避免痛苦，所以我们就必须这么做。不过由于这个理论需要更详细的考察，所以我将其放到第六章中再行讨论。

对自由意志的第三种，或许也是最成熟的一种挑战来自科学，并且有诸多不同版本。一种来自遗传学：我们每个人天生的遗传密码决定了我们不同的行为方式。因此，我们就像预先编排好程序的电脑，行为由我们的基因决定。我们在讨论利己主义和利他主义时，会详尽考察这个论点；目前只需要知道，没有哪个正经的遗传学家宣称我们完全由自己的基因遗传所决定。就像社会决定论一样，遗传学的观点主要是我们的基因强烈地影响着我们的行为。如果真是这样——当然是这样了——那么我们拥有的自由意志又一次比我们预想的要少了，但是并不能由此得出我们没有自由意志。

另一种表面上看起来更有说服力的科学论证需要一个自己的子论证。其大体观点是，归根结底，人类只是复杂的物理系统，我们不过是以极端复杂的方式组合在一起的原子和分子而已。如果我们是物理系统的话，就必须遵守物理定律。而物理定律在很长一段时间内都被认为是彻底的决定论。本章开头引用的那句法国数学家和天文学家皮埃尔-西蒙·拉普拉斯（1749—1827）的话，阐述的就是这一立场。拉普拉斯主张，如果你知道宇宙的现状以及所有的物理定律，就可以完全准确地预测其未来的所有状态。人类当然是宇宙的一部分，所以我们的“状态”属于“宇宙的状态”。因此可以得出，人类也完全可以被预测，至少在理论上是这样。就算我们无法在实际生活中预言一切，就算做出此类预测的方法超出了我们的心智能力，这一事实也并不能否定这类预测在理论上的可能性。而如果我们能被预测的话，怎么可能还有自由意志？所谓的自由意志，不过是对物理定律的无知和在做预测上的无能罢了。但某种类似神的智慧，可以看到一切已经清晰有序地排列至永恒。

不过，任何对现代物理学略知一二的人都知道，上述论点站不住脚。在物理世界中，并不是一切都已经被决定了；物理学家一致同意，在目前所知的最微观的层面——量子层面——上存在着不确定性或者随机性。那么，所有未来状态都可预测，这话就不是真的了。当然，很多事情仍然可以预测，因为随机性会互相抵消，而且尽管微观层面上存在不确定性，但物理定律在宏观层面上依然适用。一线希望尚存，并非一切都可以预测。不过，了解到由于某些事物是随机的，所以不是一切都已经被决定之后，自由意志的信仰者能感到多少安慰？维护自由意志的人需要解释清楚，纯粹的人类思维为什么看似可以战胜物理定律。量子不确定性似乎无法提供自由意志的信仰者所需要的行动者因果性。因为有些事物是随机的，所以不是一切都已经被决定，这并不能为自由意志的信仰者提供理论支持。

随着近年大脑扫描和实验技术的发展，神经系统科学用某些有趣的实验为科学决定论的捍卫者提供了更多弹药。神经系统科学家本杰明·里贝特（1916—2007）指出，尽管我们相信自己是先做出要行动的决定，然后大脑和身体才会对决定做出反应，但事实上——至少在实验环境中——大脑和身体会先行动，然后我们才意识到做出了要行动的决定（丹尼特，2003；2015）。正如我们在知道自己眨眼前已经眨了眼一样，在其他情况下，我们也是在身体已经开始行动之后才“做出”要行动的决定。这是一个引人遐想的观察结果：身体似乎在大脑告诉它要做什么之前已经行动了。社会心理学家乔纳森·海特（生于 1963 年）将人脑比作“骑象人”（海特，2012）。我们或许可以做一些事，来鼓励或说服大象别去那个方向，而往这边走，但我们对大象的控制极其有限，甚至可能根本没有。我们在这里无法解决人类是否拥有自由意志的问题。事实上，不管有多少时间，我们都不太可能解决这个问题。困境——哲学难题——完全凸显。一方面，显而易见的是，我们在一系列决定上可以做出自由选择。但另一方面，我们怎么可能做到呢？就算人不只是物理系统，就算我们有某种幽灵般的头脑，甚或是灵魂，这个头脑或灵魂又如何能在物质世界中插手，进而改变物理的方向？自由意志和决定论的问题是哲学中最令人着迷也最为棘手的问题之一。

决定论与道德责任

既然自由意志的问题不好解决，我们现在就继续看论证中的其他关键步骤。本章开头已经阐述过的前提 2 提出，没有自由意志，就没有道德责任。用哲学术语来讲，这叫**不相容论**（incompatibilism），即认为决定论和道德责任不相容。

乍看之下，不相容论似乎是再明显不过的事实。如果我的行为方式由不被我控制的力量决定，那责任怎么可能让我来负？假设你抓着我，硬把枪塞到我手里。然后你按下我的手指，进而扣动扳机，子弹打死了另一个人。要是让我来负杀人的道德责任，听起来也太荒唐了。谋杀行为的方方面面都不在我的控制之下，要是认为这无论如何都是我的错，那我可以用完全合乎道德和法律的辩护理由来反驳。如果决定论是正确的，那我们的所有行为都会如此。如果决定论是正确的，那我们似乎必须逃避道德和法律责任。

相容论

不过，很多哲学家却宣称相信**相容论**（compatibilism）。相容论者主张，神奇的是，决定论可以同道德责任兼容。自由意志和决定论的关系在神学中尤其重要，而相容论就是旨在为一个深奥的神学难题提供解决方案；不过，在有关自由意志的非宗教讨论中，它也有用武之地。所谓的神学难题是指，很多宗教观点认为，上帝是全知的，因此他已经知道我会做什么了。但如果上帝知道我会做什么，那么我的未来肯定已经被决定了。而如果我的未来已经被决定，那么我的行为就不会有所不同。可如果我不能采取不同行动，那我就没有自由意志。因此，上帝的全知性似乎否认了人类自由。不过，按照大部分的宗教观点，人类自由以及道德的赞扬和责备是宗教信条的核心，对于个人在来生的前景也很关键。因此，主张上帝的全知并不排除人类自由有着至关重要的意义。

尽管自由和责任问题让那些信仰上帝预知的人感到负担很重，但对于那些既信服决定论的观点，又不想放弃道德责任的人来说，同样的问题也会出现。相容论者必须主张，就算我们缺乏自由意志，我们所有的行为都已被决定，我们仍然要对自己的行为负道德责任。这一观点可能有些费解：它似乎是在说，就算我们对自己的行为没有责任，我们仍然要对自己的行为负责任，这显然自相矛盾了。但我们可以消弭这一矛盾，至少在表面上可以，而途径就是认清其中的“责任”有两种含义。决定论的主要观点是，人类从根本上对自己的行为不负有因果责任。但因果责任和道德责任并不能画等号。设想在某个炎热、干燥的夏日，一个人正走在乡村小路上，他的鞋子擦出了火花，最终引发了一场灾难性的森林大火。假设他无从知晓这种事会发生，因而不算过失，那么我们完全可以一致认为这个人对于大火负有因果责任，但没有道德责任。现在再假设你在那人后面走，发现起了小火。你本来很容易就能把火扑灭，但你却视若无睹，接着走你的路。在这种情况下，我们则很可能说你对大火造成的破坏负有道德责任，因为小火变大火是可以预见的结果，虽然你在这条因果链中没有起到任何作用，因而在因果上也没有责任。

这些例子表明，因果责任和道德责任不是一回事，二者可以分开：有因果责任而无道德责任，有道德责任而无因果责任，都有可能发生。不过，二者通常会相伴出现：如果我对某事不负有因果责任，那么通常也不承担道德责任。认为决定论排除了道德责任的不相容论哲学家依据的就是这种普通案例。如果决定论是真的，那么在一定意义上，我对任何事情都不负有因果责任。就像在开枪的例子中，我无法控制自己的手指是否扣动扳机那样。所以，不相容论者主张，如果我对自己做的任何事不负有因果责任，也就不用承担道德责任。那么，反对这一论点的相容主义者，该如何做出反驳呢？

其实看看日常生活就行。如果决定论为真，那么它也适用于此时此刻的我们。这一点顺理成章。但在日常生活中，我们会要求他人为自己的行为负道德责任。在最坏的情况下，我们甚至会因为他们的所作所为，将其关进监狱，或者判处死刑。但如果决定论者是对的，那我们一直以来视作理所当然的这类做法就是惨无人道的。我们应该感到羞耻。确实，到了这里，我们很容易把自己绕糊涂。如果决定论为真，那么道德责任就不存在，因此，我们对自己的不公行为既没有因果责任，也没有道德责任：我们如何行事已经被决定了。如果我们像那个杀人者一样无法控制自己，那么我们也不该被追责。是，我们是把无辜之人送进了监狱，但我们没有责任，因为是决定论逼我们那么做的。

为避免陷入这种泥潭，相容论者提出，就算决定论是对的，我们也应该坚持我们通常的赞扬和责备行为。为什么要坚持呢？一个原因是，我们实在想不出如果不坚持，生活会变成什么样子。即便决定论为真，是一个深层意义、根本意义上的事实，但在更靠近表面的层次上，对于某事在何时是某个人的过错，在何时又不是，我们确实会做出区分。如果在表面层次上，某个人确实情非得已——“我被人推了一下”“我有偷窃癖”“我在梦游”——那么我们就得原谅人家。但如果这类情况都不适用，那我们就会要求他们在道德上负责。我们在实际生活中的做法是，如果你的行为是某些因素造成的，我们会要求你负道德责任，但如果你的行为是其他因素造成的，那你就没有道德责任。通常来说，你的行为若是源于你通常的信念、欲望或企图，那么我们会要你负责；但如果你的行为源于身体上的强迫、精神上的胁迫（如洗脑），或者心理障碍，那我们就会原谅你。对于后面这些情况，我们会倾向于认为在某种意义上，这些“行为”根本不是你做出的。不过，我们也必须承认，二者的区分并非泾渭分明。比如我们会责备人们的不作为或者疏忽，就像前面举的那个某人忽视森林大火的例子，虽然严格来讲，其中不关涉任何行为。

相容论立场的独特之处就是，我们即便对自己如何行动别无选择，也仍然会因自己的行为而被追究道德责任。上面给出的论证是，我们发现在日常生活中，我们无法不要求他人为自己的行为负责；而如果决定论为真，那么我们已经是相容论者了。不过，其中仍然有一个挥之不去的疑问：如果在某件事上，我根本不可能有其他做法，那干吗要负道德责任？

但是，我们再来看一个由当代哲学家哈里·法兰克福（生于1929年）提出的例子。有个人叫琼斯，在毫不知情的情况下，他的大脑被一个叫布莱克的人植入了某种可以通过无线电信号来控制的装置。布莱克想让琼斯做出某种犯罪行为，也准备好了发射无线电信号来控制琼斯的大脑，以便让他实施该行为。但实际情况是，琼斯本来就打算那么做，也确实做了。布莱克不需要动一根手指头。现在的问题是，琼斯是否要为那项罪行负道德责任？大部分人会毫不迟疑地说当然要负。但请注意，琼斯不可能做出其他行为；因为如果他不想那么做，布莱克就会介入，把他推回到那项残忍行为的轨道上。由此可以得出，即便人们不可能做出其他行为，我们也会说他们该为自己的行为负责。这就是相容论者的情况。看起来，真正重要的是你做事的原因，而不是你是否可以自由选择其他行为。如果有人硬把枪塞到你手里，逼着你扣动扳机，那你的行为根本不是因为什么——甚至可以说，你什么都没有做。但在普通情况下，我们的行为确实事出有因，因为我们要通过自己的行为达到某些目的。因此，相容论者会说，在大多数情况下，我们要为自己的行为负道德上的责任，哪怕我们本不可能以其他的方式行事。

法律和决定论

说到另一种调和某种形式的决定论与道德责任的努力，我们可以来简单看一下杰里米·边沁的观点。边沁认为，我们有两位“至高无上的主人”，那就是快乐与痛苦，我们所做的一切，都是在追求快乐、避免痛苦（边沁，1789/2011，2018）。这是心理利己主义的一个变体，我们稍后再做讨论（第六章）。不过从他的写作中可以看出，边沁显然认为有些行为是道德需要，有些则是道德禁忌。他该如何将二者结合在一起呢？毕竟，如果我们追求快乐、避免痛苦是“天性使然”，那我们怎么能回应道德的要求，或者在未能回应时受到指责？边沁的任务是证明事实上我们如何能假设一种道德和法律体系，使得快乐和痛苦能同对与错对应起来。如果我们因行为的恶劣程度，或通过法律惩罚或通过他人的谴责，遭受相应的痛苦，也在某种程度上因良好行为而受到奖励，那么道德和决定论就能协调一致了。立法者要做的是构建一套制度，合理地激励人们做出符合道德的行为。比如，惩罚的意义并不在于对过去的行为追究责任，而是防止未来的行为。问题解决了。

这是一个干净利索的解决方案，至少从表面上看是，但实际上，它又引出了一个问题：立法者的动机何在？说到底，立法者也只是普通人，因此也要按照天性去追求快乐。那立法者为什么要通过正确的法律，而不是腐败的法律，来满足他或她自己的利益呢？随着边沁的年纪、智慧和怀疑不断增长，这个问题也越发让他感到苦恼。答案很显然，但问题也很显然。答案是，立法者必须被置于一种批准良法会导向快乐、批准恶法会导向痛苦的体制中。但问题又出现了：这个体制该由谁来设立？看起来，这个问题会没完没了地反复出现，又是一个无穷倒退的例子。

我觉得，边沁会说，可以换个角度来看问题。尽管立法者是为民立法，但民众也需要制约立法者，而途径就是定期的民主选举。通过这类手段，如果一切顺利，每个人就都不能乱来了。恶行，无论是民众的还是立法者的，都会受到惩罚：公民会被罚钱或者蹲监狱，立法者则会落选。如果我们审慎、细心，自利就能让我们共同制定出将道德和自利绑在一起的规则。

同样值得留心的还有，即便我们真的是注定了要追求快乐，也仍然有相当的行动自由度。归根结底，我们在生活中陷入一些境遇后，经常要面临的选择要么同样令人快乐，要么同样令人厌恶。在这类情况下，边沁的理论似乎并不能提供任何东西，来阻止我们根据道德立场或者其他任何我们能想到的考虑因素做出选择。这是两种决定论——我们注定要追求快乐、规避痛苦的理论，与从微观物理角度出发认为人类只不过是要服从物理定律的精密机器人的科学决定论——之间的重要区别。

我们上面讨论过的论证无法证明相容论的正确性，只是向我们阐明了这种观点是可能持有的。对于那些既笃信一种或多种为决定论辩护的主张，又不愿放弃人类自由或道德责任这一理念的人来说，相容论是一个重要的选项。不过话说回来，我们无法抛弃某个观点，并不意味着该观点就是正确的，而是仅仅说明我们是不完美的受造物，只能被迫生存在一个幻象丛生的世界里，并且没有强大到能够接受真相而已。

本章回顾

小结

我们直觉地认为人类拥有自由意志。但这种直觉观点可以从社会学、心理学和科学等一系列赞同决定论的角度进行质疑。决定论认为，我们的行为归根结底是由不受我们控制的外部因素造成的。看起来，如果决定论为真，我们不仅会缺乏自由意志，而且因此没有道德责任。

相容论者回答，即便决定论是对的，我们仍旧可以要他人为自己的行为负责。因果责任和道德责任是两回事。当然，在某些情况下，我们会承认人们在道德上没有责任，比如他们可能受到了威逼或胁迫。但在普通情况下，当人们的行动符合其信念和欲望时，无论决定论是对是错，我们还是会要人们为自身的行为负责任。这一观点不太容易被接受，但如果决定论为真，那么神奇的是，它描述的正是我们的实际做法。

讨论题

1. 有哪些论证可以挑战我们拥有自由意志这种直觉观点?
2. 如果决定论为真，是否可以推出人类缺乏自由意志?
3. 因果责任和道德责任有何区别?
4. 如何阐述相容论的立场?

关键词

自由意志，p. 85
自由意志主义，p. 86
无穷倒退，p. 89
相容论，p. 94
决定论，p. 86
行动者因果性，p. 87
不相容论，p. 93

关键思想家

尼古拉·哥白尼（1473—1543），p. 88
阿图尔·叔本华（1788—1860），p. 88
皮埃尔-西蒙·拉普拉斯（1749—1827），p. 85，91
本杰明·里贝特（1916—2007），p. 92
乔纳森·海特（生于 1963 年），p. 93
哈里·法兰克福（生于 1929 年），p. 97

延伸阅读

* 开头的引文摘自皮埃尔–西蒙·拉普拉斯的《关于概率的哲学随笔》(*A Philosophical Essay on Probabilities*)，本书采用了 Dover 出版社的版本（1995，首版于 1814 年）。
* 阿图尔·叔本华的文章《论意志的自由》(On the Freedom of the Will)，收录于他的《伦理学的两个基本问题》(*Two Fundamental Problems of Ethics*, Cambridge University Press, 2009，首版于 1841 年)。
* 丹尼尔·C. 丹尼特（Daniel C. Dennett）在《自由的进化》(*Freedom Evolves*, Viking, 2003）中，讨论过本杰明·里贝特的实验，该书以及丹尼特的《活动空间：值得追求的自由意志的种类》(*Elbow Room: The Varieties of Free Will Worth Wanting*，修订版，Bradford Books, 2015)，都详尽探讨了自由意志的话题。
* 乔纳森·海特的观点，参见他的作品《正义之心：为什么人们总是坚持“我对你错”》(*The Righteous Mind: Why Good People Are Divided by Politics and Religion*, Random House, 2012)。
* 杰里米·边沁的《道德与立法原理导论》(*Introduction to the Principles of Morals and Legislation*)摘选，可参见《边沁选集》(*Selected Writings*, Yale University Press, 2011，首版于 1789 年)，编者为斯蒂芬·G. 恩格尔曼（Stephen G. Engelmann），以及乔纳森·沃尔夫（编），《道德哲学选读》(W. W. Norton, 2018)。书中还收录了哈里·法兰克福的文章《替代可能性与道德责任》(Alternate Possibilities and Moral Responsibility)，最初发表于《哲学杂志》(*The Journal of Philosophy*), *66* 23 (1969) : 829—839。

第五章

宗教与自然法

耶和华对摩西说："你上山到我这里来，住在这里，我要将石版并我所写的律法和诫命赐给你，使你可以教训百姓。"摩西和他的帮手约书亚起来，上了神的山。

——《出埃及记》24：12—13

宗教作为道德的一种根据

想一下人们在人生的某个时刻有可能面对的一些最艰难的道德问题。比如，在什么时候，某个人可以决定某位病入膏肓的亲戚不必再接受进一步的治疗？某对夫妻是应该离婚，还是考虑到子女，继续留在不幸福的婚姻里？你应该从事你父母鼓励并力主你追求的事业，还是应该追求自己的目标？对很多人而言，在人类历史上的大部分时间里，这类问题的建议源自宗教。有些人会自己查阅宗教典籍；但在文字出现以前的文化中，或者说在最难解的问题上，可能在所有文化中，人们都会请宗教领袖来指点迷津。在人类的大部分历史中，宗教和道德一直难解难分，几乎可以画上等号。我们现在进入世俗时代后，道德成了独立于宗教之外的话题。这是一个错误吗？我应该按照我的宗教（如果我信）教导我的去做吗？在历史上，大部分人可能都是这么认为的。

比如，在犹太教–基督教传统的诸多解读中，上帝是一切道德规范之源。《希伯来圣经》中有一段简短的陈述，传统上被称为“十诫”。其中的后六条并未直接提到上帝或者宗教，因此可以被认为是纯粹的道德戒律，它们是：（5）孝敬父母，（6）不可杀人，（7）不可奸淫，（8）不可偷盗，（9）不可作假见证陷害人，（10）不可贪恋人的妻子、仆婢、牛驴和他一切所有的。很多其他宗教也有关于基本道德观的总结性陈述，还补充了许多更复杂、更详细的规则，比如犹太教、伊斯兰教或印度教的饮食诫命，或者几乎在所有宗教中都能找到的性道德规范。在这些传统中，道德规范源自上帝之谕，写在圣典之中，由宗教领袖进行解读，宗教领袖包括男性圣人和时不时出现的圣女。

宗教信仰坚定的人似乎没有多少选择，只能遵守各自宗教的道德规范。因为它们是宗教教义的一部分，遵循其他规范的话似乎离经叛道。不过，很多教徒依然不太赞同自己教会的某些道德教诲。比如，一些天主教徒认为，在某些棘手的情况下，比如强奸或乱伦，堕胎是可以容许的；其他一些则赞同或者自己也会使用人工避孕措施。很多宗教对同性恋有着严格的禁忌，但今天，某些宗教的支派却完全接受了同性恋关系，并且会认可同性伴侣关系。因此，宗教教义并非一成不变，可以随着时间的变化而产生新的解读。当然，很多信徒即便心存怀疑，也依然会继续跟随其宗教的引导，除非官方正式裁定更改教导。

从哲学的角度看，为道德找到一种宗教根据，似乎可以给它提供一个坚实的基础：还有比上帝更强大的伦理根据吗？我们经常听到的一种论点是，如果没有对上帝的信仰，或者没有什么别的宗教来提供依据，那么道德根本就不能存在。比如，费奥多尔·陀思妥耶夫斯基（1821—1881）的小说《卡拉马佐夫兄弟》中，有个角色就说："如果上帝死了，那什么都可以做。"宗教和道德密切相关这一观点显然影响了法律和政策。比如，约翰·斯图亚特·穆勒（1806—1873）就曾在《论自由》（1859）中表达对当时的政策不允许无神论者出庭做证的不满。要做证，你首先得手按《圣经》，宣誓你讲的是真话。但如果《圣经》对你而言没什么意义，那么证言也会被认为于你无足轻重，你还不如干脆说谎呢。当时官方的看法是，无神论者不可信，因为他们不害怕上帝的愤怒。穆勒提出，这一立场同时侮辱了非信仰者和信仰者。对非信仰者的侮辱显而易见，但信仰者也应该感到大受其辱，因为按照这种说法，他们选择讲真话，仅仅是因为害怕遭天谴。不过，即便到了现在，世界各地也有很多人相信，宗教对道德而言是必不可少的。比如，2014 年的一项研究发现，超过半数受调查的美国人认同上帝对于道德而言至关重要这一说法。

不过，有些宗教信徒却期望能有一种不以上帝的命令为基础的道德观念。比如，英国道德哲学家、神学家约瑟夫·巴特勒主教（1692—1752）就曾指出，认为上帝会惩罚不道德行为的观点，就算不是有辱上帝，也仍然有可能是"非常狂妄的"。巴特勒质问道，我们有什么理由"去断言上帝惩罚的目的就是民事处罚的目的，也就是预防未来犯罪”（巴特勒，1983）？按我对这段话的理解，巴特勒要指出的是，宗教信徒自认为知晓上帝的目的，未免有些妄自尊大了。或许上帝对人类另有安排，惩罚人类在世间的罪行，放到他计划的大背景下，可能太微不足道，甚至还会适得其反。巴特勒的观点暗含的意思是，人间的事需要人类自己来处理。

认为上帝通过在人死后受到惩罚和奖赏来推行道德规范的观点，还会引来一个尴尬的问题。如果人们遵守道德规范是因为害怕上帝会在此生或者来生惩罚他们，那归根结底，他们的行为便是出于自利，至少从长远来看是这样。但如果事实如此，那我们就有了一个相当矛盾的问题：对上帝的信仰，尤其是相信上帝会惩罚，非但不再是道德规范的唯一基础，反而把道德简化成了自利。更纯粹一些的宗教道德会设法避开这个陷阱，弱化在此生或来生追求奖励、逃避惩罚的动机。一种提议是，我们遵守上帝的诫命，应该仅仅是出于我们对上帝的爱，而非任何有关惩罚或奖励的念头。对于道德和自利动机的关系问题，到第六章时我们会再做讨论。在本章剩余的部分，我们将考察发展出宗教道德的各种途径，以及可能遇到的一些问题。

神命与游叙弗伦困境

到目前为止，我们一直在考察的观点是，道德是一套由上帝提出的道德准则，是上帝的命令，因而有权支配我们的行动。这就是通常所谓的道德**神命论**（divine command theory）。但是，神命论有一个众所周知的哲学难题，其重要性我们可以通过宗教道德遇到的一个更为一般性的问题来更好地领会。问题首先是由古希腊哲学家柏拉图（公元前 429？—公元前 347）在他的对话录《游叙弗伦篇》中提出的。当然，柏拉图在作品中谈的不是上帝，而是“众神”，因为古希腊人相信世界上有很多神，而且他们时常处于敌对状态。不过论证本身，也就是所谓的“游叙弗伦困境”，在当代的一神论（宣扬只信仰上帝）背景下，也具有同等的说服力。困境始于这样一个观点：我们必须遵守上帝的命令，因为它们在道德上是正确的。好，我们可以问一个问题：上帝的命令凭什么在道德上是正确的？答案似乎有两种。一是上帝发现了道德真理，二是他发明了道德真理（神命论）。但两个回答都给宗教道德带来了麻烦。这就是所谓的**困境或二难推理**（dilemma）。

先思考一下上帝发现道德真理的可能性。如果是他发现的，那就说明道德真理肯定已经先存在了，而且独立于上帝之外，这么来看，它似乎并不是上帝的命令。确实，上帝可以把它当作命令**传达**给人类，但道德的基础肯定是别的什么东西。不然上帝也不可能发现它。如此看来，一个聪明的人也有可能发现它，至少按道理是可以的，而且不需要上帝的帮忙。总之，如果上帝发现了道德，那道德基础就不可能是上帝的命令。困境的这一方面后来发展成为一种理论，被称为**自然法**（natural law）。自然法理论的结论是，道德终究不是上帝的命令，或者说至少不是简单意义上的。（稍后，我们会在本章中考察自然法理论。）

我们似乎被迫得出了这样一个结论：如果上帝是道德的基础，那他必然创造或发明了道德，而不是发现了它。那么，我们就假设上帝确实发明了道德。从宗教角度来看，这似乎是正确的选择。但实际上，这背后也潜藏着一个问题。即便上帝按某种特定的方式发明了道德，而结果就是我们熟悉的道德规范，那他原本也有可能以别的什么方式来发明一套完全不同的诫命。假设上帝发明了一套在我们看来不符合道德的规则，那我们有责任去遵守它们吗？比如，中世纪哲学家奥卡姆的威廉（约 1287—1347）就提出，如果上帝命令我们施行那些被我们称为“偷窃”“通奸”，甚至是“仇恨上帝”的行为，那它们就是符合道德的正确行为（亚当斯，2003，p. 463）。按照这种观点，上帝让我们做什么事都是对的。但是，宗教信徒真的能接受上帝有可能将道德颠倒过来吗？事实上，18 世纪的德国哲学家伊曼努尔·康德（1724—1804）虽然是位坚定的信徒，但他也提出，把道德建立在上帝启示的旨意上是一个严重的错误：

> （上帝的）旨意这个概念……包含了追求荣誉和主宰的属性，并结合了权力和报复的可怕表象。要是它成为一个道德体系的基础，那么这个道德体系会同道德观念截然对立。（《原理》，4:443；1998，p. 49）

康德在这里想到的可能是《希伯来圣经》中描绘的上帝。不过，奥卡姆的威廉估计会回答，遵循上帝的旨意，不管什么旨意，都是我们的责任。

那么，最根本的问题似乎是，那些在没有上帝命令时，原本并不合乎（或合乎）道德的事，能否因为上帝的命令而变得合乎（或不合乎）道德？难道只要上帝说什么是道德规则，什么就是？实际上，这一点也不难。想一想很多宗教的饮食禁忌。正统的犹太教徒不能将奶和肉一起烹饪，也不能一起食用。可以认为，这是上帝的一条命令，如果没有他的命令，这就只会是一个个人选择的问题。由此看来，上帝只需要说某事是错的，就可以让它变成错的。不过，作为回应，对宗教责任和道德责任做出区分似乎很重要。显然，对那些信仰上帝的犹太教徒而言，上帝可以创造，也确实创造了宗教责任。我们可以很容易想象上帝原本创造了一套完全不同的饮食禁忌规定，或者在适当范围内，甚至是一套完全不同的性道德规范。但是，他有可能创造一个虐待、杀人和酷刑是道德责任的世界吗？

回应困境

宗教信徒当然可以接受上帝的任何命令都是对的这一立场，就像亚伯拉罕（在《希伯来圣经》的《创世记》中）经过艰难的个人挣扎，最终接受了上帝要他把儿子以撒献为燔祭的命令一样——不过好在上帝只是用这个命令来检验亚伯拉罕的忠诚，以撒逃过了一死。或许道德神命论的维护者会说，道德就是遵循上帝的命令；如果我们无法理解或认同某些命令，只需要接受“我们无权过问原因”就行了，上帝拥有无限智慧，一定比我们凭有限的头脑知道的更多。但细想一下，这个理由反倒弄巧成拙了。因为如果我们认定上帝比我们更了解道德，那我们似乎就是在假定是有东西可了解，但这又会带我们退回到前述的观点：道德必定以某种形式独立存在于上帝之外。

不过，就算你说虽然上帝可以命令我们做任何事，而且只要上帝说的就是对的，但上帝是善的，这就意味着他不会命令我们做那些可恨之事，同样的问题也会冒出来，而且棘手之处同样显而易见：这个观点假定了善恶品性的标准独立存在于上帝之外，可这原本正是它要去否定的立场。另一个值得注意的地方是，任何对上帝可以命令什么做出的限定，都会为他的力量圈出一个范围，而这会给基督教中的上帝概念带来问题，因为基督教认为上帝是全能的。

总的来说，游叙弗伦困境就是指如果上帝发现了道德，那么道德的基础就是独立存在的，与宗教无关；但如果上帝发明了道德，那么它完全有可能是一套任意制定的规则。如果是这样，那么从道德角度来看，我们凭什么要遵守这些规范呢？无论是哪种情况，道德的宗教基础都陷入了麻烦。宗教哲学家可以回应吗？如果宗教道德能如此轻易就被撼动，才是真的惊人，毕竟在人类的大部分历史上，宗教和道德都是紧密关联的。但话说回来，当初发现地球并不是宇宙的中心，而是绕着太阳这个本身其实相当平淡无奇的天体公转，也挺令人吃惊的。

困境的逻辑

思考一下游叙弗伦论点的逻辑很有必要。当然，该论点的呈现方式是困境：被迫从两个选项中选择，但二者都不合意，“卡在困境的犄角上”这种哲思式的表达即源于此。不过，不是每件被描述为困境的事都真的是困境。比如，你可能会纠结今晚是去看电影还是待在家里早点儿休息。这看起来也许像困境，但其实并非我们要思考的那种逻辑意义上的困境。比如你也许有可能两件事都做：早点儿出去看电影，然后早早回来上床睡觉。你也有可能两样都不做：出去吃夜宵，或者待在家里，但很晚才睡。真正意义上的两难困境，首先，需要两个选项绝对不同［用哲学术语来说就是，它们必须**排他**（exclusive），也就是说互不相容］；其次，它们必须包含所有可能性［它们必须**穷尽**（exhaustive），也就是说把所有的选项都要说到］。我们已经看到，去看电影和早点上床并不互斥（你可以两件事都做），也不穷尽（你还可以做其他事）。如果一个假设的困境未能满足排他和穷尽的条件，那么我们就称其为**假困境**或**假二难推理**，因为有逃脱困境的可能性，你要么可以两个都选，要么可以找出第三种选择。

那么，上帝发明道德和上帝发现道德之间的选择，是真的困境，还是假的困境？首先要看它有无排他性。显然，发现和发明这两个类别都有明确的例子：火是在史前时代被发现的，可编程的电脑是在20世纪中期被发明的。然而，某样事物可以既是一项发明，又是一种发现吗？这是一个微妙的问题。拿轮子来说吧。这是发现，还是发明？在一种意义上，它似乎明显是个发明，是某个不知名的人用聪明才智设计出来的。但它也很可能被不同时代的很多人“发明”过，因此听起来更像是一项发现。此外，其设计似乎也明显受到了严重限制：三角形或者正方形的轮子绝不可能风行。因此，轮子似乎既包含了发明的元素，也包含了发现的元素。

或许道德律也和轮子相似：它是上帝发明的，但也有着严格的限制。这有助于解决困境问题吗？可惜的是，很难看出怎么解决；只要我们一说有限制，似乎就是在说上帝的命令有极限，进而似乎暗示了道德具有一定的独立性，上帝的全能也有局限性。所以我们继续看下一个问题好了。二者的区别是否具有穷尽性？宗教道德只包含上帝发明和发现道德这两种可能性吗？可能不是。道德也许在其他方面有某种宗教基础。但要搞清楚还有哪些可能性，似乎并不容易。因此，总体来说，这个困境好像确实是真的。

不过，这个困境有多严重呢？我们已经说了，如果上帝发现了道德，或者至少发现了一部分，那就意味着他不可能是道德的（唯一）来源。而另一方面，如果他发明了道德，那么似乎道德完全有可能是一套随意定下的行为守则。当然，困境虽然看起来很有说服力，但宗教道德家完全可以从两个选项中选一个。我们已经看到，奥卡姆的威廉就是这么做的，他认为，不管上帝的命令是什么，看起来有多荒谬，我们都应该遵循。或者，我们再回到困境的第一个犄角：认为上帝发现了独立存在的道德，究竟有多大问题？这真的会动摇以宗教为基础的道德概念吗？现在，我们就通过自然法理论——我们前面说过的抓住困境第一只犄角的选项——来探索一下这个问题。

宗教与自然法

自然法这个概念在道德哲学中使用广泛，通常指的是一种普遍客观主义的形式，认为道德不仅仅是一项人类发明，但人类最终能理解道德律这一点，在某种意义上是自然的。许多版本的自然法理论都将其列为宗教观点的一部分，但我们还是需要把自然法和神命论做一下区分。正如我们已经看到的，神命论观点认为是上帝的命令创造了道德。相较之下，自然法理论更关注上帝的目的，而不仅仅是命令。一种阐述该观点的方式是说，自然法是为宇宙设定的理性计划的一部分。因此，自然法道德的基础是上帝的计划，但人类必须自己去发现如何实现该计划，即道德规范。这种道德建基于某种在世界上的目的或意义的理论，有时被称为**目的论观点**（teleological view），其中的 teleological 源于希腊语 *telos*，意为“目的”或“结果”（与“手段”相对）。因此，自然法理论是目的论道德，将道德规则视为我们完成上帝（或别的）目的的途径。在其宗教版本中，我们要理解自然法，就必须首先理解上帝对人类的目的是什么，然后思考最有助于我们达成这些目的的行为规则。

宗教版本自然法理论的支持者有时候会提出，就像上帝赋予了我们五种知觉一样，为了帮助我们完成这项任务，他也为我们植入了一种基于理性或良知的道德感。我们要利用这些能力来了解我们的道德责任是什么。比如，我们可以主张，上帝想要确保人类获得幸福，确保他们生活在一个和谐的社会里，确保他们对自己的创造主尊敬有加。自然法理论家还会补上一句，上帝赋予我们思考的能力，是为了让我们利用自己的**自然理性**（natural reason）或**良知**（conscience），来推断出自然法也是上帝的法，但不仅仅是上帝的命令，因为它有一个特定的目的。

事实上，这里有两个不同的理论。一是上帝赋予我们自然理性，允许我们发现道德律；二是他赋予我们良知。理性和良知可不是一回事。理性涉及分析、推理和解决问题，而良知更多与情感或情绪有关。如果你违背理性而行，会被指责为不理性；如果你违背良知而行动，则很可能会感到内疚。以理性为基础的自然法是更普遍的处理方式，因此我们先从这里开始，然后再讨论良知的问题。

自然法和理性

中世纪哲学家、神学家圣托马斯·阿奎那（1225—1274）是一位伟大的自然法理论家，启发了后来的诸多重要人物，民权运动家小马丁·路德·金（1929—1968），就效仿阿奎那，采信了圣奥古斯丁（354—430）的格言“恶法非法”。阿奎那认为，所有造物皆出自上帝的命令，依照仁慈的计划，受他所谓的“永恒法”主宰。自然法是永恒法的一部分，专门针对人类事务，目标是公共利益。因为自然法的基础是人类本性，所以对任何时代、任何地点的任何人来说都一样；而且在阿奎那看来，我们都具有同样的人类本性。因此，自然法具有客观性和普遍性。但与此同时，它又是不成文的，所以才需要靠理性去发现它。20世纪的法国天主教哲学家、自然法理论的重要维护者雅克·马利坦（1882—1973）引用过安提戈涅的一句话——这是古希腊剧作家索福克勒斯（公元前497/6—公元前406/5）同名剧作中的人物。对于不成文的法，安提戈涅说：“但它们万古长存，无人知晓它们来自何方。”（205）在马利坦看来，这句话正是对自然法传统的精彩总结。

自然法理论可以追溯至古希腊的哲学家。我们将在本书第十二章中详细讨论的亚里士多德（公元前384—公元前322）就经常被认为是自然法理论的创建者之一，他影响了基督教思想的后续发展。这种处理道德的方式一直延续至今，并且因其传统绵长，已分化出许多流派。自然法理论的独特之处是它的假设，即它认为通过反思人类以及我们在世界上的位置，可以得出有关人类善的结论，由此我们可以进一步推导出具体的道德论断。不过，一个合理的疑问是：

这个理论和其他思考道德的方式有什么不同？说到底，很多道德哲学家在得出道德论断时都用了一定程度的推理。那么，为什么有些形式的道德推理被纳入了自然法传统，而其他一些就没有呢？自然法理论的核心是我们所谓的目的论，它假设，了解人类生命的目的可以让我们利用自身的思考能力，推导出道德准则。

自然法理论如何支持我们许多的核心道德价值显而易见。上帝为人类设定的目的，不可能被合理地认为会允许我们杀害或偷窃，或者为了个人利益去欺骗或胁迫他人。“合乎道理”的情况是，自然道德律旨在帮助我们追求上帝的目的，因此会反对这类行为，进而将那些事归入不道德的类别。确实，诉诸“自然”会在直觉上更有共鸣和吸引力。

不过，仰赖“自然”也有其危险之处。比如，从古至今，人们普遍反对同性之间的性爱，斥之为“非自然”。自然的人类家庭被认为包括丈夫、妻子及其子女，其中丈夫是一家之主，而妻子（在许多文化传统中）则处于次要地位。这是教会的教导，并且阿奎那主张，这是上帝规定的自然法，有益于公共利益。同性之间的性爱，按照这种观点来看，是严重的罪孽——不过在阿奎那看来，不如兽奸（与动物发生性关系）严重，但比同样受到教会谴责的自慰严重。

值得注意的是，阿奎那还思考了童贞状态是否也是罪孽。说到底，如果像《圣经》以及“正当理性”都表明的那样，人类被放在人世间是为了繁衍后代，那么我们怎么能维护那些选择不生孩子的人？这可不是什么鸡毛蒜皮的问题，因为天主教的教会要求神父、修士和修女必须保持禁欲。阿奎那的回答是，首先，人类拥有更为崇高的目的，那就是思考神圣，而肉体的快乐会分散人们冷静思考的精力。然后他又补充了一点，将繁衍后代的职责解读为一种落在所有人身上的集体责任，而不是单个人的责任。因此，只要人类没有灭种的危险，那么分工明确会更好，有些人可以选择“神圣的童贞”，并沉思神圣，虽然其代价是舍弃正常的家庭生活。

但是，也有一个显而易见的问题，即上帝的目的或者某项活动的目的，是可能有争议的。我们还是回到阿奎那举的同性关系的例子上。基督教传统有时会强调，性的唯一目的便是在婚姻的范围内生育。基于此，避孕、婚外性关系、自慰、同性关系等性活动都被认为违背道德。杰里米·边沁（1748—1832）在著作中提出过不同的观点，但在他那个时代不敢出版。他认为，至少性行为的目的之一是带来快感。基于此，只要参与各方是你情我愿，并且预计不会造成任何恶劣后果，那几乎一切被教会判定为不正当的事，都应该被欣然允许。

不过，阿奎那的支持者会坚持说同性关系是“非自然”的。而这又提出了一个棘手的问题：我们怎么知道什么算是自然的？很多哲学家，如大卫·休谟（1711—1776）和约翰·斯图亚特·穆勒，都曾主张，人世间发生的一切必然在某种意义上都是自然的，因此不能说有些发生的事不自然。这个观点很有说服力，但我们大部分人还是无法甩掉有些事就是比其他事“更自然”的直觉感受。比如，想一想我们在谈论食物或者衣料时是怎么说的。

可以理解的是，自然法理论也会受到那些不信仰上帝的人的批评。如果没有上帝，何来“上帝的目的”？因此，这个理论看起来毫无真凭实据。这样的批评表面看上去直捣要害，但事实是，很多自然法理论并不诉诸上帝的存在。这些理论认为，我们可以自己通过“自然理性”来得出人的目的或本性。雅克·马利坦本人虽然信仰上帝，却提出了一种建立在人性而非上帝目的之上的自然法理论。马利坦主张，钢琴有其用途，即发出乐音，如果一架钢琴无法在正确的时间发出正确的声音，那它就有缺陷，同样，人类也有用途，如果不能遵循那些可以让他们实现忠于其本质的用途的规则，那么人就会被认为有缺陷。

但人的用途究竟是什么？马利坦认为，人的用途要比钢琴的用途复杂得多，事实上，人类也不是全都了解。如果能全部了解，我们就可以简单直白地演绎出道德的自然法。我们确实知道一些东西和理论，但难以就它们达成共识；而这就解释了为什么会存在道德分歧。不过，在思考这种分歧并试着解决它时，我们需要关注我们的天性和目的，并创造出最有利于我们达到这些目的的道德规则。因此，理解人类的目的和自然法，是一项要持续进行的工作。

不过，人类拥有目的这个观点虽然看着合理，但也有些人提出，做出这样的假设相当于夹带了一个神学前提。当然，你和我有各自的“目的”：我在此刻的目的是写完这一章，而你在此刻的目的大概就是读完它。这些小范围的目的嵌套在了更宏大的人生计划中。但这些仅仅是我们为自己设定的意图或目标，不是自然“赋予我们”的什么东西。按照很多现代的科学观点，人类的出现完全是偶然事件。人类能进化也完全是小概率事件，在其中读不出什么目的来。自然法理论要是建立在宗教基础上，认为是上帝为我们设定了目的，则更能说得通。按照这种观点，目的论的道德以目的为导向是合理的。但代价也很显然：它无法吸引那些并不认同宗教假设的人。

事实 / 价值差别

自然法理论经常遭遇的另一个难题，关涉道德理论中一个相对专业的问题，我在第一章中着重讲过。很多人认为，事实 / 价值差别是存在的，而且很重要。简单来说，这个差别可能大家都熟悉。一方面是科学事实的世界，可以通过证据来证明或否定。而另一方面是价值，比如“好”和“坏”，比如“美”和“丑”，而这些无法用同样的方式来评估，不管有多少科学证据，都无法单独证明什么是好的或美的。事实上，前面还介绍过另一种可以阐明论点的途径：“规范性”或价值问题，不能用证明或否定事实性主张的手段来证明或者否定。鉴于这个区别，很多人还经常提出，从有关事实的主张推出有关价值的主张是不合理的。有时，这个观点可以用所谓的逻辑错误或者谬误来表述，也就是从“是怎样”（事实判断）推出“应该怎样”（价值判断）。所以，人们有时会主张，自然法理论犯的正是这个错误。比如，我们思考一下这个论证：因为性的目的是生育，所以避孕在道德上是错误的。这似乎就是从一个事实（性的目的是生育）得出了一个价值判断（避孕是错误的）。因此可以得出，自然法理论有着致命的缺陷，因为它的基础就是错误的推理。

反对自然法理论的一般论证可以表述如下：

前提 1：说上帝或者自然有目的，就是在宣称一个事实。

前提 2：自然法理论从上帝或者自然的目的中推出有关人类应该怎么做的主张。

前提 3：有关人类应该怎么做的主张是价值主张。

因此，

结论：自然法理论从事实主张推出了价值主张。

但是，

前提 4：从事实主张得出价值主张犯了逻辑错误。

因此，

结论：自然法理论建立在逻辑错误的基础上。

好，我们可以认同在很多情况下，不能从事实主张推断出价值主张。比如，三亿多人生活在美国，这是个事实。可是我们能由此得出什么结论？这是好事，还是坏事？如果我们要试着提出这样或那样的论点，就得再说点东西：比如拥有如此庞大的人口带来了多样性和活力，这很有价值，因此人口庞大是件好事。或者，拥有如此庞大的人口会引发环境不可持续和社会的分裂，而这很不利，因此人口庞大是件坏事。但请注意，在这两种情形下，要推断出价值结论，就得往论证里添加更多的价值：活力是好事，或者社会分裂是坏事。因此，人们才会常说，要得出一项价值，你必须放入一项价值；但自然法理论没能做到这一点。假如果真如此，那么自然法理论的核心就出了问题。

但你可能会琢磨，这个论证是不是真像看起来那样滴水不漏？该论证的宗教形式，首先以上帝为人类设定目标为前提。如果论证从一项有关人类的一般性科学事实——比如人类通常有 23 对染色体——出发，进而推出一个价值判断，那当然会有问题。因为从这类事实中根本得不出什么对与错的判断。但有关上帝目的的事实似乎有些不一样，似乎上帝的目的已经是一个事实和价值的混合体，而这可以让论证的推导变合理。因此，这个反驳并不像有些人说的那样明确无误，至少在反对自然法理论的宗教形式时不够明确。而即便对于非宗教的版本，上述批评也并不完全有说服力。说到底，如果我们把“自然”的概念建立在有关需要什么才能实现人类本性赋予的目的的推理之上，那可以说我们的前提就是一个价值判断，或者说事实和价值判断的混合体。因此，要想以自然法理论从“是怎样”推出了“应该怎样”这种理由来否定它，并没有那么容易。

自然法和良知

前面我已经讲过，根据我们是通过理性还是良知来认识自然法理论，它至少有两种形式。到目前为止，我们一直在讨论的观点是自然法源自理性，这是自然法思考中的主流。但是，我们也应该简单地来看一下良知形式，《圣经·罗马书》第 2 章第 15 节充分表述了这种形式，内容如下：

> 这是显出律法的功用刻在他们心里，他们是非之心同作见证，并且他们的思念互相较量，或以为是，或以为非。

这话要表达的是，自然法的“理性”版本是告诉你追随自己的头脑，而“良知”（上面引文中的“是非之心”，conscience）版本是告诉你要听从自己的内心。换言之，我们都有健全的道德感，如果我们对它多加注意，就会发现在内心深处，我们已经知道该怎么做了。通常，我们会受自利或欲望诱惑，亚当在伊甸园就是被欲望诱惑，但正如亚当内心很清楚自己在犯错一样，我们也知道。

这个理论有多合理呢？在很多方面，这是一个看起来很不错的途径，而且我们确实也知道人们提议的某些行为是错误的，因为我们意识到要是那么做，我们会感觉很糟糕。不过，我们必须面对一个问题：我们的良知是如何形成的？按照宗教观点，我们的良知显现了上帝写在我们心里的东西。不过对很多人来说，良知告诉他们做的事，很可能只是他们从小有过的种种道德教训累积的结果。而由此产生的问题是：我们怎么知道良知让我们做的事是对还是错？如果我们从小到大都被灌输偏见，那我们的良知也会受其影响。比如我们在前面已经提到，边沁实质上认为，纵观历史，太多人都被自己的良知绊住了脚，未能满足他们的同性爱欲，结果饱受折磨，痛苦不已。

为进一步阐明这一点，我们再来看看马克·吐温（1835—1910）的《哈克贝利·费恩历险记》（1885）中一个让哲学家颇感兴趣的故事。哈克帮助朋友吉姆（一个奴隶）逃离了主人华生小姐后，却备受良知的折磨，曾再三考虑要把吉姆交还给她。最终，哈克对吉姆的同情战胜了良知，所以尽管“知道”自己行为有错，但他还是拒绝听从良知——当然，他认为自己这么做不是出于原则，而是因为懦弱。我们先前讲过巴特勒主教的观点，对此，20 世纪哲学家伊丽莎白·安斯康姆（1919—2001）曾提出，“巴特勒颂扬良知，但似乎忽视了人的良知可能会让他做出最邪恶的事”（安斯康姆，1958，p. 2），而哈克的故事恰好给她的主张提供了一个绝妙的例证。因此，完全将道德哲学建立在良知的基础上似乎会造成很大麻烦。当然，这也和第一章中讨论过的道德直觉有着密切关系。你的良知很可能会和你的道德直觉互为影响。道德直觉在应对道德问题或困境时是一个好方法，但如果你认为自己的直觉无可置疑，就会陷入教条当中，难以获得深刻的见解。过于相信你的良知，也是如此。

本章回顾

小结

本章所做的主要是尝试把道德建立在宗教基础上，考察道德良好的人只需要遵从他或她的宗教教导的观点。当然，这个论证无法吸引无神论者，但在本章中我们已经看到，就连虔诚的信徒也觉得很困难。游叙弗伦困境提出了一个严肃的问题：如果上帝发现了道德，那为什么人类不可以不依靠上帝自己来发现？如果上帝发明了道德，那我们似乎有同样的理由去遵守一套“不道德的”规则，如果上帝如此命令的话。

我通过自然法理论，探讨了抓住困境第一只犄角的回应。根据这一立场，上帝赋予我们自然理性，使得我们可以推断出如果要实现上帝为人类在世间设定的目的，我们需要怎么做。与此类似的观点认为，上帝向我们启示道德的方法是创造人类理性，让我们自己来搞清楚。或者，上帝赋予我们良知，让我们能够扪心自问，进而为了自己去遵守他的道德规范，自然法理论另外一种可能的形式是以人类本性而非上帝的目的为出发点。

虽然宗教能为我们解决所有道德问题的想法很吸引人，但事实是，自然法理论让道德哲学变得无可逃避了。它让我们问出了如下问题：人类在人世间是否有目的？如果有，是什么目的？我们又如何知道？以及最后一个，如果我们确实有某种目的，那我们应该如何对待他人以及自己，才能让这个目的得以推进？

讨论题

1. 什么是游叙弗伦困境？它说明了什么？
2. 什么是自然法理论？
3. 可能存在非宗教版本的自然法理论吗？
4. 从“是怎样”不可能推出“应该怎样”这个主张，是否给自然法理论提出了一个难题？

关键词

神命论，p. 106
自然法，p. 107
穷尽，p. 111
目的论观点，p. 113
良知，p. 113
困境（二难推理），p. 107
排他，p. 111
假困境（假二难推理），p. 111
自然理性，p. 113
事实 / 价值差别，p. 118

关键思想家

费奥多尔·陀思妥耶夫斯基（1821—1881），p. 105
约翰·斯图亚特·穆勒（1806—1873），pp. 72，105
约瑟夫·巴特勒主教（1692—1752），pp. 105—106
柏拉图（公元前 429？—公元前 347），p. 107
奥卡姆的威廉（约 1287—1347），pp. 108，112
伊曼努尔·康德（1724—1804），p. 108
圣托马斯·阿奎那（1225—1274），pp. 114—116
小马丁·路德·金（1929—1968），p. 114
圣奥古斯丁（354—430），p. 114
雅克·马利坦（1882—1973），pp. 114—117
亚里士多德（公元前 384—公元前 322），p. 114
杰里米·边沁（1748—1832），pp. 116，121
大卫·休谟（1711—1776），p. 116
马克·吐温（Samuel Langhorne Clemens［1835—1910］的笔名），p. 121
伊丽莎白·安斯康姆（1919—2001），p. 121

延伸阅读

* 开头的引文摘自《出埃及记》，即《旧约》或者《希伯来圣经》的第二卷。这段话以及后面摘自《罗马书》的引文的英文版采用的是新美国标准版《圣经》。
* 费奥多尔·陀思妥耶夫斯基的《卡拉马佐夫兄弟》(*The Brothers Karamazov*) 版本众多，如 Penguin 版（2013）。（首版于 1880 年。）
* 本章提及的有关信仰上帝的调查，指的是《皮尤全球报告》(Pew Global Report, 2014 年 3 月 13 日)："在世界范围内，很多人认为信仰上帝对于道德至关重要，富裕国家是例外。"网址为：www.pewglobal.org/2014/03/13/worldwide-many-see-belief-in-god-as-essential-to-morality/（检索于 2016 年 10 月 22 日）
* 约翰·斯图亚特·穆勒的《论自由》(*On Liberty*) 版本众多，可参见他的作品集《时代精神、论自由、妇女的屈从地位》(*The Spirit of the Age, On Liberty, and The Subjection of Women*, W. W. Norton, 1996)，编者为艾伦·瑞安（Alan Ryan）。（首版于 1859 年。）
* 约瑟夫·巴特勒主教的那段话，摘自他的《五篇讲道》(*Five Sermons*, Hackett, 1983) 一书，编者为斯蒂芬·L. 达沃尔（Stephen L. Darwall）。
* 柏拉图的《游叙弗伦篇》(*Euthyphro*)，参见《柏拉图全集》(*Plato: Complete Works*, Hackett, 1997)，编者为约翰·M. 库珀（John M. Cooper）。
* 奥卡姆的威廉的观点，引自罗伯特·M. 亚当斯（Robert Merrihew Adams），

《有关伦理错误的修正的神命论》(A Modified Divine Command Theory of Ethical Wrongness)，收录在查尔斯·托利弗(Charles Taliaferro)和保罗·格里菲思(Paul Griffiths)(编)，《宗教哲学文选》(*Philosophy of Religion: An Anthology*, Blackwell Publishers, 2003)。

* 伊曼努尔·康德的引文，出自《道德形而上学原理》(*Groundwork of the Metaphysics of Morals*)，编者为玛丽·格雷戈尔(Mary Gregor)(Cambridge University Press, 1998)，p. 49。
* 《圣托马斯·阿奎那论政治与伦理》(*St. Thomas Aquinas on Politics and Ethics*, W. W. Norton, 1987)，是一本不错的圣托马斯·阿奎那作品选集，编者为保罗·E. 西格蒙德(Paul E. Sigmund)。
* 小马丁·路德·金的作品包括文章《伯明翰监狱的来信》(Speech from Birmingham Jail)，可参见乔纳森·沃尔夫(编)，《道德哲学选读》(W. W. Norton, 2018)，书中还包括本章中提到的柏拉图、康德和阿奎那的作品摘选。
* 杰里米·边沁关于性的探讨，可参见他的《边沁选集》(*Selected Writings*, Yale University Press, 2011)，编者为斯蒂芬·G. 恩格尔曼(Stephen G. Engelmann)。
* 大卫·休谟有关“自然”的讨论，参见他的《人性论》(*Treatise on Human Nature*, Oxford University Press, 2000)，第三卷，第一部分，第二节，编者为大卫·费特·诺顿(David Fate Norton)和玛丽·诺顿(Mary Norton)。这本书也有诸多版本可选。(首版于1751年。)
* 约翰·斯图亚特·穆勒的类似观点可参见他的文章《论自然》(On Nature)，在线阅读地址为：www.lancaster.ac.uk/users/philosophy/texts/mill_on.htm(检索于2016年10月22日)
* 本章提及的雅克·马利坦谈自然法的书，是《人的权利与自然法》(*The Rights of Man and Natural Law,* Scribner, 1943)。
* 马克·吐温的《哈克贝利·费恩历险记》的版本众多，包括W. W. Norton(1998，首版于1885年)的评注版。本书中有关这个故事的重要讨论，参见乔纳森·贝内特(Jonathan Bennett)的文章《哈克贝利·费恩的良知》(The Conscience of Huckleberry Finn)，最初发表于《哲学》(*Philosophy*), 49, 1974 : 123—34。
* 伊丽莎白·安斯康姆的文章《现代道德哲学》(Modern Moral Philosophy)载于《哲学》(*Philosophy*)*, 33,* 1958 : 1—19。

第六章

利己主义

问一个人为什么锻炼，他会回答，因为他希望保持健康。如果你再问，为什么想要健康，他会不假思索地回答，因为生病太痛苦了。如果你再进一步追问，想要一个原因，为什么不喜欢痛苦，他就再没法给出任何回答了。这是终极的终点，再也无法被转到别的任何事物上。

——大卫·休谟，《道德原则研究》

为什么要道德?

西方哲学传统中最早系统讨论道德哲学的作品之一，是古希腊哲学家柏拉图的代表作《理想国》(约公元前380年)。在书中，柏拉图维护了他自己有关道德本质的观点，其中有一部分我们已经在本书的第二章中简单介绍过。柏拉图的论辩策略值得我们每个人学习，他并不满足于漠视对手的观点，反而尽可能以最有说服力的形式阐述对手的观点。他这么做的原因，我们应该能明白：如果他可以找出对手观点最有力的版本，并且仍然能否定它，那么他自己的观点就能得到坚定的维护。

于是，柏拉图给我们讲了一个故事：有个人能随心所欲地干不道德之事，却不会承担任何不利后果。这就是“裘格斯戒指”的神话故事。据说，牧羊人裘格斯发现了一枚魔戒，戴着的人如果转动戒指，就可以隐形。假如你有这样一枚戒指，会怎么做？在柏拉图的《理想国》中，一个叫格劳孔的角色代表持怀疑态度的一方和苏格拉底对话，他是这么说的：

> 如果能在公共市场里偷窃还免受惩罚，那没有谁能意志坚定地继续遵纪守法，不去碰那些不属于自己的东西。同样，如果能免受惩罚，他还会潜入人家，想睡谁就睡谁，想杀谁就杀谁，想把谁从监狱里放出来就放谁，在这些和其他事上，以神的做派对待他人。正义之人和非正义之人的行为不会有差别，他们都会走同一条路。
>
> 有人可能会说，这就是没人会心甘情愿做个正义之人的明证；只有受到约束，人才会行为正派。原因是，大家都认为正义并不是真的于自己有利。如果他有能力干坏事，就会干，因为每个人内心都认为非正义能比正义让他获益更多。
>
> 所有选择采纳此种立场的人都笃信这样的信念。他们认为，任何获得了特权但拒绝干坏事或者掠夺他人的人，才是真正可悲可叹（而且还是个大傻瓜）。当然，在公开场合，他们会称赞傻子是榜样，坚信必须否定自己心中的真正想法，以防鼓励非正义行为，最终伤及己身。（1999，p. 56）

谁能拒绝裘格斯戒指的诱惑？我觉得很多人都会禁不住试试自己的新能力，比如跑到富人和名人家里东瞅瞅西看看；窥探、偷听别人聊天，尤其是聊天内容跟他们自己有关时；或者干其他不太光彩、稍微有些刺激的事。但你会做到什么程度？偷窃？杀人？如果不会，那为什么不会？难道是因为道德说到底确实蕴含强大且独立的力量？还是因为我们从小接受的教导就是不伤害他人，而这些规矩很难打破，无论我们是否认为它们在根本上有正当的理由？或许，一旦你真的相信自己不会被抓住，而且要得到自己想要的东西，只有杀人这条路可走的时候，你就会去杀人。或者换个不一样的问题：如果你知道自己可以违反规则但不受惩罚，却还是遵守道德规则，这是理性的吗？

思考这个例子，至少可以得出两种需要我们考量的理论。一种是所谓的心理学主张，关乎人的行为。该观点也认为，人无法不追求自身的利益，如格劳孔所言。这个理论后来被称为**心理利己主义**；如其为真，就可以排除做出符合道德行为的可能性，除非该行为恰好同自身利益相吻合。另一种是道德上的主张：人类有权利甚至有义务不顾他人的利益而追求自利。显而易见，这种理论通常被称为**伦理利己主义**。虽然两种理论联系紧密，但也不完全相同。比如，有些伦理利己主义者认为，我们有能力做出利他的行为，但那样做不符合道德（虽然这听起来有点儿奇怪）。因此，他们拒绝心理利己主义。不过，同时秉承这两种观点也是可能的，而且它们都对道德以及道德哲学造成了深刻的影响。我们先来看心理利己主义。

心理利己主义

以心理利己主义者的观点来看，归根结底，我们所做的一切都是为了让自己过得更好。我们注定会追求快乐、幸福，甚至是自我价值感。当然，我们追求它们的时候通常会很精明，搞得我们好像真的在乎他人或者可以为了共同的利益而牺牲自我一样。但按照这种观点，自利与利他本质上是一样的。我们所做的一切——我们能做的一切——都是追求自利。但如果事情果真如此，那确切地说，道德似乎从一开始就被排挤出去了。因为如果你别无选择，只能追求自利，那还怎么做出符合道德的行为？毕竟，道德时常需要真正的自我牺牲。

这个对道德持怀疑态度的论点，其论证可以表述如下，由两个前提推出一个结论：

前提 1：人类天性注定只能追求自利。

前提 2：道德通常需要自我牺牲（也就是违背你自己的利益）。

因此，

结论：人无法做出符合道德的行为。

对这个论证赞叹不已的人有时还会进一步推出，道德在某种程度上是多余的，甚至具有欺骗性，只是我们告诉自己的一个迷思，或许是因为自私，想让自己感觉好一点儿。

我们来仔细考察一下这个简单论证的逻辑。道德的批评者坚信前提 1，即心理利己主义主张，人类天性使然，只能追求自利，他们也坚信前提 2，即道德通常需要自我牺牲，然后认为由此可以推导出人无法做出有道德的行为。批评者说得对吗？问题是，前提是否真的能推出结论？这是不是一个**逻辑上有效**的论证？如果我们再看一遍，能指出其漏洞吗？用最挑剔的态度，我们是否能想出一种前提都为真但结论为假的情况？如我们在第一章中看到的，哲学家通常就是这样来决定某个论证是否在逻辑上有效的：检验这个论证，竭力试着去摧毁它。在这个例子中，我们实际上可以质疑论证过程。先看结论：人无法做出符合道德的行为。为什么？因为根据前提，我们的天性让我们追求自利；道德通常需要自我牺牲。但道德总是需要自我牺牲吗？也许，但这不是前提 2 的表述。它说的是，道德通常需要自我牺牲。那么，由此能得出的结论是，人类通常无法做出符合道德的行为。这样，我们可以看到，结论是模棱两可的，介于以下两者之间：

结论 a（适度版本）：人通常无法做出符合道德的行为。

结论 b（极端版本）：人永远无法做出符合道德的行为。

结论的适度版本似乎确实可以合理地由前提推出，但极端版本不行。当然，这并不意味着 b 就是假的——或许人类真的永远都无法做出符合道德的行为。但问题是，给出的论证目前并不能推出这样一个主张。论证漏掉了一种可能性，那就是道德与自利相符时，我们实际上可以做出符合道德的行为。比如，假设你答应帮忙照看一天邻居的狗，那你现在就有道德责任去那么做。但假设照看这只狗很有意思，是你最喜欢做的事之一，那在这种情况下，道德和自利似乎是吻合的。因此，出于自利的行为可以与道德兼容，虽然也可能发生冲突，比如，可能你还答应照顾邻居的猫，而你觉得这很麻烦。

不过，我们可以把讨论推到更深的层次。假设你为了去做一件事，这样的行为有没有可能符合道德，还是说仅仅是一个幸运的巧合？我们再来看一个例子。假设你花了大量的时间和精力去帮助一个朋友渡过人生中的难关，因为你怀念和她交往的日子，希望能和她重修旧好。你的行为是否符合道德？这个例子涉及一个有关**道德动机**（moral motivation）的重要讨论：是不是只有出于道德动机做出的行为才算"合乎道德"？我们在后面的章节中还会讨论这个问题，伊曼努尔·康德（1724—1804）提出，行为只有在产生于适当的道德动机时才有道德价值。但为了把注意力集中在正题上，我们再回忆下，到目前为止，我们的核心挑战基于这样一个主张：人类天性注定会追求自利，而且也只会追求自利。我们也都承认，道德通常需要自我牺牲。从这些前提可以推出，人类并不总能做出符合道德的行为。这显然是个严重的问题。所以现在，我们来直接评估一下这个论证的根源：心理利己主义者主张，人类的行为必然总是出于自利。

心理利己主义的证据

人类真的注定除了自利，别的都不追求吗？很多有智慧、有思想的人是这么认为的。所以我们很有必要严肃地看待这个主张。但正如我们所知，光凭想象不能让一件事成真。即便你、你父母或者你的一些朋友确实这么想，那也没用。我们谁都没法仅仅因为觉得一件事是真的，就能让它变成真的（极个别的情况除外）。我们需要理由，也就是证据或论证，来支持有关真理的断言。那么，有什么理由让人相信人注定总是追求自利呢？归根结底，心理利己主义是有关人的一种心理学理论，应该有证据上的支持才行。这个理论跟人类行为有关，所以有什么证据可以证明人类的天性注定只会追求自利？

当然，要找到人们为谋求自利而行事的证据很容易。如果我们看一下商业世界，只是读读报纸就能找到惊人的例子。但这还不够。因为这个理论表达的是一项普遍真理，事关所有人和他们的所有行为。从逻辑上讲，“所有人类行为都出于自利”等同于“没有谁的行为不出于自利”。但这个说法未免太大胆了。那么说到底，关键并不在于我们能找到多少肯定的例子，而是要证明否定的例子根本不存在：具体到这个例子里，否定的例子就是人们真正做出了自我牺牲的行为。对比一下“所有天鹅都是白色”这个一般性概括。我们可以举出无数个白天鹅的例子，却无法证明这个理论，除非我们能确定没有其他颜色的天鹅存在（这个例子很出名，黑天鹅最终在澳大利亚被发现，从而证伪了前面的理论）。

因此，我们必须把调查掉个个儿，寻找人们自我牺牲、自我克制的行为案例。有吗？表面上看，好像有很多。或许你周末花了大把时间收拾公寓，而你的室友却在外面晒太阳。这难道不是一种自我牺牲的行为吗？

但心理利己主义者可不会被这个例子惊艳到。可能你特别讨厌邋遢的公寓，宁愿不出去享受人生，也得把它清理干净。或许你今天打扫，是为了让你的室友内疚，下星期给你做饭吃。无论哪个例子，心理利己主义者都可以说，你是在做出短期的牺牲，放长线钓大鱼。这个例子并不能证明长期的自我牺牲行为存在。

可我们真的愿意说纯粹的自我牺牲行为不可能存在吗？德国哲

学家阿图尔·叔本华（1788—1860），一位可以说维护某种接近心理利己主义的立场的人，对这个问题的看法是：

> 在一些个别但无可争辩的案例中，穷人在不仅不会受到法律惩罚，而且不会被发现，甚至连一点被怀疑的迹象也没有的情况下，仍然把原本属于富人的东西还给了对方：比如，某样东西失而复得了，或者由第三方委托保管的东西在此人去世后，被交还给了物主，或者某个人逃到国外前秘密交给某个穷人的东西，被尽心保管并最终物归原主。（叔本华，1841/2009，p. 186）

诚然，叔本华接着说这类人要比“长了四片叶子的三叶草”还罕见，但现在，我们只需要一个能否定纯粹的自我牺牲行为不存在的例子就够了。

特蕾莎修女（1910—1997）在 2016 年 9 月被封为圣人，她经常被认为是供我们所有人学习的榜样和对自利理论的驳斥。她的大半生都在加尔各答救助病人和穷人，而自己却经历着千辛万苦。这难道只是什么处心积虑的长期计划的一部分，目的是为了促进自己的利益？那她希望得到什么？事实上，有些批评家对特蕾莎修女的成就持怀疑态度。但即便人们普遍相信的这个故事是真的，这个具体的案例也难不倒心理利己主义者。这里面当然有简单直白的自利算计了。特蕾莎修女是基督徒。基督教教义中包含了对永生的信仰。一个人要想进入天堂，就得在人间行善积德，因此，所有表面上看起来道德的行为实际上都是某种隐秘的自利。如我们在上一章看到的，此处存在一个有趣的神学问题：宗教信仰，比如相信永生，甚或相信上帝对世人的奖赏，是否会把道德简化为自利？如果道德行为受到奖赏，不道德的行为受到惩罚，而人们受到奖赏和惩罚驱使，那道德说到底不过是一种开明的自利罢了。如果在特蕾莎修女的计划中，她做好事只不过是为了进入天堂，那她的行为就符合自利论。不过，我们不得不好奇她是否一定得为他人做那么多好事。难道她不能稍微松懈一点儿吗？

现在，我们来假想一个无神论者版的特蕾莎修女。诚然，自利理论家会痛斥这个提议，指出假想的例子不相干。毕竟，就算我们能想象一只绿天鹅，也无法证明并非所有天鹅都是白色的：我们需要找到一只非白色的真天鹅才能证明，而不是靠想象。但让我们在承认仅凭想象无法证明什么的前提下，暂且继续这个思维实验。我举这个例子并不是要将其直接作为自利论的反例，而是暂时用它代表许多并不相信永生，但也还是费心费力为他人做好事的人。我们就用“无神论的特蕾莎修女”代表这些人。

不过，自利理论家还是能干净利落地解决掉无神论的特蕾莎修女。确实，她为他人做了很多好事。但是，该理论认为，在某些层面上，她这么做，是因为能从中得到快感。帮助他人感觉很好，那些助人为乐的人是为了获得一股正义的“暖流”。表面上看是自我牺牲，实际上还是自利行为。

好吧，是这样吗？如果你这么跟她说，无神论的特蕾莎修女会如何回答？她无疑会觉得很受伤，很受辱；她会情绪激动地否认自己选择贫穷、抗争和牺牲的一生，是为了像什么可卡因瘾君子一样，从中得到亢奋的快感。但你可以步步紧逼。做好事感觉不好吗？“好，”她或许会说，“但我做好事不是因为这个。如果我不觉得那么做是对的，就不会去做。而且如果我不觉得那么做是对的，就不会获得什么暖流。”不管怎样，她感受到的暖流，同经历了一辈子自我牺牲而遭遇的苦难相比，实在是算不得什么。换言之，就算有暖流，和她经历的痛苦相比，也只是很小的嘉奖，并不是行为的主要动机。

到了这里，批评者可能会指责无神论的特蕾莎修女是在自欺欺人。他们可以宣称，除非暖流多到可以补偿痛苦，否则没有谁会这么做。但我们为什么要相信这种说法？或者举一个简单点儿的例子，比如有个抵抗极权政府组织的成员是无神论者，为了不背叛组织，她宁愿被活活折磨死。这下肯定没什么暖流能多到可以补偿漫长、可怕、痛苦的死亡吧。这种例子似乎否定了人类无法做出自我牺牲行为的主张。

但批评家可不会服输。这些都是编造的例子，在真实的例子中，我们怎么能真的知道别人脑子里在想什么？或许那股暖流能让人心醉神迷。或许所有的无神论革命者在临死前都改变了信仰，相信他们会进入永生的至福中，或者他们认为万古流芳便足以弥补自己遭受的痛苦。自利理论家会毫不让步地坚持：所有行为必然是出于自利。但是，请注意，一旦走出这一步，论证就发生了重要变化。起初，批评家提出的是心理学上的论证，其根据是所谓的经验证据：任何表面上看起来自我牺牲的人，实际上在内心深处都暗藏着自私的动机，而我们可以发掘这个动机是什么。在面对假设的反例时，批评者则改为理论上的论证：自我牺牲根本就不可能有，必然存在别有用心的动机。但为什么必须存在？这个论证是预设了心理利己主义为真，而不是提供了任何相信其为真的理由，对吧？

不过，我们很难看出怎么有可能为自利理论做出决定性的论证，或是找到某种决定性的反驳。论证的力量有时比我们想象的更有限。心理利己主义者如果坚信自己的立场是真理，就会坚持说暖流一定要大过任何痛苦或牺牲，虽然这听起来其实很**教条主义**（dogmatic）。我们可以正确地认识到，心理利己主义者只是秉承一种理论的人而已——而且该理论或许并不像乍看上去那么合理。心理利己主义需要证据或论证的支持，因而并非显然为真。但即便理论的真伪不明显，也不意味着它就是谬论。

心理利己主义能被摒弃吗？

虽然如此，还是很难动摇心理利己主义的观点。比如在《理想国》中，柏拉图就曾试图论证，行为公正并不是发疯或犯傻，即便你可以为所欲为且不受惩罚。

不过，在某种意义上，柏拉图在论证中把自己放在了一个艰难的立场上。他要证明什么？他认为自己需要表明，有道德的行为符合人们自身的利益，即便我们可以从非道德行为中渔利，并且不必害怕被抓住或者受惩罚。可你违背规则后都不必受惩罚的话，怎么证明行为道德于你有利？鉴于柏拉图的论证需要用到他那一整套哲学系统中的许多其他要素，我们就不在此详细讨论了。我们只需要关注他提出的一个重要主张：行事有德的话，会催生出某种特殊的内心和谐。这个观点用现在的说法来表述就是，如果你做了坏事，会良心不安，而其缘由可能是为了私利而伤害他人后产生的那种挥之不去、毁灭人生的内疚或羞耻感。如果你行有不端，那么它会蚕食你，让你痛苦。比如，我们假设你有裘格斯戒指，然后潜入一对穷苦老夫妇的家里，他们一直都对你很好，可就因为他们住得离你最近，你就把他们仅剩的食物偷走了，原因是这么喂饱你的肚子最容易。你知道你永远不会被发现。你会觉得这么做没问题吗？如果不会，为什么不会？

你可能会认为，柏拉图的论证——或者至少说它的现代版本——把道德化约成了某种类似自利的东西。我们前面刚刚提过的论证说，人们行事道德的唯一原因就是这能让他们获得某种快感，即所谓的暖流。而现在摆在我们面前的论证则同暖流论证刚好相反，或许我们可以称之为"寒意"论证——人们避免行为失德是因为他们不想经历做坏事后的那种悔恨和内疚的寒意。如此说来，这个理论似乎也把道德简化成了自利，只不过另辟蹊径而已。

我们如何避免把道德化约成自利呢？想一下那对和善的老夫妇，你因为有裘格斯戒指，就把人家的食物偷走了。如果你那么做，会是什么感受？我相信，我们大部分人会感觉很难受，而且可能永远都不愿那么想。为什么？是因为你从小受的教育就是遵守一般的道德规则，觉得不可能甩掉他们，就像有些人虽然已经不信教，但依然会不由自主地遵守童年时学到的那些宗教规矩吗？还是因为那对贫苦的老夫妻在接下来的日子里会饿肚子，进而遭受真正的苦难，除非有其他人来帮助他们？明白他人受苦——就像你自己也会受苦一样——似乎给了你一个尽力善待他人的理由。但如果这是你在违规后感到难受的理由，那么道德规则似乎就牵涉到某种自利之外的东西。

自利与进化

心理利己主义者可以试着在另一个领域——进化生物学——里

寻求支持。据称，生物学家 J. B. S. 霍尔丹（1892—1964）说过："我愿为两个亲兄弟或者八个堂兄弟两肋插刀。"这个计算的根据是我们现在所谓的**自私基因**（selfish gene）理论，当代进化物理学家理查德·道金斯（生于 1941 年）对此进行了详尽阐述。该理论认为，旧有的自利论太粗糙了。自私的不是人类，而是我们的基因。按照这种观点，我们牺牲自己也不是不可以，但前提是这有可能更好地延续我们的基因。但是请注意，这些术语可能会令人困惑。道金斯并不是说所有人都有一个"拥有自私属性的基因"（虽然有些人可能会有），而是说我们的基因设定决定了我们会试着保护基因的延续。我们已经被设定了要这么做，且不论是只有我们拥有这些基因，还是我们和他人共有这些基因，而如果是后者，我们会想要促进他人的利益。

自私的基因和亲缘利他论

自私的基因假说看起来很有说服力。如果我们想一想世界上哪些人能做出最大的自我牺牲，照顾子女的母亲一定会位列榜首。母亲能确定的一个事实是，她的孩子肯定拥有她一半的遗传物质。那么，如果在内心深处，母亲的主要动机是确保自身基因的延续，她就会不遗余力地保证子女能活下来，并且传宗接代。她还会关照自己的兄弟姐妹，因为他们也有她一半的基因。她的侄子、侄女和外甥、外甥女则有她四分之一的基因，她的堂表亲则有八分之一。这就是为什么霍尔丹会说他愿意为两个亲兄弟或者八个堂兄弟两肋插刀；无论是哪个，同样数量的遗传物质都会被保存下来。确实，这种自我牺牲行为在动物世界中，尤其是蚂蚁、蜜蜂这类所谓的“社会性昆虫”中，经常可以观测到。在有些例子中，不育的昆虫会为了族群的利益不知疲倦地工作，因为族群里都是它们的近亲。

与自私的基因假说有关的一个理论是**亲缘利他主义**（不过从时间顺序上来说，后者提出的时间更早）。简单说来，亲缘利他理论认为，你自私的基因会让你无私地对待那些与你有亲缘关系的人。你和这些人的亲缘关系越紧，你就越无私，而你对稍远一些的亲戚就会少一些无私。

但亲缘利他理论听起来多少有些疯狂。当然，我的确时常会帮亲人的忙。但我的理由好像从来都不是“我最好帮帮我哥，虽然我会有一定的代价，却能保证我的基因延续下去”。如果碰到一个真这么想问题的人，我们肯定会特别吃惊，或许还会有点儿担心。自私的基因假说和亲缘利他论只能从非直接动机的角度去理解。一个合理的观点是，你的基因会导致你去爱那些同你是近亲的人，而你对家人的爱会让你去帮助他们。那种爱是真实存在的，可以解释你的行为，但按照这个理论，你的自私基因会在很大程度上影响你爱谁。我觉得我们可以承认的一点是，亲缘利他有其合理性。我们确实好像最在乎那些和我们血缘最近的人，如果研究者能从基因角度找到对这种现象的解释，也不足为怪。事实上，要是发现这种行为和进化或者遗传毫无关系，那才叫奇怪。

不过，该理论的涵盖面有多广？它意在解释一切无私行为吗？它好像解释不了为什么领养孩子的父母会全身心地照顾这些孩子。或者为什么比起自己的兄弟姐妹，有些人更关心堂表亲，或者比起和他们有亲缘关系的人，有些人更在意自己的朋友。假设有一对夫妻——当然，我们希望他们不会比随机选取的两个陌生人有更近的血缘关系——共同生育了子女，亲缘利他可以解释他们为什么会关怀对方：如果你的丈夫或妻子过得好，这很可能会对你的子女有益，进而让你的基因存活下去。但假设他们没有子女，也已经过了开花结果的年纪，那亲缘利他理论就没法解释为什么这对夫妇还有可能为对方做出牺牲了。虽然可以说在所有这些例子中，我们的情绪在某种程度上被欺骗或劫持了，也许确实如此，可总体而言，就算亲缘利他理论能对一部分行为给出合理的解释，也无法直接地解释一系列的无私行为。更糟糕的是，这个理论似乎与家庭成员有时互相伤害或忽视对方的行为不相容。有些人会认为，亲缘利他论把事情搞反了。他们会说，我们帮助亲人的动机，并不是源于我们的基因，而是我们在成长过程中同家人发展起来的爱与亲密关系。互爱关系的发展也解释了我们为什么会为那些没有遗传关系的家庭成员做出牺牲。

山民

除了自私的基因这个理论外，进化论理论家还有一张牌可以打。在开始讨论接下来这个观点前，我们先看一个宣称是真实案例的故事——不过我们会看到，应该对此保持高度怀疑。1972 年，人类学家科林·特恩布尔（1924—1994）出版了一本耸人听闻的书，名叫《山民》。该书的主角是艾克人（Ik），一个生活在乌干达、苏丹、肯尼亚的群山之间的民族。据特恩布尔说，这些人对彼此几乎没有同情心和感情。他举的一些例子听起来就像恐怖漫画的故事，比如说，母亲在孩子烧伤时会哈哈大笑。下面是最极端的例子之一：

> 母亲（在水窖旁或者田里）做她的事，把孩子丢在一边，简直是盼着有什么掠食动物会过来把孩子拖走。我在那儿时，这种事发生过一次——反正我只知道这一次——那母亲高兴坏了。她终于摆脱了孩子，不用再养活他，而且这还意味着，那只豹子就在附近，一边睡觉一边消化孩子，因而很容易将其捕杀。（特恩布尔，1972，p. 136）

作者还给我们举了很多别的例子。老年人被忽视、虐待，甚至杀死。食物从饥肠辘辘的人口中被夺去。该部落的状况看起来极为悲惨。但看书时，有个问题会反复冒出来。他们要真是这样互相对待，那个社会是怎么延续下来的？特恩布尔的回答是，这类行为在部落中相对而言是新现象。艾克人被赶出了他们传统的狩猎地区，现在那里成了高度戒备的自然保护区，虽然他们装作一切都好，但其实已经快饿死了。他们的自利行为是异常现象，如果持续下去，部落会逐步消亡。人类学家现在已经彻底否定特恩布尔这些故事的可信度，指出他的研究存在严重错误。实际也是如此，据说听闻特恩布尔如此描述他们后，艾克人曾考虑与他对簿公堂，而这种行为体现了一定的先进和成熟度，似乎同特恩布尔的叙述不符。不过，我们这里不把特恩布尔的书当作事实性的描述，而是看成另一个“思维实验”。那么，艾克人这样的部落有可能存在吗？他们能否繁衍生息？

答案显然是不可能。特恩布尔自己也注意到了，并预计艾克人的部落很快便会灭绝。群体生存需要一定程度的利他主义和个人的自我牺牲。因此，另一个进化论观点似乎很合理：没能发展起利他主义文化的族群无法生存下来。因此，有人提出了一种被称作“群体选择”的机制。查尔斯·达尔文（1809—1882）曾在他的著作《人类的由来》中谈过这个问题：

> 在一个部落中，如果很多成员出于高度的爱国心、忠诚感、服从性、勇气和同情，总是随时准备好互相帮助，为共同的利益牺牲自我，那就会比其他部落更成功；这就是自然选择。（达尔文，1871/2004，p. 157）

不过，这样的机制是如何运作的？进化生物学家区分了三种可能的道德进化机制。一种是我们已经讨论过的亲缘利他论（自私基因理论）。艾克人和达尔文给我们带来了另一种可能性——**群体利他论**（group altruism）：群体若不发展起利他主义，便会灭绝。第三种是最后我们要看的**互惠利他论**（reciprocal altruism）：“你要是给我挠背，我也给你挠。”这是一种相对局部、小规模的机制，人们心照不宣地同意互相帮助。亲缘、群体和互惠利他这三种观点似乎有着密切关联：群体极可能由有亲缘关系的人构成，他们会互相帮助。群体利他论认为，个人会做出对群体有利的行为，即便这可能会让自己付出代价。互惠利他主义则更为精细：群体中的个人会和其他具体的个人协作，但后者也要时不时地反过来协助前者。

不过，也有些进化生物学家问，如果没有亲缘或互惠利他的存在，纯粹意义上的群体利他是否有可能存在。可以认为，拥有道德准则的群体，会在竞争中胜过那些没有道德准则将其凝聚到一起的群体，进而生存下去，但问题是，一个自私但聪明的人生活在一群利他主义者中的话，会占有极大的优势。他或她可以利用他人，而如果这种优势带来了更多的后代，那么决定自私个性的基因（请注意，和自私基因不同）会被传递下去，最终控制整个群体。因此，有些人提出，群体内的利他行为是不稳定的，除非有亲缘利他或互惠利他（或二者同时）来遏制**搭便车**（free riding）行为。还有一些人主张，在某些方面，群体利他能抵制一定程度上的非合作和自私行为。

尽管如此，互惠利他似乎是一种更强大的机制。其基本观点是，我会照顾你，也期待你会照顾我。这似乎可以解释为什么那些没有遗传关系的个人，如夫妻或朋友，会互相帮助。因此，这个理论必然有很大的真实性在里面。那些有着自私名声的人容易被群体活动排除在外，导致自身的境况更糟糕。因此，我们都有利己的理由至少去和那些经常见面的人合作。但另一方面，前一个例子中最重要的似乎是名声，而不是实际情况。如果你能搭便车，可以在假装合作的同时投机取巧——就好像你有裘格斯戒指——那么自利会说，你就该这么做。但群体规模较小或者会定期互动的话，搭便车就很容易被发现和惩罚。（这或许就解释了为什么村庄在总体上要比大城市更安全和稳定：非合作行为更容易被发觉和处置。）在第七章中，我们还会再讨论搭便车问题。

总结一下心理利己主义的讨论就是，即便道德确实可以被化约成自利，道德理论家的任务也依然没有完成。原因是道德理论有着各种各样的形式和变体，哪种形式的道德最有利于促进自利并不清楚，所以，即便与我们通常认为的形式有所不同，道德哲学也有必要——因为它引出了短期的自利和利他如何实现最佳搭配，才能保护长期个人利益的问题。

伦理利己主义

到目前为止，我们考察了各种形式的心理利己主义，我也提到过，本质上而言，这是一种有关人类行为的科学理论。而且，我们还看了一些论证，其结论认为，人在一定程度上天性注定或被基因决定了要追求个人利益；而这一点，至少在最开始，引出了道德是否有可能存在的问题。但我们也看到，一旦将进化论角度的论证也考虑进去，那在某些方面，心理利己主义可以催生那种看起来十分类似于普通道德的行为。

但是，我们还需要来考察一种观点，即我在前面提到的伦理利己主义。这种观点认为，无论心理利己主义是不是真的，追求自利从道德角度来讲都是正确的做法。伦理利己主义同样有多种版本，因为“自利”可以有很多不同的理解方式。我们通常理解的自利相对狭义——得到你最想得到的，满足你的欲望，或者发大财后过上奢侈的生活。我们可以称这些为你的“自私的”自利，但我们也可以广义地来看待自利，比如主张如果一个人最想做的事是为他人做好事，那么这也属于她个人利益的一部分。以这个观点来看，个人的利益和他人的利益之间存在着某种和谐；因此，虽然表面上行为自私，但她的行为又必然合乎道德。在第十二章中，我们会看到亚里士多德就持类似的观点，届时我们将详细讨论他的理论。但现在，我们暂时只关注所谓的“狭义伦理利己主义”，也就是说合乎道德的正确做法就是追求你的自私自利。但这真的有可能正确吗？道德不是呼吁我们要做诸如以自己的小牺牲来救他人一命之类的事吗？怎么可能还有别的理解方式？

私人的恶习，公共的美德

狭义伦理利己主义至少有两种形式。我们先来思考一下苏格兰经济学家、道德哲学家亚当·斯密（1723—1790）在他的著作《国富论》中说过的这段名言：

> 我们能吃上晚餐，指望的不是肉贩子、酿酒师或面包师悲天悯人，而是他们对自身利益的关注。我们同他们讲话时，诉诸的不是他们的人性，而是他们的自爱，我们从不会跟他们讲我们需要什么，而是他们能得到什么好处。（斯密，1776/1982，p. 119）

斯密指出了市场经济一个有关交换的惊人事实。经济主体受自利驱动：双方都想尽可能获得最大的收益。但是，以肉贩子为例，让顾客感到物有所值符合其自身利益，这样顾客才会再次光临。长远来看，肉贩子可以得到他们想要的固定的利益，但前提是要满足顾客想要的好肉。为了追求自利，肉贩子必须为顾客提供优质服务。如此，对个人利益的追求便促进了集体的共同利益。正如荷兰裔英国思想家伯纳德·曼德维尔（1670—1733）指出的那样，“私人的恶行”带来了“公共的美德”（曼德维尔，1714/1989）。

这种形式的伦理利己主义在某种意义上是有条件的。它告诉我们要追求自利，而只有这样，每个人在公共利益中的利益才能得到提升。有些资本主义市场经济的维护者对这个主张赞赏有加。而自由市场的反对者，如社会主义者，则批评资本主义鼓励自私自利。但维护者的回应是，利用私利来促进公利，恰恰是资本主义的优势所在。你要想盈利，只能通过满足人们的需要，因此资本家越贪婪，对消费者便越有好处。为了抢占市场，价格降下来，质量提上去。基于此，人们常常主张，促进集体利益的途径，就是允许资本主义经济在最低限度的政府干预或调控下运行。据说，这可以让个人利益的流动来促进公共利益。

可惜的是，正如亚当·斯密自己也意识到的，这个论证的适用范围要比一些支持者认为的更有限。比如，某个理财顾问正在向你兜售一项养老金计划，他让你相信那个能给他带来最高佣金的计划是最适合你的计划，这符合他个人的狭义自利。但如果那么高的佣金都给了顾问，可能的情况是，他向你推荐的产品对你来说不划算。同理，向你推销次级房贷、产品保险、抵押债务或其他让人眼花缭乱的金融产品的人也是如此，他们的目的是撺掇你购买能给他们带来最高收益的东西。不同于你从肉贩子那里买来当晚就吃掉的肉，即便那些产品不好，你也得好几年之后才可能发现。但到那会儿，推销者很可能已经改行去推销别的东西了。这可不只是什么理论问题。在一些分析人士看来，2008 年金融危机的根源，就是有些金融监管机构相信亚当·斯密已经证明了在无监管的市场环境中追求私利，到最后总会促进共同利益。但我们付出了巨大代价之后才意识到，斯密自己很清楚他没有证明过这种事。

纯粹伦理利己主义

概括一下，我已经说过，伦理利己主义有两种形式。这之前我们一直在考察的那种形式认为，追求自利是促进公利的最佳途径。我已经给出一些理由，向读者说明了虽然该理论在有限的范围内确有价值，但用在一般情况中则有很大问题。但无论如何，以这种方式理解的话，伦理利己主义离“终极”的道德理论似乎尚有距离：它预设了我们能通过追求自利的行为，达成一种独立的“公共利益”。该理论关涉的是如何实现好的结果，而这里的结果又要从非利己主义角度去理解，因此严格来说，它根本不是利己主义理论。

第二种形式的伦理利己主义则毫不妥协，不认为我们有义务为了最终结果而做出自利的行为，而是提出无论给他人造成何种影响，我们都有权为自己的利益行事。这个理论有时会同著名俄裔美国思想家、小说家安·兰德（1905—1982）联系在一起，它被描述为主张“自私的义务”。这个口号反映出这是一种惊人、大胆的理论，它公开提倡尽可能做一个贪婪和自私的人是你的道德义务。但至少在她的一些作品中，兰德清楚表明了她的主要论点是反对那种毫无快乐、专门利他的自我牺牲，她反对让个人抛开自己的利益去促进陌生人的幸福。她明确指出，她相信美好的生活——自私的生活——可以包含对家人和朋友的慷慨行为，而对这种行为的享受也有益于你的自身利益。从这个角度看，她的观点并不是指挥人人都去走一条工于算计的羊肠小道，而是允许自利和助人之间有一定程度的和谐。不过，考虑到兰德在自我牺牲的某些形式上持有的强硬立场，这个观点中仍然留存着强烈的利己元素。兰德认为，传统道德是我们的“敌人”，因为它只会给我们造成损失。在《自私的德性》中，她说：

> 利他主义将帮助他人的问题抬高至伦理学的核心和首要议题后，破坏了人与人之间任何真正的仁慈或善意概念，它向人们灌输珍视他人是一种忘我行为的观念，进而暗示一个人的切身利益不可能与他人有关——珍视他人就意味着要牺牲自己——一个人可能对他人拥有的爱、尊敬或钦佩，现在不是，以后也不可能是自身快乐的源头，反而会威胁他自己的生活，让他为了所爱之人而无限地牺牲自己。（兰德，1964，pp. 49）

这话说得很重。但我们需要小心。兰德这里是在拒斥那种宣称道德价值只有在以牺牲自己为代价去促进他人利益的过程中才能找到的道德观。当然，有些道德概念确实需要如此程度的牺牲，比如极端的宗教观。或者想一下杰利比太太，查尔斯·狄更斯（1812—1870）在小说《荒凉山庄》（1853）中创作的这个角色，就展现了极端的利他主义有多么不美。杰利比太太任由子女忍饥挨饿邋遢不堪，却把自己的时间都奉献给了在非洲的传教事业。但大部分道德观点所追求的并不是悲惨的自我牺牲，而是个人、家庭和他人之间的某种利益平衡。因此，拒斥这种极端的利他主义形式不光符合兰德自己的观点，也等于赞同了一系列对待道德的态度。认为拒斥极端利他主义会导致某种伦理利己主义形式的确立，是一种逻辑谬误，因为中间立场仍然可能存在。

当然，追求个人私利才是符合道德的行为这一观点，人们自有道德哲学起便一直在讨论。纯粹的伦理利己主义可能看起来是道德理论的对立面，因为它似乎是在教导你漠视他人的困境，尤其是陌生人，且不论其境况多么糟糕或你会如何伤害他们。如若被推向极端，这种行为甚至会允许或者要求你为了追求自身利益而去杀人越货。

因此，伦理利己主义是一种高度反直觉的理论。但其吸引力也显而易见，尤其是在较为温和的案例中，因为它的起点自然而然，即人生现实。你有你的人生和世界观，而且你的人生也只有这么一次。别人无法感受你的快乐或痛苦，反之亦然。虽然他人或许偶尔会帮助你，或者看起来是在帮助你，但归根结底，你能依靠的只有自己。所以，你应该用尽一切手段，让你的人生变得充实、有价值。这是你对自己的义务，一种提升你个人利益的道德责任。当然，你可以选择帮助他人，但绝对不可忽略自己。你被赋予了这份人生，就有责任把它过得最好。

如此说，伦理利己主义并不仅仅是某种便宜的道德屏风，用来遮挡自私自利，而是反映了一个深刻的人生事实：我们每个人都有自己的人生要过，而且有责任让自己的人生过得很好。这个理论似乎尊重个人责任，并且从某些方面来看，也十分严谨、完整。但是，其棘手之处也很显然。首先，虽然我确实有自己的人生要过，但你也有，大家都有。为什么我就该把我的人生看得比你的重要？我们似乎需要尊重每个人追求各自有意义、有成就的人生的权利，而不是在追求我们的个人利益时不惜毁掉别人的人生。从这个角度来看，伦理利己主义是一个相当片面的立场：它只处理了道德问题的一半。我们通常要面对的道德困境是如何平衡我们和他人之间的利益。如果只是认为我们有道德义务去追求个人利益，那就等于忽略了困境的另一半。而这一点就使得第二个麻烦变得清晰起来：就算我们确实有道德义务追求自利，但只要想想艾克人的那些可怕故事，我们就可以看到这会产生多么可怕的后果。那么，或许追求自利需要相当程度的妥协，以避免托马斯·霍布斯（1588—1679）在他的著作《利维坦》中谈到的“每个人针对每个人的……战争”（霍布斯，1651/1997，p. 61）。在第七章中，我们会探讨这个问题，看看各种有关社会契约的理论，这些理论试图通过某种协定来创建道德规范，以便克制我们对自利的追求。

本章回顾

小结

在本章的第一节，我考察了心理利己主义——该观点主张我们从心理上不得不追求自利——以及对该论点的辩护和批评。然后，我又介绍了一些试图以进化论为基础，来论证心理利己主义的途径。我们看到，从进化的角度思考时，自利可能会同道德的某些方面趋于一致。

接着，我考察了伦理利己主义的两种类型。第一种是为了促进共同利益，我们有义务追求自利。第二种更纯粹，提出无论会对共同利益造成何种后果，我们都有义务追求自利。我们有理由去质疑这种观点，但我们也思考了真的追求自利到底意味着什么。为避免所有人针对所有人的那种两败俱伤的战争，我们必须和他人达成妥协。那么，妥协的规则能否成为道德准则？我们将在下一章探讨这个问题。

讨论题

1. 解释并评价心理利己主义理论。
2. 亲缘利他、群体利他和互惠利他有何区别？
3. 有没有充分支持伦理利己主义的论证？
4. 伦理利己主义否定了对他人的所有关切吗？

关键词

心理利己主义，p. 127
伦理利己主义，p. 127
逻辑有效性，p. 129
道德动机，p. 130
教条主义，p. 135
自私基因，p. 137
亲缘利他论，p. 138
群体利他论，p. 141
互惠利他论，p. 141
搭便车，p. 142

关键思想家

大卫·休谟（1711—1776），p. 125
柏拉图（公元前 429？—公元前 347），pp. 125—126，135—136
苏格拉底（公元前 470/69—公元前 399），p. 126
伊曼努尔·康德（1724—1804），p. 130
阿图尔·叔本华（1788—1860），pp. 132
特蕾莎修女（1910—1997），pp. 132—133

J. B. S. 霍尔丹（1892—1964），p. 137
理查德·道金斯（生于 1941 年），p. 137
科林·特恩布尔（1924—1994），pp. 139
查尔斯·达尔文（1809—1882），p. 141
亚当·斯密（1723—1790），pp. 144—145
伯纳德·曼德维尔（1670—1733），p. 144
安·兰德（1905—1982），pp. 146—147
查尔斯·狄更斯（1812—1870），p. 147
托马斯·霍布斯（1588—1679），p. 149

延伸阅读

* 大卫·休谟的引文出自《道德原则研究》(Hackett, 1983)。(首版于 1751 年。)
* 柏拉图的几段话选自 W. W. Norton 版的《理想国》(1999)。
* 阿图尔·叔本华的那段话出自他的文章《论道德的基础》(On the Basis of Morality)，收录在他的《伦理学的两个基本问题》(*The Two Fundamental Problems of Ethics*, Cambridge University Press, 2009)中，编译为大卫·E. 卡特赖特（David E. Cartwright）和爱德华·E. 厄尔德曼（Edward E. Erdman）。(首版于 1841 年。)
* 彼得·辛格从进化论角度思考道德的相关精彩讨论，参见他的著作《扩大的圈子》(*The Expanding Circle*, Princeton University Press，修订版，2011)。(首版于 1981 年。)
* 理查德·道金斯的《自私的基因》(*The Selfish Gene*)由 Oxford University Press (2006)出版。(首版于 1976 年。)
* 科林·特恩布尔的《山民》(*The Mountain People*)由 Touchstone 出版（1972）。
* 查尔斯·达尔文的观察，摘自 Penguin 版（2004）的《人类的由来》(*The Descent of Man*)。(首版于 1871 年。)
* 亚当·斯密的那段话，摘自 Penguin 版（1982）的《国富论》(*The Wealth of Nations*)。(首版于 1776 年。)
* 伯纳德·曼德维尔的《蜜蜂的寓言》(*Fable of the Bees*)由 Penguin 出过一版(1989)。(首版于 1741 年。)
* 了解安·兰德的最好途径可能是阅读她的小说，比如《源泉》(*The Fountainhead*, 1943；Signet 重印版，1996)，该书于 1949 年被拍成电影。《自私的德性》(*The Virtue of Selfishness*，Signet, 1964)是一本她哲学思想的入门书。
* 查尔斯·狄更斯的《荒凉山庄》(*Bleak House*, 1852)版本众多，Penguin 出过一版（2003）。(首版于 1852 年。)

* 托马斯·霍布斯的《利维坦》(*Leviathan*)版本众多，W. W. Norton 就出过一版(1997)。(首版于 1651 年。)
* 柏拉图、辛格、兰德和霍布斯作品的节选参见乔纳森·沃尔夫(编),《道德哲学选读》(W. W. Norton, 2018)。

第七章

社会契约

大部分人说，做出不公之行是好的，但遭受不公之行是坏的。对于这种观点，他们还会再加一条：被不公正对待的人遭受的恶，通常要比做出不公正之行的人享受的善，程度更甚。那么，人们一旦明白什么是对他人不公，以及什么是自己遭受不公之后，通常会得出这么一个结论：正义遥不可及，不义无法避免。

那些既无力施加不义，也无法保护自己不受其侵害的人，发现互相之间订立一种契约很有利。契约的目的是约束所有人，让他们既不必遭受不义，也不能施加不义。由此，他们接着公布了进一步的和约与公约。对于所有这些，他们冠以正义之名；确实，他们坚称，正义的真正起源和本质就存在于他们自己的立法中。

他们的立法行为显然是一种妥协，苏格拉底，是他们所谓的最好——做出不公之行但不会招致惩罚——和最坏——遭受不公正之行且无法复仇——之间的妥协。因此，他们所认为的正义，并不是它本身蕴含善，而只是最好和最坏之间的中间点。

——格劳孔，柏拉图的《理想国》

道德作为一种折中协议

到目前为止，我已经几次提及柏拉图的《理想国》。在这部作品中，色拉叙马霍斯提出了“正义是强者的利益”，也就是所谓的“强权即公理”。这是一种怀疑论观点，认为归根结底，道德只是某种骗局或诡计——或者说得更极端一些，是一种意识形态，赤裸裸的权力披上道德语言的外衣，以掩盖其本质。自然，柏拉图（公元前 429？—公元前 347）——通过苏格拉底——意图反驳这个观点。另外，格劳孔在《理想国》中讲述了“裘格斯戒指”的故事，提出如果我们可以行为失德但又能避免受罚，那么抗拒做出不道德行为便是不合理性的。这是对道德的另一部分攻击，讲完后，柏拉图才安下心来开始为道德辩护。更进一步的攻击则反映在本章开篇的引文中，而这次，柏拉图表达论点也是借格劳孔之口（在真实生活中，他是柏拉图的大哥）。

格劳孔提出的理论是，正义是一种妥协。他指的是在理想情况下，一个人应该能愿意怎么做就怎么做，而不受惩罚或报复。但如果一个人这么做，大家也都可以，而那样的话，每个人就都没法保护自己了。这对所有人来说都是灾难。所以我们相当不情愿地同意为了彼此的利益，建立一种正义制度，让大家都遵守同一套规则。这一立场可以追溯到**智者派**（Sophists，或译为诡辩家），他们是一群以教授有钱的年轻雅典男性如何辩论为生的哲学家。据说，当时的年轻贵族更感兴趣的是赢得争论，而非探明真理，因此智者派便提供帮助，教他们学习论辩技巧，通过修辞学的力量，用较弱的论证来击败较强的论证。我们常说的“诡辩术”（sophistry）一词就是拜这些哲学家所赐，意思是“论证时提供虚假或不诚实的推理”；当然，他们可不会把这个词用在自己身上。有些学者认为，历史对智者派过于苛责，他们其实是严肃的哲学家，诚恳地提出过重要的论证。但无论怎样，“诡辩”这种叫法还是传开了。

且不论其缘起，这种认为道德是一种妥协，可以让我们所有人都能过各自人生的看法，似乎十分有说服力。它将道德简化成了一种由我们发明或逐步形成的不明文**社会契约**（social contract）。如果道德规范不存在，你就可以随心所欲地做事，但对你来说可惜的是，别人也可以那么做。而在这种无法无天的情况下，你会得不偿失。就算你能设法保护自己的财产，也得付出相当大的代价。生活会变得让你疲惫不堪，充满恐惧。事实上，比柏拉图晚两千年的托马斯·霍布斯（1588—1679），曾在他的著作《利维坦》中绘声绘色地描述过生活在没有法度的“自然状态”中是什么样的（在霍布斯看来，没了法度，也就没了道德）：

> 在这种情况下，产业无法存在，因为其成果不稳定。由此，土地的种植不会有；航运不会有，想使用海运进口的商品不可能；宽敞舒适的建筑不会有；可提供巨大力量来运输和移动事物的工具不会有；有关地球面貌的知识不会有；时间的记录不会有；艺术不会有；文学不会有；社会不会有；最糟糕的是，频繁的恐惧和横死的危险却有；而人的生活，则孤独、贫穷、可恶、野蛮、短暂。（霍布斯，1651/1996，p. 70）

事实上，这样的描述倒有些适合我们在第六章里讨论过的艾克社会。

为什么要反对道德是一种外在手段或为彼此利益而订立的协定这种观点？这种道德的概念将道德行为描述成了一种协定，我们每个人可以由此间接地追求自利。而且它还有一个很大的优势，那就是似乎把道德建立在了人类协定上，因此不会引出客观主义的问题，进而（如我们在第二章中看到的那样）引出有关价值本质的形而上谜题。当然，这一立场也有不足之处：道德现在仅有**工具价值**（instrumental value），因为它只被视作一种获取自利的手段。因此，按照这种观点，道德本身没有**固有价值**（intrinsic value），没有什么是对的或错的，除非人们就何为对错达成共识。道德被简化为自利，是达到目的的一种手段。但话说回来，那些可以达到目的——自利——但不必使用手段的人，就不需要道德了。正如格劳孔在柏拉图的《理想国》中说的："任何真正有权力可以随心所欲地行事的人，根本不会为了不遭受不义而同意克制自己不去施行不义。他要是同意，就是疯了。"（1999，p. 55）这么理解的话，社会契约论便又带着我们回到了裘格斯戒指的问题上（见第六章），而柏拉图事实上也正是这么写的。那些行不义之事但又能逃避惩罚的人并不需要道德，就像格劳孔说的，既然知道自己永远不会被抓住，还要遵守社会契约的话，那他们就是疯了。这么一解读，社会契约作为一种对道德基础的解释，看起来可要比人们希望的脆弱和不确定多了。

更糟糕的是，格劳孔还暗示说，社会契约是一种压迫手段。回想一下我们在第三章讨论过的陀思妥耶夫斯基小说《罪与罚》（1866）中的拉斯柯尔尼科夫。这个行事不顾后果，仿佛自己真有裘格斯戒指的人，抱持的观点非常接近于“道德是一种弱者用来制衡强者的阴谋”。事实上，这似乎也是弗里德里希·尼采对基督教道德的解释。我们在前面已经看到，他认为基督教道德将谦卑、温柔和遵从笼统化，压制了那些有潜力真正成大事的人。

其他哲学家也认为道德是一种人类手段或者某种默许的契约，但它不是弱者用来约束强者的工具。比如，18 世纪的瑞士裔法国哲学家让-雅克·卢梭（1712—1778）的看法就完全相反。他十分着迷的一个问题是，大部分人的体力、智力和力量都相当，人类为什么会形成富人奴役大众这种形式的社会？如果我们想一想就会发现，穷人明明在数量上要比富人多很多，但不知为何却被占少数的富人控制着，这的确令人不解。在他的《论人类不平等的起源》一书中，卢梭得出的结论说，富人一定是设法想出了“人能想到的最狡诈的计划，即雇那些攻击自己的人来为自己服务，同敌人结成盟友”（1754/1985，p. 121）。法律和道德偏袒富人，尤其是保护地产和财产的法律，但一视同仁地约束穷人和富人的规则，却是由那些从穷人中征募的警察和士兵来执行的。到此，我们就有些接近通常会和卡尔·马克思（1818—1883）联系在一起的那个观点了，即道德是统治阶级——资产阶级——巩固其权力和控制其他阶级的手段。

卢梭的批判得到了当代英国哲学家卡罗尔·佩特曼（生于 1940 年）和牙买加哲学家查尔斯·米尔斯（生于 1951 年）的进一步扩充。二人均令人信服地指出，社会契约中的“人”，一直以来都是富有的白人男性。由富有白人男性构想出的社会契约中的道德规范，一直以来不仅如卢梭主张的那样伤害着穷人，还伤害了女性以及非白种人。因此，佩特曼在自己的著作中讨论了“性别契约”，米尔斯讨论了“种族契约”，不同类别的压迫在这些契约中得到了巩固，并且用自相矛盾的说法来讲，就是被非法地合法化了。

尽管观点的内容有差别，但尼采、卢梭、马克思、佩特曼和米尔斯杰都认为，传统道德是某个群体或阶级用来将自身意志强加在所有人身上的一种手段。虽然格劳孔起初提出了“互利”理论，但它很快又演变成了类似尼采所持的那种观点，道德是一种压制强者的手段。这类观点在某种意义上对传统道德持批评态度，认为普罗大众并不理解道德的真正本质，如果真懂，他们可能会觉得恶心，然后起来反抗它，至少如果他们属于被道德控制的那个群体的话。按照这种观点，哲学家的一部分任务便是揭开传统道德的真面目。而这项工作可能属于一个更为深入的计划，那就是构想出一种可以克服传统道德的缺陷的新道德。

社会契约

那些维护社会契约观点的人可能会抱怨，到目前为止，这个观点没有在论证中得到公平合理的对待。他们可能会宣称，这个观点要比批评者主张的更具有启发性。诚然，它的维护者会说，社会契约可能被滥用。或许他们还会承认，这种情况的确发生过。但他们也会说，批评者的说法忽略了另一个更有说服力的观点：一个构建不压迫任何群体的“真”道德的理论。按照这种观点，道德确实是一种社会契约，但发明它不是为了诱骗某一群体屈服。它是（或者至少是）所有人以平等的身份达成的共识。我们同每个人（至少心照不宣地）约定建立对每个人都有利的规则，不光是对弱者，或者富人，或者男人，或者白人，而是对所有人都有利。事实上，卢梭在他更为著名的著作《社会契约论》(1762)中，曾对社会契约应该是什么样进行了更加正面的阐释。查尔斯·米尔斯也认同他的观点，认为种族契约一旦被确认，便有可能建立一种公平对待所有种族的新社会契约。(我们到第十四章时再来看米尔斯的论证。)

那么，该如何更充分地阐释包括所有人，将所有人视为平等的社会契约这个概念呢？回想一下前面引用过的霍布斯的那段话。他写道，在自然状态下，产业、交通、国际贸易、建筑、科学、艺术、文化、社会都无法存在。所以，合作的好处是难以估量的，无论我们是否了解和理解这些好处，它们都丰富了我们的生活。霍布斯主张，就算社会契约是一种妥协，也是可以带来和平与安全的环境，让所有人都能在其中兴旺发达的一种妥协；没了它，我们会活得很惨。

拿社会契约的观点同互惠利他论（见第六章）比较会很有意义，后者可以概括为“你要是给我挠背，我也给你挠”。或许令人有些吃惊，但这个理论的结论是，通常情况下，促进自身利益的最好途径是为他人而非为自己做事情。诚然，如果这就是社会契约论的全部内涵，那会使道德显得脆弱、精于算计、有局限性，一些批评家担心的也恰恰是这一点。如果你不再继续挠我的背，我也不会再给你挠，而其他人的背甚至都不在考虑范围之内。如果我有一天早上醒来，发现我的背那天不需要挠，你就得自己给自己挠了，如果你能够得着的话。那么，我们有什么更偏实质的东西来为社会契约提供基础吗？

囚徒困境

幸运的是，进一步深化社会契约论，使之更具有吸引力，还是有些办法的。丰富该观点的一种办法是采用社会科学中的一个分支，也就是综合了经济学、政治学和社会心理学的**博弈论**（game theory）。正如其名称所暗示的，博弈论的部分目的是计算出游戏中的获胜策略。该理论的发明者尤其对扑克游戏感兴趣，但其实，它还有更严肃的用途，因为很多社会情况都可以构建成类似游戏的理论模型，因此，我们可以利用博弈论来分析这类社会情况。

最常被用来解释社会契约概念的例子叫作**囚徒困境**（prisoner's dilemma），这个名称源自以前的一个例子。假设有两个人被捕了，我们就叫他们邦妮和克莱德好了。我之所以用真实生活中的雌雄大盗邦妮·帕克（1910—1934）和克莱德·巴罗（1900—1934）来命名，是因为他俩的关系能使例子的一些特点更为突出。

假设警方有确凿的证据证明邦妮和克莱德犯有某项较轻的罪行，比如偷车。但警方认为这两个人还犯了更严重些的暴力抢劫罪。他们把邦妮和克莱德抓起来，关在不同的囚室里，分别审问二人，并向他们提出了一个相同的交易。审讯人员对邦妮说：

> 我们知道你偷了车，也有证据在手。通常情况下，你会因此获罪一年。但如果你供认武装抢劫而克莱德没有的话，我们会放过你。而如果克莱德招供而你没有的话，你就得坐十五年牢。而如果你们两个都供认了，两人各自坐七年牢。

换句话说，警方是在告诉邦妮，如果她出庭指证克莱德，自己就不会获罪，但前提是克莱德不会指证她。而两人互相指证的话，则都会被判处相当长的刑期。但对邦妮来说，最糟糕的情况是，她自己不招，而克莱德招供了。

把这些信息放在二乘二的矩阵里，情况可能更容易看清楚。单元格中的数字代表可能的刑期，斜杠前面的是邦妮的。

		克莱德	
		不招供	招供
邦妮	不招供	1/1	15/0
	招供	0/15	7/7

假设你是邦妮，正坐在囚室里，你会怎么做？你会意识到，如果你和克莱德都守口如瓶，各自只会坐一年牢。不算很糟糕，对两个人来说，这是最好的结果。但你也明白，如果克莱德不坦白，而你招供的话，你会完全免受责罚：一天牢都不用做，比坐一年好太多。所以，邦妮心想，如果克莱德不供认，而我坦白的话，对自己会更有利。但要是克莱德供认了呢？那样的话，我也得交代，不然要坐十五年牢。看起来，无论克莱德怎么做，对我来说，最好的选择都是招供。因此，我最好招了吧。但话说回来，如果克莱德有点儿脑子（确实有），他也会得出同样的结论：所以我们都会招供，结果，我俩都得蹲七年牢——可本来我们是可以只坐一年的呀？怎么会这样？

于是，邦妮又开始琢磨了。克莱德爱我。他才不会把我供出去。

啊哈！那我招供，然后就能免于惩罚了。如此，我可以一天牢都不用坐。但当然，克莱德也能做出同样狡猾的选择。他或许认为，因为我爱他，所以我不会坦白。而他可以背叛我，然后坦白，就像我背叛了他一样。我怎么有把握他不会也这么想，把我供出来？或许比起我，他更爱自由。这样一来，对二人来说，最合理的选择好像又是双双招供了。结果还是各自坐七年牢。

请注意，就算邦妮和克莱德都发誓会忠于对方，一旦进到囚室后，他们最好的选择还是坦白。他们有什么理由恪守诺言？而且如果你认为对方会信守誓言，你现在就有机会逃避惩罚了。但是别忘了，对方也会进行相似的推理。

合作和公共物品

虽然有可能发生，但两个人很少会面对这种需要决定坦白罪行还是守口如瓶的情况。所以在这种意义上，囚徒困境虽然是一个引人入胜的例子，但用来思考道德，却算不上一个好的模型。不过，其基本概念仍然有着广泛的应用。在生活里，你经常会面对或合作或不合作的选择。比如，假设水资源出现短缺，市政府要求我们主动节约用水。我可能会这么考虑：如果大家都小心用水，我们肯定没事；那我还不如继续像往常一样泡澡、浇灌花园，因为城市有一百万人，一个人浪费水不会造成多大影响。但另一方面，如果大家都和往常一样，水就会用光，而我做的那点牺牲也解决不了问题，我的努力毫无意义。所以无论别人怎么做，我还是照常洗我的澡，浇我的花坛吧。当然，如果每个人都这么想，那城市的水肯定会耗尽；但如果大家都更节约些，我们便有可能安然度过这个危机，直到下一场降雨来补充水库的蓄水量。

这些例子有趣的地方在于，从纯粹的自利角度来看，自私行为似乎是合理的，因为这对你有好处。但邪门儿的是，如果大家都去追求自利，我们的情况会比大家合作时更糟糕——尽管在某种意义上，合作是非理性的。上面的例子经过这么一解释，我们会发现，生活中的很多情况都有类似结构，不过通常来说会涉及很多人，而不是只有两个。这种更广泛的影响把博弈变成了所谓的多囚徒困境，广义上讲，即所谓的**公共物品问题**（public goods problem）。

在经济理论中，公共物品会制造麻烦。比如我们来想一下路灯的安装。如果我住在一条黑灯瞎火的街上，应该会很希望有路灯，我的邻居也一样。如果我决定自费安装路灯，那我的邻居也能坐享其成。这就是为什么它们会被称为公共物品，因为你无法让它们只供那些付了钱的人使用。同样，如果我的邻居安装了街灯，那我也能免费享受。所以我不如坐等别人来把灯装好。但是，我们可能都会这么做，所以也只能继续忍受黑暗，虽然我们大家都很乐意花钱装街灯，或者至少愿意凑钱。可问题是，公共物品或公共益品——一人付钱、大家受益的东西——相对来说供不应求。而与之相对的“公共‘恶’品”（public bads），比如污染，却通常“供过于求”，因为通过这类方式，个人可以把他或她的代价转嫁给全体人。

公共物品和公共“恶”品问题，如路灯和污染，其解决方案明显是政府行为。政府应该向我们征税来安装街灯，在我们污染环境时惩罚我们，进而在某种程度上强制大家合作，使每个人都能获益。事实上，这正是托马斯·霍布斯提出要让利维坦（书名即源于此）

来担任“绝对主权者”的理由：也就是说，利维坦是一个强大的独裁者，它强迫我们合作，给予我们安全，使得我们能够摆脱自然状态下的那种所有人针对所有人的战争。我们确实需要一些结构形式来解决我们的合作问题，在这一点上霍布斯说得对，但幸运的是，在只有专制独裁者才能胜任这项工作的问题上，他似乎搞错了。实际上，一个问题是：我们真的需要诉诸政治，才能解决如何达成有益合作这个基本问题吗？我们或许可以通过内化行为规范来做到这一点。这类行为规范可以采取道德律或道德原则的形式，而且可能同法律的强制力量一样或者更有成效。

因此，道德作为一种社会契约，反映了如果大家都能克制自己、相互合作，那么我们每个人都会更好。因为关键在于，在很多社会情况下，如果狭义地去想，对我来说最合理的做法便是叛逃，然后追逐我自己的利益。但如果大家都这么做，我们就会发现自己陷入了科林·特恩布尔的艾克人（见第六章）或霍布斯的自然状态那样的世界中。谁想去那样的世界？

事实上，我们可以再回到邦妮和克莱德的例子上来理解其意义。在前面的例子中，邦妮和克莱德遇上的是一次性情况。但假设这种事情相对经常地发生在他们身上，那么他们很快便会意识到，合作要比逃避更能给他们带来好处，所以某种自动合作的行为可能会逐渐形成：从不坦白，也从不告发他人。“盗亦有道”说的就是这个。揭发他人会对整个群体不利，如果你真那么做了，那他们很可能会想这种或那种办法来惩罚你。这种逐步形成的不告发惯例，就是犯罪分子之间达成的一种社会契约道德。

现在，我们可以理解“你要是给我挠背，我也给你挠”这个观点为什么无法真正反映社会契约的本质了。更确切地说，我们需要这样一种东西：“我会养成给别人挠背的习惯，即使我从中捞不到什么好处，只要别人也可以养成给我挠背的习惯，即使他们从中也捞不到什么好处。”换言之，社会契约道德看起来完全不像某种契约时才会产生最好的效果。如果它看起来太像契约的话，人们或许就会开始怀疑是不是停止合作才符合他们的利益。到那时，契约便会作废。

展开契约论点

如此看来，我们似乎可以把道德描述为自利的人之间达成的一种妥协，而且在看起来最不像妥协的时候效果最好。但这个论证真的可行吗？

回想一下我们拿平等之人间的社会契约，同格劳孔（弱者用来算计强者的阴谋）和卢梭（富人用来压迫穷人的阴谋），以及佩特曼的性别契约和米尔斯的种族契约所做的对比。平等的社会契约会对所有人都有同样的吸引力，与他们有什么特点无关。但真的有可能构想出一种妥协契约，并使其条款对每个人来说都可以接受吗？

有些哲学家提出，如果我们接受社会契约的推论，将得到最低限度的道德准则。每个人都接受一些最基本的安全规则，比如，不莫名其妙地被人杀死。但其他的呢？大家会同意偷窃不对吗？那些一文不名的人呢？或者举几个更令人不安的例子，当代道德的核心部分之一便是认为针对女性的性暴力是严重的不道德行为，种族歧视也是。但每个人都会同意限制针对女性的性暴力吗？让人震惊的是，我们也应该知道，有些人不希望被这种限制束缚住而不能做他们本来被允许做的事情。或者，特权种族的成员会签署协定，不去歧视其他种族吗？别忘了，论证的基础应该是什么能最好地促进每个人自己的长期利益，而不是独立地诉诸道德直觉。说到底，社会契约论的提出是为了解释道德的根本基础。因此，它预设了没有“更深层次”的道德来限制社会契约。可我们的利益多种多样，有时还会相异到令人不安，所以社会契约作为所有人之间的一种协定，即便我们能从中得到一些东西，但究竟能得到多少，其实是相当模糊的。这个问题，我们可以称之为利益对立。如果我们有着相冲突的利益，那协定的范围便会缩水，整个协定甚至可能彻底黄掉。

正因如此，当代哲学家约翰·罗尔斯（1921—2002）提出，我们必须想象社会契约发生在十分特殊、不寻常的情况下。主业是政治哲学的罗尔斯用社会契约的观点，从自由、机会、薪酬和财富的公平分配理论角度，构建了社会的政治正义原则。虽然他并不是把社会契约主要当作一种个人道德理论来描述，但他的观点仍具有启发性，可以帮助我们更好地思考如何处理相悖利益的问题。

正如我们所见，如果我们拥有相悖的利益，那我们很可能只能在最基本、最有限的安全保障上达成一致。当然，我们确实有着相悖或者至少不一样的利益。但罗尔斯的绝妙之处在于，他建议你在思考自己准备订立的契约时，应该假设你不知道自己的利益是什么。想象一下你不知道你是富有还是贫穷，是男人还是女人，是黑人还是白人。假设你不知道你年纪多大，不知道你信仰什么宗教（如果有信仰的话），也不知道你有什么技能或天赋。罗尔斯用了**无知之幕**（veil of ignorance）的比喻来表达这个观点：在思考如何起草社会契约时，你应该想象自己在一块帷幕之后，对于你和他人的差别一无所知。使用无知之幕这一手段可以让契约体现公平的概念。罗尔斯将这种情况称之为**原初状态**（original position）。

在无知之幕后面待着时，你会赞同针对女性的性暴力吗？显然不会；因为你基本上有一半的可能性是女性，所以你不会想承担那么高的风险，成为被严重伤害的受害者。同样，你也不想生活在一个接受种族歧视的社会里，因为你有可能成为被歧视对象。而不知道你是富是穷，则可能意味着你不会接受允许偷窃的道德（以防你是有钱人），但你也不会接受容许穷人挨饿、流浪的社会（以防你有可能是穷人）。这一理论模式的好处是，它不是依靠我们的道德直觉，而是通过将我们对自身利益的关切和我们对自身利益的无知结合在一起，来推导道德规则。以此为基础，我们必须拿出符合所有人利益的规则，而且要公平。因此，社会契约论可以完美地用在思考性别和种族平等，以及在历史上遭受过歧视的其他群体的正义上。确实，它要求我们聚焦最弱势群体，站在他们的角度看事情。在这方面，罗尔斯的立场十分近似圣雄甘地（1869—1948，印度民族独立运动领袖）表达过的一个观点。下面是甘地在去世前最后写下的笔记之一：

> 我给你一个护身符。每当你陷入怀疑或者自我膨胀过度时，运用如下测试。回忆你见过的最贫穷、最虚弱的男人（女人）的脸，然后扪心自问，你在考虑迈出的这一步，是否会对他（她）有任何益处。他（她）能从中得到什么？能否让他（她）重新掌控自己的人生和命运？换言之，它能否为肉体上和精神

上挨饿的数百万人带来“斯瓦拉吉”（自由）？然后，你就会发现你的怀疑或者自我逐渐消散了。（甘地，1948/1958，p. 65）

不过，这里有个显见的问题：为什么一个享有特权的富有白人男性应该对这个论点感兴趣？这样一个人可能会说，如果我在无知之幕后面，我有可能会选择对每个人而言都公平的规则，但就我了解的情况来看，我更喜欢偏向我的规则。这个问题表明，罗尔斯的方法预设了人性本善，也就是说人们确实希望找到公平的合作条件。因此，罗尔斯的契约方法并不能为道德批评者提供答案，因为这种方法的目的是提供一种解决步骤，好将他所谓的“正义感”明确为可以把所有人的利益都考虑在内的道德准则。

规章制度之外

讨论了这么多，我们已经对社会契约有了更深刻的了解，明白它不仅仅是冲突利益之间的一种和平协定或妥协。社会契约理论为探讨道德问题提供了一种更为积极的可能性。在某些方面，道德规范确实听起来相对负面：我们提到道德时，想到的是种种约束我们的规章制度。当我们用伦理这个词时，常常想到的是有关专业操守的规则，比如医学伦理、商业伦理、伦理投资等，其目的是让我们循规蹈矩，避免堕入诱惑或懒惰的陷阱。按照这种观点，道德就是为了让我们遵守规则，克制我们目光短浅的自私直觉，以换得长远的共同利益。

但正如我们所见，思考伦理行为还可有别的途径。我们钦佩他人善良、友好、坦诚和慷慨。与这类人相处很有益，因为他们能帮助创造一种集体愉悦的精神，丰富我们的生活。正如大卫·休谟（1711—1776）所言，他们能“在合适的时间”带来“娱乐、嬉戏和快乐”（1751/1983，p. 79）。道德的存在不仅可以提供互相之间的防护，还可以带来互相之间的成全，是这样吗？以此观点来看，道德的目的是帮助我们从个人和集体的角度为他人的人生价值添砖加瓦，而非只是避免我们互相伤害。

卡尔·马克思批评“资产阶级”政治和道德，理由是它们在赋予我们保护自己不受他人伤害的权利时，也促使我们认为他人威胁到了我们的自由。马克思希望我们构想一种不同形式的社会，在其中，我们可以通过与他人的互动来成就自己。诚然，这仍然是把道德视为一种达成互利的手段，但方式却相当不同。它鼓励我们不把他人视为对自身利益的威胁，而是认为他人可以促进我们自身的成功。无论你是否和马克思一样相信社会有可能彻底改变，他的观点都显然是有道理的，即便是就现在的社会而言。你的人生里假如没有其他人，还能有多大价值，还能多快乐？这里的其他人不光是指你的家人和朋友，还包括艺术家、演员、体育界人士、科学家、发明家、企业家、诗人、作家，以及哲学家。有没有可能道德的本质中有一部分就是鼓励我们去承担那些能提升他人生活的角色和功能，而不仅仅是避免互相伤害？

实践中的社会契约论

那么，我们似乎可以主张，待在无知之幕后面时，我们会认同一整套的道德义务，既有负面的，目的是确保我们的安全和生存，也有正面的，目的是帮助我们获得充满快乐和幸福的成功人生。不过，与此同时，我们也能看到一些局限。比如，我们来思考一下很多人在自己平凡的人生中都会遇到的两个道德问题。第一，如果有，你何时应该决定某位病重的高龄亲属不必再进一步做无谓的手术，而是获准相对舒服地离世？第二，如果有，在什么情况下可以允许堕胎？社会契约可以帮助我们回答这两个问题吗？

很多情况下，让自己置身于无知之幕背后确实有所助益。我们先来看高龄亲属的例子。假如那个人是你无比爱戴的姑姥姥，而你是她唯一健在的亲属。再假设她已经无法再为自己做决定，之前也没说清楚她希望如何处理这类情况。你脑海中或许会冒出如下一些想法：

1. 生命是神圣的，应该不惜一切代价来保护它。

2. 我很爱我的姑姥姥，不愿她死。

3. 她的生活质量极低，而且病痛难忍。

4. 手术或许可以延长她的生命，但也会增加她的痛苦，至少在刚开始时会。

5. 她可能在做手术时死去，或者死于术后并发症。

6. 去医院看她、安排她的护理，对我来说已经成了一种负担。

7. 如果她去世，我很可能会继承她的一部分遗产。

你如何理智地思考这种情况，确定你做出了正确的选择？首先你很可能试着把一些念头踢出脑海。最后一条，也就是她死后你会继承什么东西，似乎在某种意义上“不美”，你会希望能在做决定时忽视这个因素。可是你爱她、不愿她死，以及去看她已经成了一种负担呢？这些原因应该列入你的考虑范围吗，还是说它们“太自私了”？也许是，但也许不是。你的姑姥姥会担心自己成了累赘吗？

使用无知之幕这个方法时，你需要搞清楚具体到这类情况中，在不知道你会是姑姥姥还是你自己时，你会想怎样。实际上，这最终可以归结为三件事。你想怎样？你姑姥姥想怎样？如果你们看法不同，那么具有决定性的最重要的考量是什么？无知之幕可以让你想清楚这些原因相对的重要程度，而不必去顾及它们对你是有利还是不利。

因此，情况很可能是，关键因素将不仅包括姑姥姥遭受的痛苦和压力，以及她在接受手术后病痛会更严重，还包括她有多看重为了延续生命而延续生命这件事。不过，给他人造成负担的问题，也是一个考虑因素，她的死会给别人带来何种影响也要考虑，虽然你可能认为这些要是同一个人的生或死相比，不过是不足挂齿的考虑。情况各有不同，因而也会导致不同的结果，但无知之幕推理背后的关键理念是，这似乎是一种很有用的方法，可以让我们把目光放在最重要的问题上。实际上，它可以帮助我们运用一个十分类似的道德理念：设身处地的重要性。如果你是那个受到影响的人，你会想怎样？比如具体到这个例子中，如果你身在你姑姥姥的处境中，你会想怎样？倒不是说它总能给我们提供一个容易的解决办法，但它能让我们在审慎思考时不至于一直兜圈子。

不过，堕胎问题用契约方法来处理会困难很多。同前面的那个问题一样，我们得先问哪些人会受到影响，进而需要成为契约的一部分。很显然，答案是考虑把孩子打掉的女性，在多数情况下，还有她的伴侣。但未出生的胎儿怎么办？胎儿是人吗？应该被看作契约中的一方吗？如果是人，那么社会契约得出的结果很可能是，堕胎几乎总是不道德的。如果你是那个胎儿，会同意人工流产吗？那就等于你同意了自己的死亡，这如何能算是理智的？但话说回来，如果胎儿不能算是人，至少在怀孕早期不算，那就不能作为契约的一方。尽管反对堕胎的理由仍然会存在，但从社会契约的角度来看，这个问题似乎就不太棘手了。因此，社会契约理论没有解决堕胎的道德问题，只是将其推迟了。我们必须在决定谁或者什么应该是契约的一方之后，才能开始讨论。

我们还可以在人与动物关系的问题上看到类似情况。如果动物是社会契约的一部分，那我们就不应该再吃动物，或者不该再拿它们做实验，因为如果根据契约方法，说不定你会是一只动物。如此说来，你干吗要同意被拿去做实验或者吃掉呢？可如果动物不属于社会契约的一部分，那我们目前的行为看起来就没那么麻烦了。总而言之，尽管无知之幕在思考某些道德问题时很有用，却无法解决所有问题。因为它需要先确定谁“算数”；而且，如卢梭、佩特曼和米尔斯所主张的，从历史上来看，社会契约理论在平等对待穷人、女性和有色人种上做得不好。当然，只要我们可以躲开这类陷阱，无知之幕仍然是一种便利且极有价值的方法。

本章回顾

小结

在本章开头，格劳孔在讲话中提出了道德是一种妥协的观点。在理想状态下，所有人都希望追求个人的利益，但也明白如果大家都如法炮制，生活会变得很糟糕。因此，我们默许了一套道德规则，作为一种妥协或和平协定。接着，我又介绍了一些理论，这些理论认为，在“真正的”社会契约下，一个群体会利用道德来巩固对另一个群体的压迫。但我们看到，情况并不必然如此，一种以平等身份达成的契约也是可行的。囚徒困境便展示了其中涉及的推理过程。不过，鉴于不同的人可能会有相悖的利益，所以社会契约道德看起来有其最低限度：人人都能看法一致的事情并不多。

对该问题的一种回应是，利用罗尔斯的无知之幕扩展社会契约的理念。我们可以试着想象，如果无法知晓自己在某一情况中将扮演何种角色时我们会同意什么，那么我们的决定可能会有更多的契合点，进而设定出对每个人都公平的规则。确实，我们制定规则时，可能会超越互相之间的防护，开始从很多积极的方面去思考促进我们利益的方法。不过，我们还注意到有些问题依然存在。谁可以算是社会契约中的一方？未出生的胎儿？动物？在一些最为难解的案例中，社会契约方法还需要其他类型的论证作为补充。但即便如此，我们也能看到社会契约推理可以帮助我们充分考虑一些棘手的伦理问题，尤其是可以帮助我们把那些真正重要的核心问题，同那些从某个角度看很重要，但与其他原因相比又具有较轻道德比重的问题区分开来。

讨论题

1. 社会契约理念是牺牲某一群体的利益以提升另一群体利益的一种手段吗？
2. 囚徒困境如何进一步说明了社会契约理念？
3. 解释罗尔斯的“无知之幕”概念。
4. 社会契约论证有哪些局限性？

关键词

智者派（诡辩家），p. 154
社会契约，p. 155
工具价值，p. 156
固有价值，p. 156
博弈论，p. 160
囚徒困境，p. 160
公共物品问题，p. 163
无知之幕，p. 166
原初状态，p. 167

关键思想家

柏拉图（公元前 429？—公元前 347），pp. 153—154，156
托马斯·霍布斯（1588—1679），pp. 155，159，164
费奥多尔·陀思妥耶夫斯基（1821—1881），p. 156
弗里德里希·尼采（1844—1900），pp. 157
让-雅克·卢梭（1712—1788），pp. 157—159，165
卡尔·马克思（1818—1883），pp. 157，169
卡罗尔·佩特曼（生于 1940 年），p. 157
查尔斯·米尔斯（生于 1951 年），p. 157
约翰·罗尔斯（1921—2002），pp. 166—168
圣雄甘地（1869—1948），p. 167
大卫·休谟（1711—1776），p. 169

延伸阅读

* 柏拉图《理想国》的段落引自 W. W. Norton（1999）的版本。
* 托马斯·霍布斯的《利维坦》采用了 W. W. Norton（1996）的版本。（首版于 1651 年。）
* 费奥多尔·陀思妥耶夫斯基的《罪与罚》由 Penguin（2003）出过一版。（首版于 1866 年。）
* 弗里德里希·尼采有关基督教道德的论述，参见《善与恶的彼岸》，Vintage（1989）出过一版。（首版于 1886 年。）
* 让-雅克·卢梭的引文摘自《论不平等》（*A Discourse on Inequality*, Penguin, 1985）。（首版于 1754 年。）
* 让-雅克·卢梭的《社会契约论》（*The Social Contract*）由 Penguin（1968）出过一版。（首版于 1762 年。）
* 要简单了解卡尔·马克思的思想，可参见乔纳森·沃尔夫，《为什么今天还要读马克思？》（*Why Read Marx Today?*, Oxford University Press, 2002）。
* 马克思最通俗易懂的著作是与恩格斯共同起草的《共产党宣言》（*The Communist Manifesto*），可见于《马克思恩格斯读本》（*Marx-Engels Reader*，第二版），由 W. W. Norton 出版（1978），编者为罗伯特·塔克（Robert Tucker）。（首版于 1848 年。）
* 有关博弈论的基本介绍，包括囚徒困境，参见威廉·斯潘尼尔（William Spaniel），《博弈论入门》（*Game Theory 101: The Complete Textbook*, CreateSpace Independent Publishing Platform, 2011）。
* 约翰·罗尔斯的《正义论》首版于 1971 年，修订于 1999 年，由 Harvard University

Press 出版。

* 圣雄甘地有关“护身符”的笔记不太好找，但可以在 www.mkgandhi.org/gquots1.htm（检索于 2017 年 1 月 17 日）在线浏览，摘自 Pyarelal，*Mahatma Gandhi: The Last Phase, Volume II*（Navajivan Publishing House, 1958；已绝版）。（原笔记写于 1948 年。）

* 大卫·休谟的引文出自《道德原则研究》（Hackett, 1983）。（首版于 1751 年。）

* 柏拉图、霍布斯、尼采、罗尔斯的相关节选，可参见乔纳森·沃尔夫（编），《道德哲学选读》（W. W. Norton, 2018）。

第八章

功利主义：边沁和穆勒

功利原则（的目标）是用理性和法律之手建立幸福的基本结构。那些试图质疑它的制度，论及的都是声音而非理智，是任性而非理性，是黑暗而非光明。

不过，比喻和雄辩之词说得够多了。总之，靠这类手段，道德科学难以进益。

——杰里米·边沁，《道德与立法原理导论》

在本书的前几章中，我们探讨了道德以及道德哲学遭受的一些攻击。文化相对主义、怀疑主义、主观主义、决定论全都威胁着要破坏我们的日常道德观，因此，这些质疑的是非曲直必须得到评估。然后，我们考察了好几种对待道德的不同方式，试图得出正面的道德理论。神命论、自然法、伦理利己主义和社会契约论，都提出了从道德角度来说我们应该怎么做的看法，但是这些观点中有几种所涉及的立场却在很多方面对日常道德规范持批评态度。

从第八章开始一直到第十三章，我们会更详细地考察目前主宰了道德哲学讨论的三种理论：功利主义、康德哲学的道义论和德性伦理学。在第十四章中，我们将着重考察女性主义伦理学以及种族伦理学。这些较新的进路在重要性和影响力上日渐增强，挑战着主流的伦理思考，提出了彻底改变道德哲学的方式，以期克服种种对道德的批判。最后，在第十五章中，我们会讨论本书涉及的各种理论如何能帮助你建立起自己的道德观。不过，我们先从第八章开始吧，来认真研究一下由杰里米·边沁提出、后得到约翰·斯图亚特·穆勒进一步丰富的功利主义理论。

边沁道德哲学的背景

杰里米·边沁（1748—1832）通常被认为是功利主义的创始人，该理论的灵感来源是被称作最大幸福原则的信条。

> 功利原则赞同或反对任何行为，根据的都是该行为对于利益相关的一方而言，是有增加还是削减其幸福的倾向，换句话说，是该行为是会促进还是会阻碍其幸福。（边沁，1789/1970，第一章，第二节，p. 12）

边沁认为，我们在做道德决定时，正确的行为会使这种被他称作功利的东西达到最大化。**功利**（utility）首先要从幸福的角度来理解，然后是快乐和痛苦之间的差额。如此理解，就能把较为抽象的观念替换为较为具体的观念，进而最终得到易于理解和评估的概念。功利是哲学家的抽象说法，而快乐和痛苦则是真实可感的东西。按照惯常的理解，幸福并不完全等于快乐。幸福或不幸似乎持续时间较长，而快乐和痛苦则通常是较为短暂的经历。不过一般来说，幸福和快乐关系密切，所以边沁认为，从快乐和痛苦的角度来构建理论会使其更精确，也更容易应用。

确实，该理论的应用看起来相对简单易行。只涉及一个人时，功利主义赞同的是任何能将这个人的快乐减去痛苦得到的差额最大化的东西。当涉及的人多于一个时，计算会稍微复杂些。我们得比较不同人的不同快乐和痛苦，并将它们相加。显然，这会引出如何衡量比较痛苦和快乐的问题，我们稍后再讨论这一点，现在我们理解大略的理念即可。功利主义者需要考量某一行为给每个受其影响的人造成的快乐和痛苦，然后执行那个能使快乐总量减去痛苦总量的值达到最大的选项。他们认为，这么做可以给最大数量的人带来最大数量的幸福。

这个简单的理论需要我们好好剖析；但在考察细节之前，我们有必要先来了解一下边沁提出该理论的背景，然后才能领悟他这种进路的重要性和独特性。看待思想家时，考察他们著书写作时的思想气候，尤其是思考他们反对或者觉得有必要批驳的人和事，会很有帮助。边沁在他的著作《道德与立法原理导论》开头论述功利主义理论时，就给我们提供了一条很有帮助的线索。边沁否认了可以为功利主义找到直接证明的可能性，“因为被用来证明其他一切的东西，本身无法得到证明”（边沁，1789/1970，p. 13），然后，他提供了一种间接的证明方式。他罗列出了所有他认为可用的道德立场，包括功利主义，然后进行论证，一一驳斥其他理论。这种论证策略很有意思；如果成功，那功利主义便会是唯一立于不败之地的理论。我们可以称之为**排除论证**（argument by elimination），因为它试图排除所有的竞争者。

但事实上，边沁只考量了三种道德立场，似乎将它们视为仅有的三种可能。第一个当然是他自己的功利主义观点。第二个是他所谓的同情和反感原则，这一原则在判断行动的好坏时，只以人的态度为根据。第三种是禁欲主义原则（这里的禁欲主义在含义上稍微有些特别），即功利主义的镜像，在思考这种着实有些古怪的可能性时，他假设了我们应该让痛苦而非快乐最大化。边沁对这些观点的反驳有助于我们理解他的立场。表面上看，他基本上忽略了那些道德哲学大家的著作，比如柏拉图（公元前 429？—公元前 347）和亚里士多德（公元前 384—公元前 322），选择这几个不同寻常的立场来讨论似乎很奇怪，但边沁的选择其实很有深意。

为了搞清楚原因，我们需要先来看一下边沁功利主义的基础。我们可以认为他是受了三种基本信念的驱使。第一，他相信道德需要每个人都被平等对待："每个人都得算一个，没有谁比谁更重要。"这个观点隐隐贯穿在他的作品中，与之形成对比的则是精英主义或歧视性观点，那些观点预设男人要比女人重要，或这个种族或宗教的人要比那个种族或宗教的人重要，或者天潢贵胄要比平头百姓更重要。在边沁的时代，日常生活里充斥着各种各样的歧视。比如，直到边沁的晚年，女性和不愿认可英国国教信条的人才最终有机会在英国接受高等教育。以他认为的那种平等的基础前提来看，这些限制都属极端不公。

第二，边沁相信，归根到底，世界上唯一重要的东西便是有感知力的生物感受到的快乐和痛苦——人当然包括在内，但动物也算。虽然有些读者会觉得当然只有快乐和痛苦重要了，但事实上，许多常见的道德观却有着相当不同的含义。比如传统的宗教道德规范给痛苦赋予价值（通过苦修来赎罪），或者规定某些快乐是不道德的（如吃不该吃的食物，跳不该跳的舞，在安息日玩游戏）。

第三，边沁认定道德以及善治的基础必须是坚定的原则。在他看来，若不按照原则来推理，便是让个人意见占据主宰地位。那样的话，即便在最好的情况下，我们也容易受到不确定性和矛盾性的伤害，而最坏的情况是偏见和腐败，尤其是在政府层面上。在他后期的作品中，边沁提出了“险恶利益”的概念，用来指那些当权者通常会禁不住诱惑去为自己谋取私利，而不再追求共同利益。他主张，我们需要坚定、可靠的原则来防止这种权力腐败。

边沁的功利主义是对上面提到的第一种信念的解读，即认为每个人都得算一个，没有谁比谁更重要。总结起来便是，边沁对禁欲主义原则（我们应该将痛苦最大化的理论）的驳斥，要依赖第二个信念，即快乐以及避免痛苦是重要的。他对同情和反感原则（也被他称为“任性”原则）的反驳，依赖的则是第三个信念，即坚定原则的重要性。

禁欲主义的排除

现在我们来详细地看一下这些替代理论和对它们的反驳。在边沁看来，禁欲主义原则要求痛苦而非快乐最大化，因而很容易被否定。边沁公允地指出，古往今来的人没有谁秉持过这种观点——这可能会让你好奇为什么还觉得有必要来讨论。所以他提出，那些看似是在宣扬该观点的人，其实是在捍卫另一个观点：在人间禁欲苦修，可以提高你升入天堂、享受幸福来生的概率。用痛苦换来快乐是值得的。但边沁指出，这仅仅是功利主义观点的一种表现形式，只不过秉承它的人信仰来生这一宗教信条，以及他们要在人间怎么做才能升天堂而不是下地狱。边沁的真正目标是宗教卫道士，这些人想要根据边沁所谓的一种虚伪、邪恶的宗教信条来压制人间的快乐。在反驳禁欲主义原则时，他其实是在反驳某些形式的极端清教主义。

事实上，如前面提到的，我们应该把功利主义看成不仅是在反对禁欲主义原则这种极端严格、难以置信的道德理论，也是在反对一系列基于宗教观点或者受其影响的道德理论，这些理论将不那么苛刻的自我克制行为视为美德。习俗和宗教道德包含的规则，在边沁看来，会导致人拒斥快乐或者无充分理由地施加伤害。比如，我们在第五章中谈过边沁是如何回应认为只有夫妻之间出于生育目的的性行为才是合法的观点的。在 18 世纪和 19 世纪的英国，这种信念导致避孕措施被禁止，以及官方查禁其他形式的性行为。在实践中，这种观念给人们带来了巨大的焦虑和负罪感，还导致了意外怀孕、危险的非法堕胎和新生儿被遗弃的情况。实际上，边沁的追随者约翰·斯图亚特·穆勒（1806—1873，我们稍后会讨论他）就曾在少年时代因为散发解释避孕原理的传单而被拘留过一晚。穆勒之所以这么做，是因为他在伦敦某公园吃惊地发现了一名已经死去的新生儿（里弗斯，2008）。对避孕措施的无知导致了巨大的痛苦，尤其是对那些怀孕便意味着堕落、担惊受怕的年轻女子而言。所以，边沁和穆勒问，禁止避孕的目的到底是什么？显然不是为了人的幸福。边沁认为，禁欲主义原则及其相对温和的形式，即传统或宗教道德规则，会带来巨大的痛苦，而不是快乐，因此完全不合理。

边沁指出，禁欲主义原则实质上并不是道德理论，而是一种个人的行为准则：

> 我们读到过很多圣人为了他们灵魂的益处以及肉体的苦修，曾主动把自己当作牺牲品交给歹徒。可是，尽管这类人中有很多曾执掌帝国，但我们从没读到他们中有哪一个去努力地制定法律，有意让国家充斥着拦路抢劫的强盗、登堂入室的窃贼或者故意纵火的歹人。（1789/1970，p. 20）

同情和反感原则的排除

那么，同情和反感原则呢？这是什么东西？想象一下你平常会怎么做道德决策。你的朋友叫你周末去帮他搬一些家具，但一位好不容易来一趟城里的远房表亲已经邀请了你一起吃饭，而你不可能两件事都做。那你该怎么办呢？很显然，你的脑子里会冒出一系列问题。你的朋友还有别人可以帮忙吗？你的朋友是否一定要在这个周末搬家具？你下次见到表亲会是什么时候？你要是不见她，会有多大关系？等等。到最后，如果你走运，其中的一个选择会看起来是显然正确的做法。但或许，你还是难以抉择，最后几乎是随便选了其中的一个。

我们对这类情况都不陌生。遇上时，我们会仔细考虑各种选择，然后试着搞清楚什么最重要。虽然我们可能不会明确地认为自己的选择是道德决策，但它确实涉及一个道德困境：对友情的责任，还是对亲情的责任。说友情和亲情牵涉“责任”似乎有些奇怪，因为友情和亲情牵扯的远不止于此，至少在二者进展顺利时，但道德责任至少是关系的一部分。因此，我们会试着区分、权衡其中的“有利”和“不利”因素。但问题是，我们没有秤，只能掂量。我可以说符合道德的做法是帮助朋友，但我同样可以说，道德正确的做法是去见我的表亲。如果有人质问我，我可以给出自己的理由。但在一定限度内，无论我做的是什么决定，我都可以修改我的说法，以便与之契合，谁都不能自信满满地说我选错了。无论是谁，包括我自己在内，都没有什么公式来核查我的推理。

在边沁看来，这个过程就是我们怎么使用“同情和反感原则”进行推理，以及它为什么有问题：该原则容易被滥用，甚至出错，因为它并不包含什么决策原则或公式，没有问责机制，并且容易被强者的偏见绑架。比如，边沁就担心这样的推理会让我们过度惩罚那些犯法的人。所以，功利原则这样的公式之所以吸引人，原因就在于此。它提供了一种严格的框架，完全不同于边沁之前的某些哲学家，也就是所谓的**道德感**（moral sense）思想家，采用的那类方法。边沁认为，这些哲学家把日常道德直觉包装成了一种伪道德理论，因此给不了我们任何有关道德的深刻见解，对道德推理也毫无帮助。相比之下，功利主义则提供了一种坚定的导向和原则。

澄清功利主义

边沁的功利主义表述看起来简洁明了，但是我们还是有必要花点儿时间来全面理解它。后来的理论家将该理论分成了两个部分，很有帮助，一个被称为**善理论**（theory of the good），一个被称为**对理论**（theory of the right）。善理论告诉我们世界上哪些东西是好的（和坏的）；对理论则聚焦于我们的行动，告诉我们行为的对错。功利主义理论认为，对的行为总会带来尽可能多的好。这或许看起来显而易见，毋庸赘言。毕竟，我们还能怎么做？少带来一点儿好？但我们会看到，尤其是在后面的章节中，这种再明显不过的显见性其实很有欺骗性：奇怪的是，正确的做法有时候要少带来一点儿好，至少是从边沁所定义的意义上去理解的那种好。因此，我们首先来看一下边沁的善理论，搞清楚这场争论中的利害所在。

边沁的"善理论"

首先，我们需要看看边沁认为的好和坏包括哪些东西。很显然，他认为幸福（我们已经看到，是从快乐角度来理解的）是好的，不幸福或痛苦是坏的。没有多少人会不同意边沁的这种看法，幸福或快乐总体而言是好的，不幸福或痛苦是坏的，不过正如前面所讲，边沁觉得即便在这些点上，也有人反对他。

但是，其中至少有两点潜在的争议。首先，边沁对快乐的定义很宽泛，将其分成了很多子类别。他的哲学习惯是尽可能系统化，绞尽脑汁地找到他讨论的现象的所有种类。对于快乐，他区分出了很多类别：从相对纯真的，包括感官快乐（比如陶醉于玫瑰的芬芳之中），到值得怀疑的，如心肠歹毒的快乐。如果人们都幸灾乐祸，比如听说某个自己厌恶的人在车祸中受伤后便大声叫好，我们会认同世界更美好了吗?

边沁还提出了一个重要的说法，即快乐或幸福是唯一好的东西，而痛苦或不快乐是唯一坏的东西。但这对吗?约翰·斯图亚特·穆勒也做出过同样的断言。这个重要的话题我们要暂时搁置一下，到第九章时再做讨论，届时我们还会考察对该理论的批评。

衡量幸福

现在，我们来思考一个有关功利主义的严肃问题。还记得这个理论需要我们把总的快乐减去总的痛苦的值最大化吧?但我们到底能不能搞清楚什么是快乐最大化?如果我们要使总快乐减去总痛苦的值最大，首先我们得能衡量它们，把它们置于同一尺度之内。可我们该怎么拿快乐和痛苦做比较呢?

边沁自己也十分清楚这个问题。他在著作《道德与立法原理导论》(1789/1970)中写过一个简短的章节，试图解释如何来衡量快乐和痛苦。在后来增加的一个脚注里，他添了一段短诗，作为该理论的某种备忘录。诗的开头是:

> **强烈**、**漫长**、**确定**、**迅速**、**多产**、**纯粹**——
> 这些指标在**快乐**和**痛苦**中长存。

第一行选出的六项特征，根据边沁的观点，可以被用来衡量个人的快乐和痛苦:(1)强度;(2)时长;(3)确定或不确定性;(4)接近或遥远性，指的是时间上的距离;(5)衍生性，可理解为引出其他快乐的可能性；（6）纯粹性，即不会引起相反感受的概率（也就是快乐之后不会是痛苦）。

这些概念中，有些简单直白，比如我们应该把时长考虑进去。但其他一些，比如遥远性，就有争议了。我们要给未来的快乐和痛苦打个折扣，在计算中减少它们的权重吗？确实，未来预期的快乐和痛苦不太确定会发生。但这个考虑应该已经被纳入确定性的范畴中了吧。虽然听起来像是吹毛求疵，但这个问题在现代世界中确实有巨大的现实意义。比如，如果我们不重视未来的快乐和痛苦，那么气候变化的问题，尽管会影响遥远未来的人，但现在在道德上就不重要了。可以说，把遥远性包含进来的话，就违背了每个人——包括未来人——都得算一个的理念。

但主要问题还在于，边沁是否在衡量方式上提供了足够的信息，能让我们应用该理论。当然，有些类型的快乐和痛苦比较起来很容易。痛苦程度相同的话，痛两天肯定要比两分钟更糟糕。相应地，我们可以按照糟糕程度来排序。这就是所谓的顺序量表：把不同的项目按照好坏顺序排列，就像我们可以说今天要比昨天暖和一样。但这也不足以让我们做出必要的功利计算。首先，我们似乎需要制作顺序量表：像温度计可以测量温度、体重秤能测体重那样，我们得把不同的快乐和痛苦用数字量化。要使最大化有意义，我们就需要数字。不仅如此，我们还得能拿这个人的快乐和痛苦与那个人的做比较，这个问题被称为**功利的人际比较**（interpersonal comparisons of utility）。但棘手之处在于如何衡量强度。边沁明确认为强度很重要：毕竟，这在他的清单上位列第一。但他在强度问题上一掠而过，无法真正帮助我们搞清楚该如何衡量它。

由此可以看到，要做一名功利主义者，我们需要很多信息，但令人担忧的是，可用的信息很少。我们需要“快乐的度量衡”，但即便神经系统科学近来有了长足的进步，我们也还是没有那种像温度计一样的工具来衡量我们的快乐。

但也许我们不应该把这个问题夸大。或许我们有可能做出足够接近的直觉判断。毕竟，越来越多的研究在问，什么使我们快乐，现在的我们是否比技术欠发达时代的人更快乐（显然不是），一国的人是否比另一国的更快乐。比如在2014年，一项名为《世界幸福报告》的调查曾宣布，丹麦是世界上最快乐的国家，而在经济合作与发展组织的《2012年幸福生活指数调查》(只考察经济合作与发展组织成员中的富裕国家)中，生活满意度排第一的则是瑞士，第二名、第三名分别是挪威和丹麦。

那么，这种排名是通过什么创新科学方法得出来的？大脑扫描？先进的计算机模拟？事实是，用的是两种简单办法。第一种方法是，每个国家的人被要求用1到10分来评价自己的生活满意度。瑞士以7.7的平均分登顶，正处于严重经济衰退中的希腊排在等级的另一头，而美国则落到了中间部分。第二种则是通过正面的经历或感受，比如享受、感觉休息充分、微笑或大笑，再综合负面经历和不好的感受，比如痛苦、焦虑、悲伤，来衡量幸福感。冰岛、日本、新西兰在这个测试中排名靠前，麻烦重重的希腊则再次垫底。

换言之便是，看起来我们靠与人们交谈，询问他们的感受，就能在一定程度上对幸福做出衡量。如此说来，衡量幸福也不是什么难事。还记得边沁把幸福和不幸的概念替换成了快乐和痛苦，部分原因是后者是更精确、更容易观察、更科学的概念。上面的第一个有关生活满意度的调查，似乎主要关注幸福。而第二个有关正面和负面经历的调查，则似乎更接近于快乐和痛苦的衡量。当然，其中也有很多问题。比如，生活满意度满分是 10 分，我打 7 分，你说你也一样，可这能说明我们一样快乐吗？或许我过得挺凄惨，并且对于可能发生的事没有多高的期待，而你则是欣喜若狂那种快乐，但觉得自己还没充分实现你的潜能。即便在最好的情况下，我们也必须承认这类方法是不准确或者粗略的。然而，它们似乎又不是一无是处。

我们或许能足够精确地测量快乐和痛苦，来应用功利主义理论，然后选择能将快乐减去痛苦的值最大化的行为方式。边沁显然是这么认为的。我们至少可以相对有信心地说，这个理论可以应用，但它看起来又确实需要在边沁看来不够理想的某种程度的直觉判断。

功利主义与女性平等

杰里米·边沁的功利主义在 19 世纪初开始广为人知，既引来了忠诚的追随者，也招来了严厉的批评者。边沁的《道德与立法原理导论》首版 70 多年后，约翰·斯图亚特·穆勒在 1861 年出版了他的《功利主义》(1861/2001)，为该理论提供了进一步的支持，并驱散了那些在穆勒看来导致许多人认为该理论褊狭、无趣的严重误解。

其中一个是即便在今天也会有所耳闻的错误，与“功利”一词有关，该词似乎有干巴巴的效能的意思。比如，穆勒去世很久以后的第二次世界大战期间，英国生产的家具上会盖上一种被称作“功利标记”的符号。该符号的意思是家具符合最大限度利用紧缺资源的标准，没有不必要的虚饰、细节和点缀。如此理解的话，功利主义者就是做事井井有条、努力完成目标，但缺乏个人风格和魅力的人。说一个人是功利主义者，通常带有轻蔑或羞辱的意味，暗示或许这个人只注重短期的金融、官僚或狭隘的现实问题，忽略了真正重要的东西。在穆勒看来，对于该理论来说，没有比这更大的误解了。功利主义当然追求效能，但关注的是创造幸福和快乐中的效能，即最大多数人的最大幸福。在这个意义上，穆勒认为，功利主义一点儿都不“功利”。

穆勒捍卫边沁的理论或许是命运使然，因为他从小便被当作杰里米·边沁的哲学接班人来培养，而他把边沁视为自己的教父。[接下去，穆勒会成为名列20世纪最重要哲学家的伯特兰·罗素（1872—1970）的教父——真是一条奇怪的三代反宗教哲学家关系链。] 穆勒小时候所受的教育极为严格。在很小的时候，他便开始学习拉丁语和希腊语，彻底投入学习和激进政治中。他不和其他小朋友一起玩，也没参与过骑自行车这类童年活动。所以他在20多岁时精神崩溃过，或许也不算惊人。在那之后，他发展出了与边沁不同的观点，但仍然受到边沁思想的强烈影响。我们随后会考察这些不同之处。但现在，我们要先来看一下功利主义这种处理道德问题的进路如此吸引穆勒的原因。

妇女的屈从地位

尽管穆勒写《功利主义》是为了捍卫该理论，但出人意料的是，书中没有给出多少功利主义优于其他道德体系的例子。不过在许多别的作品中，穆勒为倡导社会改革，让人们获得更多的自由，倒是把边沁的观点用在了个人幸福的道德意义上。

例如，在他探讨女性平等的最重要、最具影响力的著作《妇女的屈从地位》(1869)中，穆勒记述了男权的普遍性，尤其是在传统婚姻中，并考察了它对人类幸福的危害。他把婚姻的专制比作奴隶制度：丈夫对妻子拥有绝对且极度不公的权力。他评论道，随着合法奴隶制在美国的终结，“婚姻成了我们法律中仅存的实质性奴役。合法奴隶没有了，家家户户的女主人除外”(1869/1996，p. 197)。穆勒深受妻子哈丽特·泰勒的影响，泰勒写过很多女权主义话题的文章，事实上，有人认为，《妇女的屈从低位》虽然以穆勒的名义出版，但其实是他和泰勒合著的。若果真如此，那对于一本探讨女权话题的书来说，这个结果着实有些诡异，不过，这或许正反映了成书年代的特征。

穆勒摆出了许多论证，呼吁终结男性对女性的专制和主宰。他坚定地认为，女性应该享有平等权。他也诉诸功利主义论点，在这里我们挑四个来讲。这些论点都提出，功利主义要求女性获得解放，因为她们的屈从地位对人类幸福不利。首先，穆勒主张，男性在成长过程中错误地相信他们优于女性，对男性自己不利，因为这种“傲慢与专横”(1869/1996,p. 199)以及受女性服侍伺候的预期，随着时间的推移，只会让他们自己过得很惨。其次，社会不允许女性在法律和医学行业中就业，等于拒绝了潜在人才库中的一半人。因此，女性解放可以“让智力总量翻倍，便于更好地服务人类”(p. 199)。再次，妻子在经济上彻底依赖丈夫，丈夫因此只能过一种安全、传统的生活。在穆勒的时代，已婚女性不能拥有自己的财产，因此在结婚后，妻子只能依赖丈夫。在穆勒看来，由于背负这种对妻儿的责任，许多男性只能选择传统的职业。他指出，男性会把注意力集中在积累资源上，以便供养妻子，为女儿们提供“有利的婚配”（p. 207），而不是冒险去做那些对个人来说更有成就感的工作，或者拥护不太受欢迎的事业。穆勒担心，一个男性若被人知道有非传统意见，会被上流社会拒绝，进而他女儿的婚姻前景会受到损害。最后，也或许是最明显的一点是，穆勒主张，处在屈从地位的女性会失去“最令人振奋、鼓舞的个人享受”，“对生活感到困倦、失望和深深的不满”，而这会“让人类幸福的主要源泉……干涸”（p. 215）。

值得注意的是，这里其实混杂了几种不同论证。论点一和论点三宣称，若女性受奴役，对男性也没好处，因为他们会变得傲慢，并做出保守的选择。论点二宣称，如果一半的智力被闲置，整个社会都会受影响。最后，论点四——终于有一个针对女性利益的论点了——提出，如果女性拥有全部的机会和更大的自由，她们会更幸福。当然，女性幸福是总体幸福的一部分。因此，功利主义理论鼓励甚至是要求将女性从压迫中解放出来。最后这一点是穆勒的重要著作《论自由》（1869）的中心思想，在这本书中，他再次提出，创造条件鼓励和促进个人自由，可以提升集体幸福感。

看过穆勒如何应用功利主义理论后，也就不难理解他对某些批评家指责功利主义是一种相当枯燥、琐碎的理论有所不满了。对于穆勒而言，功利主义激励他毕生致力于提倡彻底改革维多利亚时代的制度，因为那些制度将人的生活局限在了传统且令人懊恼的模式中。在穆勒看来，功利主义可以释放人的潜力，创造一个人人都能按照自己的方式获得幸福的世界，摆脱不加批判地遵守传统道德所导致的令人难以承受的随大流行为。

为功利主义辩护

现在，我们要来看一下穆勒在《功利主义》中要完成的主要任务：为该理论提供哲学根据。他的阐释十分类似边沁的措辞：

> 这一将“功利”或“最大幸福原则”作为道德基础的信条认为，正确的行为会相应地促进幸福，错误的行为则会带来与幸福相悖的结果。这里的幸福意指快乐和没有痛苦，不幸则指痛苦和缺乏快乐……快乐和免遭痛苦是唯一值得追求的目标……所有值得追求的事物……要么因为本身固有的快乐而值得追求，要么因为它是促进快乐和避免痛苦的手段。（穆勒，1861/2001，p. 7）

但是，究竟怎样才能证明功利主义的合理性呢？同边沁一样，穆勒也认识到了这个问题的艰难性。任何理论家提出他们所认为的某一领域的最基本原则时，似乎都受同样的方法论问题的影响。通常来说，我们在证明某个理论或者原则为真时，得从一个更为基本的原则将其推出。这在数学或逻辑学的各分支中都是常用做法，这也就是为什么有时候证明会被称作推论，因为它们是从更基础的公理或原则中推断出的理论。但我们越深入，问题就越严峻。最基本的公理又是从哪儿推断出来的呢？在他的回忆录中，哲学家、数学家伯特兰·罗素（前面提过，他是穆勒的教子）曾提到，他小时候发现哥哥教他的欧式几何中最基本的公理没有证明后，非常失望。如果想要有进展，便只能相信它们的正确性。但年幼的罗素想要的是证明，不是凭空相信。

对于功利主义者的困境，我们感同身受。如果功利原则是最基本的公理，它要怎么被证明？但不提供证明的态度，又会使功利主义的捍卫者不堪一击。假如另一位理论家提出了另一个与功利主义有差别的基本公理，如果不可能有任何形式的证明，那我们该怎么在二者之间取舍呢？

事实上，我们已经看到，杰里米·边沁巧妙地处理了这个问题，他用的是我们称之为排除论证的方法。虽然他已经明确说过，为功利主义找到“直接”证明是不可能的，但他似乎的确尝试给出了非直接证明。还记得他反驳了另外两种道德理论吧？分别是禁欲主义原则和同情与反感原则。实际上，他用两个步骤对功利主义进行了论证。在第一个步骤中，他邀请我们认同道德理论只有三个或者说三种类型。第二步，他主张其中两个有错误，需要被驳斥。由此似乎可以得出，只有一种道德理论是可接受的：功利主义。证明完毕。

这个论证合理吗？嗯，要想找到漏洞也不难。首先，道德理论确实只有三种类型吗？边沁并没有解释为什么只有三种类型，而且正如我们注意到的，他遗漏了许多其他道德理论。但即便先把这个问题搁到一边，边沁的证明也还有一个弱点。我们来看一下他的论证过程。

他否定禁欲主义原则的理由是，没人会真的接受它。我们还注意到，一些要求不太严格的禁欲主义版本主张的某些（虽然不是全部）自我克制似乎不合理，是因为它们毫无明显理由地阻碍着人类幸福。我们暂且认可边沁对禁欲主义原则的批评，看看他的论证能把我们引到什么地方吧。其次，他否定了同情和反感原则，理由是这一探讨道德问题的进路不够严格。实际上，它缺乏一个做出道德决策所需的公式。后面我们会问，期待有一个公式是否要求过高了，不过现在为了论证，我们姑且认为这个反驳指出了一个真正的缺陷。那么，我们手里还剩下什么？只有一个结论，那就是我们需要一个公式来帮助我们做出道德决定，而这个公式不能莫名其妙地压制快乐。

诚然，功利主义作为一个候选理论，是符合这些条件的。但关键问题是，它是唯一能做到这一点的理论吗？有没有其他理论在提供了一个公式的同时，也拒绝莫名其妙地否定快乐？嗯，确实有。有个简单的理论提出，真正重要的不是使快乐最大化，而是将其平均化。换言之，我们应该致力于确保世界上的每个人都一样幸福；因此，我们需要尤其关心那些最不幸福的人，尽管这样做可能会导致社会的总体幸福感下降。如果我们认为每个人都应该一样幸福，那我们就有了一个解决道德问题的公式。如果动点儿脑筋，我们还可以想出很多其他公式。说到底，边沁并没有证明功利主义是我们唯一的选择。

穆勒的“证明”

穆勒能比他强吗？他也尝试过某种形式的证明，并且这个证明已成为道德哲学中讨论得最多的段落之一。他是这么说的：

> 某个东西可以被看见，唯一能给出的证明，便是人们真的看到了它。某个声音能被听见，唯一的证明，就是人们听到了它。我们其他经验的来源也是如此。同样，我认为，某种东西值得追求，唯一可能给出的证明，便是人们确实在追求它。如果功利主义原则提出的目标，无论是在理论上还是在实践中，都不能被认可为最终目标，那就没有任何东西能说服任何人相信它就是最终目标。我们也无法给出任何理由来证明为什么总体幸福感是值得追求的，除非每个人都认为自己可以获得幸福，并且渴望获得它。但是，有了这个事实，我们便不光有了论证容许有的全部证明，也获得了所有可能需要的证明，那就是幸福是好的。每个人的幸福对那个人来说是好的，因而，总体的幸福对所有人的集合体而言也是好的。幸福已经证明了它是行为的最终目的之一，因而也就成了道德的标准之一。（穆勒，1861/2001，pp. 35—36）

尽管之前穆勒说过“最终目标”这个问题无法得到直接证明，但他确实在试图证明自己的立场，这确实有点让人困惑。无论如何，这个论证大概可以被认为是某种间接证明，那我们该如何理解它呢？

首先要指出的是，该证明似乎分为两部分。第一部分意在证明幸福是值得追求的。第二部分，穆勒试图表明的是“总体的幸福对所有人的集合体而言是好的”，而这个评价似乎被他用作陈述功利主义原则的另一种方式。

现在，我们来仔细考察穆勒在其“证明”中提出的两个论点。第一个论点首先提到其他的证明问题。我们怎么证明某样东西可以被看见？如何证明某种声音可以被听见？穆勒指出，唯一的途径就是依据事实，在可见性的例子里，就是人们看到了那个东西，在可听性的例子里，则是人们听到了那个声音。当然，我们可以质疑，但是为了论证，我们先接受穆勒的说法，也就是某样东西可以被看到的唯一证明，就是人们看到了它。

然后，论证进入下一阶段。正如某东西可以被看见的唯一证明就是人们看见它一样，某种东西值得被追求的唯一证明，就是人们追求它。我们已经知道，这种论证被称作**类比**论证（见第一章）。穆勒刚刚的阐述，我们可以称之为可见性逻辑。他是在说，“可以被看见”（visible）和“值得被追求”（desirable）这两个说法在逻辑上足够类似，我们关于被看见的说法，通过类比和适当的调整，可以应用在被追求上。如果是这样，他接着就必须证明人们真的在追求幸福。但是，他认为这个步骤是明摆着的事实，几乎不需要进一步的阐释。由此，可以得出幸福是值得追求的，论证的第一阶段结束。

但他的证明果真如此干净利落吗？道德哲学家 G. E. 摩尔（1873—1958）认为不是：

> 这一步犯的谬误太明显了，穆勒没能看出来也是挺绝的。事实是，“visible”的意思是“可以被看见”，但“desirable”的意思却不是“可以被追求”。the desirable 指的是应该被追求

或者值得被追求的东西，就像 the detestable 的意思不是“可以被痛恨”，而是“应该被痛恨的东西”，the damnable 则是指应该被谴责的东西一样。（摩尔，1903/1993，pp. 118—119）

这个尖锐批评的意思是，可以被看见和值得被追求这两种说法根本不可类比。visible 的意思是“可以被看见”，如果类比成立，那么 desirable 的意思便应该是“可以被追求”，但其实不是。通常我们用 desirable 这个词时，指的是“应该被追求”。我们充其量可以说，如果人们追求某个东西，就表明这个东西可以被追求，但并不能表明它就应该被追求。比如，一名康复中的嗜酒者可能会说：“我真的想（desire）喝一杯威士忌，但喝一杯并不可取（desirable）。”这就足以说明，仅仅因为某个人追求某个东西，并不能证明那样东西就是值得追求的。因此，G. E. 摩尔等批评者认为，visible 和 desirable 之间的类比站不住脚，论证因而也不成立。

当然，穆勒确实可能犯了这个错误。如果他解释得更明确些，或许会有帮助，但在伟大哲学家的著作中，事情通常并不像表面看起来那么肤浅，因此一般来说，我们有必要多花一点时间去找找理解此类内容的其他方向，然后再断定它们犯了明显的谬误也不迟。所以，我们就来进一步探讨可以被追求（desired）和值得被追求（desirable）之间的差别吧。

基本上来说，穆勒的批评者宣称，仅仅是追求某样东西，并不足以表明这个东西值得被追求。嗜酒者渴望喝酒，但喝酒并不可取。当然，穆勒可以问：为什么嗜酒者喝酒是不可取的？因为一杯完了会想再喝一杯，没完没了，最终导致灾难性后果。事实证明，嗜酒者追求的东西是不值得追求的，因为这可能会妨碍更基本或更重要的追求，即保持清醒和健康。那么，这个例子只能表明不同的欲望或追求之间会发生冲突。有些欲望其实不值得追求，原因只是它会同更基本的欲望发生冲突。按照这种解读，我们可以这么来理解穆勒的立场：被追求的东西是值得追求的，除非满足它会同更重要的追求发生冲突。他会不得不承认，对于嗜酒者来说，只是想喝酒并不能表明酒是值得追求的。但他会宣称，我们判断某样东西是否值得追求的唯一方式，便是看一看这个东西在总体上是满足还是阻碍了更多或更重要的欲望。然后，穆勒会总结说，可以被追求和值得被追求之间的区别，实际上并没有摩尔或其他批评者宣称的那么重要。

出于这个理由，对穆勒来说，值得追求的含义就成了“将一切，即包括未来的后果通盘考虑之后可以被追求的”。这可以拯救他的论证吗？不行，这里还是有些麻烦。行动只有在某些方面有害时才是不值得追求的这个观点，本身就是功利主义信条的核心。所以，穆勒可能被指责为是在用功利主义来证明该理论自身。我们前面已经看过，这在哲学中叫作**乞题**：这个古怪说法的意思是你预先假设了你准备要证明的东西为真。如果一个论证乞题了，那就等于什么都没证明。这个批评换一种说法来讲则是，穆勒使用了**循环论证**（见第一章）。穆勒的反对者可以主张，某项行为可以在不被人追求的情况下仍然值得追求。比如，某种谁都不追求的行为，仍然可以因为符合上帝的旨意或我们社会的古老传统而被判定为是值得追求的。所以看起来，我们似乎得在很多方面与穆勒达成一致意见，才能得出“值得被追求”和“可以被看见”的类比是合理的。或许，穆勒的“证明”更多是一种对功利主义观点的阐释而非论证。

聚合幸福

也许我对穆勒太苛刻了。也许他已经证明了，某样东西值得追求，当且仅当人们真的追求它（把一切情况都考虑在内）。但即便如此，这也只是该论证两个步骤中的第一步——试图表明幸福是值得追求的。那么，如果论证的这个阶段证明了什么，也仅仅是确立了我们先前在本章中提到的功利主义善理论：幸福，并且只有幸福，是好的。但要证明将全部或总体幸福最大化的理论是正确的道德理论，却是另外一码事，因为该理论还包含了功利主义对理论。而这是第二个步骤试图证明的东西。

穆勒提出，一旦确立了每个人的幸福对那个人而言是好的，就可以得出总体的幸福对于所有人的集合体也是好的。但这是什么意思，其实并不完全清晰。是在说总体的幸福对于每个人都是好的吗？如果同样的事情让我们都同等幸福的话，也有可能得出该结论。可现实世界不是这么运转的。你的球队跟我的球队比赛，你的球队获胜时，我们的幸福感是完全相反的。功利主义必须妥善处理生活的现实：有时候为了一个群体幸福，另一个群体就得痛苦。在穆勒出版《功利主义》将近100年前的1788年，伟大的德国哲学家伊曼努尔·康德（我们将在后面的章节中详细讨论他）指出，如果我们每个人都只追求自己的幸福，那结果极有可能是社会的毁灭，而非和谐，因为我们的意志极有可能发生冲突。还记得前面章节中提到的艾克人、霍布斯的自然状态和囚徒困境吧。

有人或许很想说，功利主义最好的辩解就是，它看着就对。但是这么说大有问题，等于是说我们赞同功利主义，仅仅是因为我们喜欢该理论。可这不正是边沁认为同情和反感原则不对的地方吗？如果有人说他不喜欢功利主义，我们该怎么说？功利主义的证明之所以如此重要，功利主义者之所以恼火于它的证明如此困难，原因就在于此。

本章回顾

小结

本章开头先陈述了边沁对功利主义理论的阐释，并以此为背景介绍了他如何反驳那些他反对的观点。接着，我通过考察边沁的快乐和痛苦概念，对他的理论做了进一步澄清，我们还探索了衡量幸福这个棘手问题。接着，我们考察了约翰·斯图亚特·穆勒如何利用功利主义理论来反驳对女性的压迫。此外，我们还考察了怎么来证明功利主义，看了边沁的排除论证、穆勒人尽皆知的“证明”和摩尔同样有名的回应。功利主义可能仍然未能被证明，但边沁和穆勒向我们展示了该理论在消解古往今来的偏见、释放人类幸福方面所拥有的巨大潜力。

讨论题

1. 边沁如何论证功利主义的正确性？
2. 功利的人际比较问题有多严重？
3. 为什么功利主义有助于终结女性的受压迫状况？
4. 穆勒对功利原则的“证明”有说服力吗？

关键词

功利，p. 178
排除论证，p. 179
道德感，p. 184
善理论，p. 185
对理论，p. 185
功利的人际比较，p. 187
类比，p. 197
乞题，p. 199
循环论证，p. 199

关键思想家

杰里米·边沁（1748—1832），pp. 177—194
柏拉图（公元前 429？—公元前 347），p. 180
亚里士多德（公元前 384—公元前 322），p. 180
伯特兰·罗素（1872—1970），pp. 190，194
G. E. 摩尔（1873—1958），pp. 197—198
伊曼努尔·康德（1724—1804），p. 200

延伸阅读

* 杰里米·边沁的《道德与立法原理导论》由 Athlone Press（1970，首版于

1789 年）出版。作品的节选可参见乔纳森·沃尔夫（编），《道德哲学选读》（W. W. Norton, 2018）。

* 约翰·斯图亚特·穆勒在伦敦公园发现死婴的故事，引自理查德·里弗斯（Richard Reeves），《约翰·斯图亚特·穆勒：维多利亚时代的火把》（*John Stuart Mill: Victorian Firebrand*, Atlantic Books, 2008）。
* 有关幸福的衡量，可在线查看《世界幸福报告》（worldhappiness.report）和"经济合作与发展组织幸福生活指数"（oecdbetterlifeindex.org/topics/life-satisfaction/）。检索于 2017 年 1 月 25 日。
* 约翰·斯图亚特·穆勒的《功利主义》（*Utilitarianism*）版本众多，比如 Hackett 就出过一版，编者为乔治·谢尔（George Sher）（2001，首版于 1861 年），我在本章中引用的部分即选自这个版本。该书的节选可参见乔纳森·沃尔夫（编），《道德哲学选读》（W. W. Norton, 2018）.
* 穆勒的《妇女的屈从地位》（*The Subjection of Women*，首版于 1869 年）的相关引文，选自《时代精神、论自由、妇女的屈从地位》（*The Spirit of the Age, On Liberty, The Subjection of Women*, W. W. Norton, 1996）。
* 伯特兰·罗素有关证明的说法，引自他的《自传》（*Autobiography*, Routledge, 2009）, p. 25。（首版于 1951 年。）
* G. E. 摩尔的论证摘自他的著作《伦理学原理》（*Principia Ethica*，修订版，1993），编者为托马斯·鲍德温（Thomas Baldwin）。（首版于 1903 年。）
* 伊曼努尔·康德有关自利和混沌的论证，出自他的《实践理性批判》（*Critique of Practical Reason*, Bobbs-Merrill, 1956），p. 27。（首版于 1788 年。）

第九章

对功利主义的质疑

做一个不满足的人要比做一头满足的猪要好，做不满足的苏格拉底要比做一个满足的傻子要好。如果傻子或者猪有不同意见，那是因为其只知道自己那一面的问题。而对比中的另一方却对两面都了解。

——约翰·斯图亚特·穆勒，《功利主义》

幸福是唯一的至善吗？

在第八章中，我们了解了功利主义的起源、约翰·斯图亚特·穆勒（1806—1873）如何利用该理论主张终结女性的屈从地位，以及他和杰里米·边沁（1748—1832）怎样试图证明该理论。给出证明很难，但这并不意味着证明是不可能的。该理论的许多积极方面值得我们花时间做更详细的考察，看看它可能拥有的优势和不足。

我们在前面已经看到，功利主义可被分成两个子理论：一是善理论，告诉我们幸福（或者快乐、避免痛苦）是唯一的至善；二是对理论，告诉我们正确的行为总是那种能将善（也就是幸福）最大化的行为。穆勒观察发现，归根到底，幸福是人或直接或间接追求的唯一东西，因此他认为这就表明幸福是唯一的善。现在，我们要来考察一下这个问题，看看穆勒说得对不对。我们会尤其关注其他哲学家提出的一系列旨在证明穆勒不对的反驳意见。在这些批评者看来，幸福并不是唯一的至善，因此，功利主义善理论是不对的。

“狭隘性”反对理由

对穆勒的理论最明显的挑战之一，我们称之为“狭隘性”（narrowness）反对理由，即功利主义善理论太过狭隘，因为幸福只是善的一种。比如，知识和伟大的艺术作品，可以在不考虑它们对快乐造成何种影响的情况下，被认为是好的。不过，穆勒认为这只是一种肤浅的反驳。这类东西为什么被人重视？穆勒认为，完全是因为它们能给人带来幸福。为你的艺术努力挣扎是值得的，因为它最终会带来快乐，即便不是给你，也可以给他人，或者更确切地说，是你希望它能带来快乐；但你必须认定这种冒险是值得的。

这个论点有多少合理性？我们很难知道如何去评估它。确实，人们会说，他们的行为并不以快乐为目标。伟大的艺术家或作家或许执迷于自己的作品，将全部的时间和精力投入其中，有时甚至会因此而得病或者陷入很深的痛苦；但他们有一种紧迫感，觉得必须创造出最好的作品，即便这个可能永远无法完成，或者不会被人看到。我们该怎么评价这类人呢？假设你在体育运动甚至是哲学上投入了大量的时间和精力，你这么做是在追求幸福吗？如果是的话，那你大可以找更容易的事来达到同样的目的，比如看电视或者吃披萨。实际上，你付出这份努力，看起来似乎仅仅是为了竭力在体育或者哲学上做到最好。用19世纪功利主义哲学家亨利·西季威克（1838—1900）在他的著作《伦理学方法》中的话来讲便是，你是为了追求优秀而追求优秀。你可能想在体育上表现出色，仅仅是因为你想在这上面表现出色。如果我们认同这一点，也就能接受有些人渴望创造艺术或者从事体育或哲学，仅仅是为了在这些领域取得卓越的成就，而不是为了它可能带来的幸福。如我们已经看到的，如果穆勒主张，某样东西值得被追求的唯一证明，便是人们追求它的话，那他就必须承认艺术创作等也是值得追求的，因而也是好的。无疑，我们还可以将许多其他目标也包括进来。当然，在穆勒看来，这并不是一个决定性的反驳。他可以继续坚持说，基本上而言，所有的人类活动在潜意识中都是以感受快乐、避免痛苦为目标的。可是，就像我们已经在第六章中看到的对心理利己主义的辩护一样，诉诸潜意识动机会越发显得绝望和教条主义。

不过，西季威克或许有更好的回答。他在指出我们既追求优秀，也追求幸福后问道，我们为什么这么做？看起来好像并不总是为了自己的快乐。但是他认为，我们有意识或无意识地努力完成优秀作品，最终是为了他人的幸福。想一下那些曾为自己的作品而受苦的伟大艺术家或音乐家。如果觉得自己的画作永远不可能被人看到，或者自己的音乐永远不可能被人听到，那他们还会去画画或者作曲吗？诚然，是有各种充满了浪漫色彩的故事，讲某些艺术家完成作品后又将其毁掉，但我们通常认为这些人是游走在疯狂边缘的。或许这就是西季威克把追求优秀是一种给他人带来幸福的手段这个观点，描述为一种合理性理论而非必要性理论的原因所在。换句话说，西季威克认为，尽管为了追求优秀而追求优秀是有可能的，但那么做是不理性的（1874/1981，p. 406）。他说得对吗？要知道如何回答似乎很难，但是，去创造什么东西，仅仅是为了看看你能不能做到，无所谓别人会不会欣赏它，并非明显不合理的事。或许那些疯狂做仰卧推举的人就是这样。

“行动性”反对理由

我把我们上面讨论的质疑称为狭隘性反对，是因为它提出功利主义将善等同于幸福太狭隘了。下面要讲的第二种反驳是上一种的重要变体：真正重要的不光是我们拥有的快乐和痛苦的主观感受，还包括我们如何行动。我们将其称为“行动性”（agency）反驳，下面这段摘自美国哲学家罗伯特·诺齐克（1938—2002）的《无政府、国家与乌托邦》中的内容，便突出地阐明了这个反驳：

> 假设有一个体验机器，可以给你任何你渴望的体验。顶呱呱的神经心理学家可以刺激你的大脑，让你认为并感觉到自己正在写一部伟大的小说，或者正在交一个朋友，或者正在读一本妙趣横生的书。而在这期间，你其实漂浮在一个容器中，大脑上连接着电极。你应该一辈子都连上这台机器，预先设定好你的人生体验吗？如果你担心错过值得体验的经历，我们可以假设商业机构已经全面研究过许多其他人的人生。你可以从大杂烩一般的数据库中选择各类经历，比如，选择你接下来两年

的人生体验。两年之后，你会有十分钟或者十小时的时间从容器中出来，选择接下来两年的经历。当然，你在容器中时，不会知道你正在里面，你会认为你所经历的都是真实发生的事情。其他人也可以连上去，拥有他们想要的体验，所以没有必要为了服务他们而不去连。(忽略诸如大家都连上的话谁来保养机器等问题。)那么你会连吗？除了我们内心对生活有何种感受外，还有什么对我们而言是重要的？（诺齐克，1974，pp. 42—43）

诺齐克这个引人入胜的思维实验，让我们关注的是什么对我们而言最重要的问题。他的看法当然是，最重要的不完全是事物让我们有怎样的感受，而是我们是否真的完成了我们努力想要在人生中完成的那些事。虽然你的人生快乐无比，你相信自己过了兴奋、快乐和有成就的一生，但如果这一切都建立在某种幻觉之上的话，那似乎充满小成就的平凡人生反倒更可取。真实生活中偶尔会出现类似问题，虽然没有这么戏剧化，却更为重要，比如医学伦理学中的一些事例。前几十年，不告诉人们他们患上了绝症是惯例，理由是让他们幸福而无知地度过人生的最后几年或者几个月更好。但现在，故意隐瞒此类重要的健康信息——且不管这会让当事人多不幸福——属于可以在法庭上提出控告的行为。因此我认为，我们必须承认，这些例子削弱了快乐是唯一的善这种主张。

“邪恶的快乐”反对理由

第三种质疑功利主义的论点是，不是所有快乐都是好的，我们可以称其为“邪恶的快乐”（evil pleasures）反对理由。有施虐倾向的人折磨他人时的快乐，与受害者感受到的痛苦相比，有资格被说成是善吗？我们还可以找到许多其他例子，比如强奸犯、娈童犯或者恐怖主义者的快乐。在第八章中，我们举过一个例子，某个人发现自己厌恶的人在车祸中受伤后非常高兴。知道有些人以作恶为乐或者喜欢幸灾乐祸，似乎只会让情况更糟，而非稍微好一些。我想，唯一能说的就是折磨者的快乐是好的，但完全被折磨带来的痛苦盖过了。不过，这个想法似乎实在不合情理。再怎么讲，如果折磨者在折磨人时不快乐，才是一个在道德上更美好的世界吧。

“质量”反对理由

穆勒自己比较担心第四种对功利主义的质疑：按照边沁的观点，所有快乐都处于同一级别，需纯粹按照各自的强度和时长来评估。在这一点上，边沁十分坚决：重要的是快乐，而不是其源头。边沁提出过一个名声不太好、颇具争议的观点，断言“针戏和诗歌一样好”，反正穆勒是这么引用他的话的，只是稍有出入。（针戏是一种类似孔明棋的游戏。）穆勒觉得这个观点很难接受，主张除了快乐的数量外，质量也很重要。

鉴于此，我们可以把这个论点称为“质量”（quality）反对理由。穆勒说：“承认有些类型的快乐要比另一些更值得追求、更有价值，是与功利原则十分契合的。”（1861/2001，p. 8）在一种意义上，边沁会立即赞同，即如果某种快乐更强烈或者持续时间更长，那就比别的快乐更好。但穆勒其实另有所指，快乐的质量各有差别。一种快乐比另一种“较高级”的前提是，一个人把两种快乐都体验过之后，无论再有多少“较低级”的快乐，都不愿意放弃“较高级”的那种快乐。如果用边沁的例子来反驳他，我们可以合理地假设，那些充分、彻底地体验过诗歌和针戏的人，无论可以玩多少针戏，都不会放弃诗歌。正如穆勒（在本章开头的引文中）说的：

> 做一个不满足的人要比做一头满足的猪要好，做不满足的苏格拉底要比做一个满足的傻子要好。如果傻子或者猪有不同意见，那是因为其只知道自己那一面的问题。而对比中的另一方却对两面都了解。（穆勒，1861/2001，p. 10）

人们通常认为，穆勒将所有的快乐分为两类，较高级的快乐和较低级的快乐，他可能确实是这么想的。但严格来讲，他的论证其实可能包含多种质量等级不同的快乐。不管可以玩多少针戏，我可能都不会放弃诗歌；但同样，无论可以花多少时间读诗，就算我觉得读诗能带给我很多快乐，我可能也不会放弃完成大学学业的雄心。

对于穆勒的论证，我们还可以提出许多问题。首先，二者都体验过的那些人，果真有诗歌比针戏更高级这种共识吗？我们每个人上学的时候几乎都学过诗歌，其中一些学得还很深入，乐此不疲。可在那之后，大多数人可能连一本诗集都没有再翻开过，却在现代版的针戏上投入了几千个小时，比如玩最新的电子游戏或手机游戏。此外，那些不会为针戏而放弃诗歌的人，也很可能不会为了诗歌而放弃针戏。人们或许会指责穆勒把质量之间的差别与我们每个人都在生活中追求多样化搞混了。大部分快乐会减弱，或者更常见的是完全消失。在经济学中，这被称为**边际效用递减**（diminishing marginal utility）：吃巧克力，第一块要比第二块、第二块要比第三块更让人快乐。因此，我们通常不愿意只专注于一种类型的快乐，且不论是什么样的快乐。

顺便提一句，值得注意的是，边际效用递减在功利主义理论中十分重要。比如，基于这一根据，当代功利主义哲学家彼得·辛格（生于 1946 年）就曾主张对收入进行彻底的重新分配（辛格，1972）。有钱人手中的一美元能给予他或她的效用，远不如穷人手中的一美元，因此，把富人的财富分给穷人，可以将幸福总量最大化。功利主义通常也是这么建议的，当然前提是重新分配要做得冷静、克制，整个过程本身不会引发巨大的不幸福感。

回到主要论点上。我们或许会指责穆勒有一种人类至上的傲慢。他告诉我们做不满足的苏格拉底要比做满意的猪好，如果猪不同意，那只是因为它只了解自己的那一面。这或许是一个很好玩的笑话，但我们同样也可以问：苏格拉底又对猪的那种吃饱喝足后在泥里无忧无虑打滚的生活了解多少？但或许，要想象也不难。比如我们压力很大的时候，或许会觉得猪的生活还更好呢。如果我们真的接受穆勒这种对快乐等级的区分，反而会引出更大的问题。边沁那种简洁的功利主义，好就好在至少从原则上来讲，我们知道该怎么应用它。所有的快乐和痛苦都被放在同一个秤上来称，然后进行比较。但如果我们接受了穆勒对较高级和较低级快乐的区分（或许还有较高级和较低级的痛苦？），那么这个理论就相当复杂了。他是在说，无论有多少较低级的快乐，社会都永远不能放弃较高级的快乐吗？我们难道应该为诗歌而放弃一切？穆勒当然不会这么主张。只有有了较低级的快乐，才能拥有较高级的快乐。我们得先吃饭，然后才能创作出好诗。难道穆勒是在说，我们应该追求较低级的快乐，但程度只需要到它们可以让我们有能力享受更高级的快乐就行？

这个理论现在看起来越来越不像边沁那种民主的功利主义（每个人都得算一个，没有谁比谁更重要），而更接近于一种高度的精英主义，比如弗里德里希·尼采的观点（见第三章）。如果有人，比如苏格拉底，比傻子更能享受高级的快乐，那他们是否应该在功利主义计算中被给予更大的权重？对于如何修正功利主义以适应快乐的质量差异，穆勒并未给出解释。

“无关性”反对理由

最后，我们应该至少提一下另一个可能的反对理由，即幸福根本不是善。我们就称之为“无关性”（irrelevance）反对理由吧。前面已经讲过，边沁曾思考被他称为禁欲主义的理论，该理论将功利主义颠倒过来，认为快乐是坏的，而痛苦才是好的。但是还有一种观点认为，幸福同道德完全没有关系，本身也无所谓好或者坏。在《偶像的黄昏》中，弗里德里希·尼采（1844—1900）曾轻蔑地评价道：“人不争取幸福，只有英国人才那么做。”（1888/1954，p. 468）他写下这句话的时候，脑子里很可能想的是功利主义者，只是大概不知道约翰·斯图亚特·穆勒其实是苏格兰人，至少从祖籍上来说是这样的。其实，伦理学中的一个重要传统认为，将道德推理建立在幸福概念之上是很大的错误。这个问题我们暂且搁下，到第十章中再行讨论。

现在我们来做个小结。我提出穆勒认为幸福是唯一的至善这个观点到底对不对的问题，然后考察了“狭隘性”“行动性”“邪恶的快乐”“质量”“无关性”这几个反对理由。但它们都未能彻底拒斥该理论，因此，某个功利主义的虔诚拥护者依然可以坚持说这些理由是可以被驳斥的。当然，这些质疑确实让事情变复杂了，但只有最后一个反驳认为穆勒错误地把幸福当成了人类善的核心部分——这个反对理由，大部分人应该很难当真。

幸福最大化

如果归根结底，穆勒说得对，幸福确实是至善呢？能否由此得出竭力创造尽可能多的幸福就是正确的？我们已经在第八章中看到，穆勒在试图证明功利原则时，说“每个人的幸福对那个人来说是好的，因而，总体的幸福对所有人的集合体而言也是好的”（穆勒，1861/2001，pp. 35—36）。但其棘手之处在于，有时候能让某些人幸福的事物，会让其他人不高兴。功利主义告诉我们要去追求那种可以让总的幸福减去总的不幸福的值达到最大的行动方向。但穆勒（和边沁）要回答的问题是，这是否总是合乎道德的正确做法。

不过，如果拓宽讨论范围，我们会发现很多其他理论也会遇到同样的问题。比如，以某个采纳了前一小节中所提到的一些批评的理论为例——我们不再认为折磨他人取乐这类恶意的快乐是好的，而艺术和文化仍然被认为是好的，不论其对幸福的影响如何。这种修正后的观点严格来说并不是功利主义，因为它已经不再主张幸福是唯一的至善。但是，我们再假设该理论认为，我们应该最大化非恶意的幸福，以及艺术和文化。那么，它仍然是从善的角度来定义什么是正确的行为。如此来说，这种观点其实是**结果主义**（consequentialism）理论的一种形式，它根据行为的结果来判断行为的对与错。功利主义只不过是结果主义的一个例子。

结果主义的替代选项还包括康德那种以责任为基础的**道义论**（deontology），我们将在第十章和十一章中对此做进一步考察。主张道义的理论在定义正确的行为时，通常不是以幸福最大化为根据的，而是会遵循一系列限制我们有可能做什么的道德规则。比如，思考一下道德禁止谋杀的两种可能的理由。道义论者可能说，谋杀总是不道德的，因为尊重他人是我们的基本道德义务，而谋杀是一种严重的不尊重。结果主义者则会将谋杀的不道德之处，最终归结为谋杀导致的不幸要大于幸福。这个例子表明了两种理论的区别：结果主义将导致有害后果的行为判断为错误的行为，而道义论或者以义务为根据的理论则主张，违背了某一特定道德规则的行为，便是错误的行为。

结果主义确实有其吸引人的地方。在评价行动是否符合道德时，它主要着眼于未来而非过去，因此看起来相当地以实际为导向。但功利主义其实有一个严重问题：仅仅着眼于结果会导致功利主义者做出看起来错误的判断。这就是为什么功利主义会得出反直觉的结果，如前所见，我们会在直觉上认为这类结果难以接受，因为它们看起来违背了某种道德常识。另一个相关问题是，在某些案例中，结果主义的批评者指出，即便功利主义得出了正确的答案，其原因有时也是错误的。该理论只是碰巧或偶然弄对了（本有可能是别的结果）。我们可以称之为**偶然性**（contingency）问题。接下来，我们要进一步讨论反直觉结果的问题，然后在下一小节中考察功利主义可以如何回应。而偶然性问题，我们将在本章的最后一节中来讨论。

反直觉的结果

反直觉结果的一个著名例子，关注的是功利主义理论如何处理惩罚问题。早期的一种批评是在穆勒去世很多年之后，由哲学家 E. F. 卡里特（1876—1964）在其著作《伦理和政治思考》（1947）中提出的：

> 功利主义者必然认为，只要目的是避免更严重的痛苦或者带来更大的幸福，我们便有正当理由施加痛苦。因此，在所谓的惩罚问题上，我们仅需要考虑这一点，惩罚的目的必须纯粹出于预防犯罪。但是，如果某种极其凶残的犯罪频频发生，歹徒却一个都没被抓到，那么可能采取的上策便是绞死某个无辜之人。当然，前提是对他的指控，要设计得让所有人都认为他确实犯了罪……如此一来，绝对可以威慑犯罪分子，从而带来幸福。（卡里特，1947，p. 65）

菲利帕·富特（1920—2010）也举过一个类似的例子，即“电车难题”：为了拯救其他人，需要牺牲一个无辜之人（见第一章）。另一个讨论较多的例子更进一步讨论了这个问题，涉及的则是临终承诺，其中一个版本是这么讲的：假设你爷爷一直希望你研读伟大的哲学著作。他在临终时要你保证你在大学里至少会选一门哲学课。

但是，你的抱负是成为一名海洋生物学家，所以学哲学纯粹是无谓的浪费时间。你觉得哲学既艰深又讨厌。但为了不在爷爷去世前还惹他不高兴，你答应——在当时确实也真诚地相信——你会选哲学课，而且会好好学。那之后不久，他便不幸去世了。没人知道你做了这样的承诺。那你还有道德义务去选那门课吗？你明白那会给你，或许还有你的讲师，带来不快。那么看起来，幸福要达到最大化，就要违背你的承诺。由此，我们似乎可以得出，功利主义是在告诉你，你有道德义务违背诺言。这对吗？

这些例子依据的理念是，功利主义似乎只关心功利或幸福的最大化，并没有说明我们要如何做到这一点。在卡里特的例子中，政府可以通过惩罚某个无辜之人来使功利最大化，因为那会震慑他人、减少犯罪，进而对所有人都有利。从功利主义的角度来看，如果社会的焦虑情绪越来越高，或许都到了引发公众骚乱，导致暴力和破坏发生的程度，那么这种处理方法似乎非常有利。在这类情况下，陷害某个无辜之人可以让大家冷静下来。确实，遇上紧急情况的话，极端手段确实可能被认为有必要，但是如此一来，会制造极端的不公正。卡里特例子里的那个无辜之人绝对可以抱怨说，不应该为了公众利益，就那样牺牲某个无辜的个人。由此看来，功利主义容许甚至需要不公正的行为。

功利主义哲学家有太多话要回应。首先，上述情况存在不确定性，因而陷害无辜之人不一定有效果。说到底，犯罪行为还有可能照旧发生。真正的罪犯依然逍遥法外；如果我们认为他们已经被绳之以法的话，也许会放松警惕。其次，如果无辜之人被诬陷的消息不胫而走，那更大的麻烦可能会随之而来。法律体系会严重失信，到时候谁敢说会发生什么？所以，通过诬陷这个倒霉蛋，我们便能将功利最大化的想法，似乎很不合理。

不过，这里也确实暴露出了一些东西。批评者宣称他们找到了一个功利主义需要不公正行为的例子。而功利主义者则回答，我们如果更仔细地考察该例子，可能会发现这个例子没有用。然而，这个回答并不足以表明批评者不可以想出更好的例子。要说的点已经表达清楚了，那就是从原则上讲，功利主义会允许严重的不公正行为，前提是该行为能促进总体利益。他们可以宣称，没有哪种合情合理的理论会允许不公正，即便在原则上也不会。这一批评被认为是功利主义者面临的可能最严重的指责。因此，为了应对这样的反对，功利主义思想家构想了一系列更为成熟的理论版本。接下来，我们就来考量一下这些更为成熟的功利主义形式。

对功利主义的修正

对卡里特的“替罪羊”反驳理由最明显的回应是，确实，诬陷某个无辜之人可能起到威慑作用，暂时平息事态。但如果消息传出去，说无辜的人虽然没有真的犯罪，但也可能遭到惩罚，那么结果对于幸福而言是不堪设想的。很多人会对这种不公感到义愤填膺，开始极度担心我们中的随便某个人会在未来遭遇什么——谁将是下一个替罪羊？其中的矛盾显而易见，试图在短期内将功利最大化，从长远来看会造成严重问题。这种观点引发了功利主义者的诸多努力，他们试图对该理论做出修正，将行为的直接后果从更宏观的背景中分离出来。

行为和规则功利主义

最广为人知的对功利主义的修正尝试，或许是在两种功利主义之间做出区分：**行为功利主义**（act utilitarianism）和**规则功利主义**（rule utilitarianism）。到目前为止，我们一直在讨论行为功利主义，也就是说，行为是否合乎道德，要取决于其预期的结果。而规则功利主义首先关注的不是行为，而是规则。

规则功利主义已暗含在边沁和穆勒的思想中，但第一个明确提出它的人，可能是经济学家罗伊·哈罗德（1900—1978）。他采用的例子是功利主义对待说真话的态度（哈罗德，1936）。假设我正在琢磨要不要说谎。一方面，谎言可能有正面影响：我也许避免了某个人感情受伤，或者可以让自己从什么困局中脱身。只这一个谎言，只在一个场合讲，好像不会带来太严重的负面效果，除非我被人戳穿。但想象在某个世界中，人人皆可在功利主义的计算有利于幸福最大化的时候说谎，那么每个人讲出的话便会立即遭到怀疑。如果我知道当谎言可以促进功利时你会愿意说谎，那我还怎么相信你说的任何话？说真话这种行为将无以为继，而结果，即便从功利主义角度来看，也将是灾难性的。

因此，哈罗德提出，功利主义应该是一种由法律或规则组成的道德规范。他承认，功利主义者当然需要设立一种将功利最大化的道德规范，但他辩称，除了在极端异常的状况下，如果这种道德确实能将功利最大化，那它就很可能会包含一系列不应该违背的规则。比如“永不说谎”这条规则，便会比“当谎言可以促进功利时就说谎”的规则，更能促进功利——虽然几乎有些自相矛盾。

类似地，规则功利主义还为我们上面思考过的替罪羊例子提供了答案。虽然行为功利主义可以为惩罚一个无辜之人找到合理性，但“只要处罚某个人，且不论其是否有罪，能将功利最大化，就可以这么做”的规则，会吓坏所有人，引发极端的焦虑。我们谁都无法知道下一个替罪羊会不会是自己。人们一旦对法制以及公平审判权失去信任，便会导致总体功利的崩溃。我们需要一种更好的规则，而看起来能够将功利最大化的规则便是“永不惩罚无辜之人”。

当然，有些批评者认为，规则功利主义也不合理。假设我们设定了“永不惩罚无辜之人”的规则，可在某种特定的场合，那么做可以大大地促进功利。比如，修改一下卡里特的例子，假设总统遇刺，引发街头暴乱，如果不找到凶手，内战便会一触即发。而如果我们逮捕某个无辜的人，把他关进监狱，几个星期后再放出来，则有可能平息动乱，为抓住真凶争取到足够的时间。这是审判不公，但与它能带来的好处相比，似乎微不足道。看起来，我们应该换一条新规则：“永不惩罚无辜之人，除非这么做可以大大地促进功利。”可按照这个规则来判断的话，我们又得开始具体考量每一种行为，而规则功利主义也将崩塌，变成行为功利主义。最终，我们又回到了原点。

规则功利主义者必须抗拒修正规则的诱惑，或者确保平头百姓永远不会知道规则被修改了。说到底，上面讨论过的那种程度不严重的替罪羊案例——当事人只是蹲几个星期的监狱，而非被处决——似乎偶尔能找到合适的理由。但只要公众发现了事情真相，局势便有可能恶化。什么样的理论能为如此误导公众提供合理性呢？

其中一种办法让人回想起了西季威克在其著作《伦理学方法》（1874/1981）中提出的一个较老的论证。他指出，从功利主义的角度来计算会无比麻烦。想一想都需要做些什么吧。首先，我需要考虑摆在我面前的所有可能选项。在决定是否要说谎这种简单的例子中，选项是说谎，或者说真话——虽然大部分情况很少会这么简单。但情况再简单，我也得思考所有可能的后果。我会不会被揭穿？如果被揭穿了，会不会流言四起，说我是骗子？如果流言传开了，别人会嘲笑我还是会感到惊讶？这会给我和我的朋友，甚至是讲真话这一惯例造成怎样的伤害？说谎的行为虽然简单，但也能如树枝分杈那样，延伸出一整树可能发生的未来。功利主义者需要估算各种结果的可能性，以及会造成什么样的影响。

这里会有几个问题。首先，我真的能想到所有可能发生的未来吗？其次，即便能想到，那我可以正确地估算出它们的概率和影响吗？第三，我真的估算这些时，如果有误差，它们也极有可能会偏向我的利益。毕竟在计算时，我自己的问题要比别人的更重要。鉴于以上原因，我们人类的天性有其局限性，会使得功利主义计算极为困难，并且事实上，也不太可能正确。

双层功利主义

那解决办法是什么呢？西季威克想到了一个巧妙又特别的主意：出于功利主义原因，必须教导普通人，让他们认为功利主义是错误的。也就是说，不必从功利主义角度来推理，只要教给他们一些简单的规则即可：不能说谎，善待他人，等等。道德真理只能让道德精英们知道——应该是指道德哲学教授以及类似地位的人。这些人的职责是构想、教授他人简单的规则，以及教育他们不去相信功利主义这一真理。

> 如此，根据功利主义原则，在某些情况下，去做、去私下推荐那些不适合公开提倡的事，或许才是正确的；公开教一群人去做那些不应该教给另一群人的事，或许才是正确的；去做那些在世人看来不正确的事，如果能做得相对隐秘的话，可能才是正确的。（西季威克，1874/1981，p. 489）

这个理论被恰如其分地称为**总督府功利主义**（government house utilitarianism），因为它对普通人的态度，就像英国殖民时代那些住在总督府里的殖民统治者对待臣民那样居高临下。该理论以西季威克的见解为基础，即功利主义是一种比较结果优劣的理论，但这和给予个人一种行为的动机是两码事。做一个诚实、善良、遵守常识道德规范的人这种动机，很可能会比促成最好的结果这种动机，带来更好的功利主义结果。西季威克提议，普通人只应该被教导这些简单的规则。

从思想的角度来说，我着实佩服这一观点的大胆。但从政治的角度来说，它也实在让人难以接受。据说，正确的道德立场把社会分成两个群体，极少数人在思想上享有特权，可以获知道德真理，而大多数人实质上只是接受了一系列有关道德的谎言，目的是让他们不必遭受精细计算的痛苦和风险，这样就能带来最大化的幸福。对这种立场，我们真能认同吗？

道德哲学家理查德·黑尔（1919—2002），在他的著作《道德思考：其层次、方法和意义》（1981）中，想出了不同的途径，来为一种形式的双层功利主义辩护。黑尔提出，不要把社会分成两个群体，一个被允许从较高级的功利主义角度来思考，另一个只能遵守基本的道德规则，而是让我们每个人都有这两个层面。黑尔区分了批判性的道德思考和直觉性的普通道德思考。直觉性的道德语境就是日常生活。在这些情形中，人们应该遵守简单的道德规则。但有时候，在我们遇到的一些情形中，简单的道德规则要么不适用，要么互有冲突。我们在那些几乎没有几个人会面对的情形中该怎么做（比如，在非战争情况下，杀死一个无辜的人可以拯救无数生命）？在黑尔看来，直觉道德的简单规则在这时会让我们无所适从，所以我们需要从功利主义的角度进行批判性思考和推理。功利主义告诉我们，应该杀掉那个无辜之人。如果我们被直觉道德熏陶得好，会发现几乎——或者实际上也——没法儿那么做。但黑尔提出，从功利主义的批判性角度来看，杀显然才是正确的做法。当然，即便决定显而易见，执行起来也没那么容易。

黑尔的双层理论是一种更为精密的功利主义，将行为功利主义和规则功利主义结合在一起，通过允许在最极端或棘手的情况下进行行为功利主义的推理，从而避免规则功力主义崩塌变成行为功利主义。但是，同哲学中的任何理论一样，双层功利主义也有自己的批评者。有些我们已经见过，比如像前面讲到的，功利主义有时允许牺牲无辜之人。另一个反对理由则完全针对黑尔的理论本身。我们真的能像黑尔提议的那样让自己分裂成两半？我们在大部分时间主要执行直觉模式，在情势变得尴尬或棘手时切换到批判思考模式，这从心理的角度来讲可能吗？也许由此至彼是可能的；但我们一旦进入了批判模式，还能从彼到此，切换回那种更舒服、更为自然的直觉思考中吗？还是我们会觉得如此不假思索地做决策，简直太不负道德责任了？

偶然性问题：性别和种族

我们来回想一下对替罪羊反驳理由的潜在担忧之一。也许通过精密的功利主义计算，会发现功利主义并不接受替罪羊这种做法。但即便最终的判断正确，人们也还是有一种担忧，即功利主义的结论对，理由却不对。有人主张，诬陷他人的问题所在，并不是这会导致总体幸福感的减少，而是该行为本身就是错的。以这种观点来看，计算不计算其实无关紧要。

再举一个例子，我们前面（见第八章）考量过约翰·斯图亚特·穆勒支持女性解放的论证——不过公平来讲，穆勒还有别的论证，但是我没有提到。在那个讨论中，我选了四个功利主义论证：（a）让女性处于屈从地位，会导致男性变得傲慢自大，对他们来说不利；（b）将女性排除在工作场所之外，我们便失去了世界上一半的人才；（c）照顾妻子和女儿的责任，使得男性只能选择传统的生活方式；（d）女性获得解放，能使他们更幸福。

我前面提到的偶然性问题认为，女性的解放不应当取决于解放能带来上述有利的结果。提出这一反驳理由的人会说，即便我们最终发现女性受压迫其实能让她们的幸福最大化，可女性处在屈从地位本身就是不公正的。比如，假设某项详细的研究发现，男性的傲慢其实是一种极大的快乐之源，我们在男人身上已经找到了我们所需要的全部才干，大部分人过传统生活的话会更幸福，比起踏入职场，女性做家庭主妇更幸福。我知道，研究不大可能得出这样的结论，但我们把它当作一个思维实验，假设事实确实如此。那么，我们会认为女性其实不应该被解放吗？功利主义者似乎会认同这个（假设的）结论。如果你觉得这是正确的结果，那你极可能是一个有着强烈的功利主义或结果主义倾向的人。但如果无论结果是什么（至少在理性范围内），你都认为女性应获得解放，那么你的直觉就更多偏向于反功利主义，至少在这个问题上是。穆勒本人可能觉得，所有能想到的理性论证都支持女性解放，所以他不必在这个问题上提出自己的观点。但批评者已经表明了他们的看法：即便功利主义得出了正确的结果，我们也得问问它是不是以正确的理由得出的。

事实证明，这远不只是一个思维实验。我看到了穆勒为性别平等热情地辩护，但他有没有思考过种族平等？他确实写过，在未来，所有种族都会获得平等地位。而且他显然认为这会对所有人有利：就像其他种族向欧洲人学习一样，欧洲人也会从其他种族身上学到东西。但这个故事还有另一面。穆勒或许是19世纪用英语写作的最伟大的哲学家，但他从未在大学任职。他是东印度公司的一名员工，而这个私人公司主要管理英国在印度的殖民事务。他的父亲詹姆斯·穆勒（1773—1836）则是一位“英属印度”历史学家——虽然父子二人都没去过印度。

同大部分19世纪的欧洲作家一样，穆勒也认为欧洲人要比印度人、非洲人和东方人更有能力、更勤奋、更文明。当时的大讨论主要集中在这种所谓的差别究竟是源自某种内在的本性，还是社会因素的结果。当然，这个问题在那时候有着重大意义：如果差距是“先天的”，那就没办法了，种族等级是无可更改的事实；但如果差距是“后天的”，那么改变非欧洲人生活的环境，就能最终让他们达到欧洲人享有的那种高水准的文明。这就是穆勒的看法，而且在当时被认为非常激进。比如，通常来说，反对穆勒这一立场的人认为，上帝将不同种族置于不同的优劣等级。穆勒并不怀疑欧洲人更优越，但他觉得，让野蛮国家“开化”，让它们获得平等地位，是欧洲人的义务和命运。他支持殖民事业的一个原因正在于此。

为了搞清楚穆勒的思考过程，我们再来看看他的另一部著名作品《论自由》(1859)。他在该书中主张，除非是为了阻止你伤害他人，否则政府不能合法干涉你的自由。在穆勒看来，政府不能以现在人们所谓的**父爱主义/家长式统治**(paternalism)为理由进行干涉：为了你的利益而要求你去或者不去做什么。不过有些不光彩的是，穆勒认为儿童以及他所谓的“野蛮人”是例外：

> 与野蛮人打交道时，专制是一种正当的治理模式，当然前提必须是以让他们有所提升为目的，且不论用了什么手段，这个目的实际上也达到了。(1859/1996，pp. 48—49)

穆勒为这个例外提供的辩解理由是，除非人们达到了一定的文明层次，否则他们便没有能力通过言论和思想自由，来进行他所谓的“提升”，也无法进行“生活实验”或者互相汲取经验。在文明的较低层次，自由非但不能带来提升，反而会引发混乱和堕落。因此，殖民国家施行的那种严厉治理的专制是完全合理的，可以使野蛮人达到那种可以享受自由的文明程度。专制成了一种家长作风的形式，它的施行是为了人们的利益。换言之，虽然功利主义宣布文明人享有自由，但建议对未开化的人做出严格限制，以便使他们能够达到必要的层次后，再卓有成效地使用他们的自由。这也正是为什么穆勒虽然是一位自由和平等的伟大捍卫者，但对于自己作为殖民管理者的身份感到心安理得。在这里，我们便看到了功利主义的偶然性在实际中的运用。它是否推崇自由，取决于许多周遭情况的偶然性。

在诸多对穆勒的可能回应中，以下四种也是你早已想到的。第一，印度要比穆勒设想的“文明”多了。比如，印度的哲学传统已有近三千年的历史，甚至要早于古希腊哲学。在英国人到来前，印度是世界贸易的中心。所以如果说殖民主义起了什么作用的话，那也是让印度出现了严重的倒退，而非进步。第二，我们可以说，即便是“未开化的人”也更愿意拥有自由，而不想要专制统治。第三，肯尼亚前总统乔莫·肯雅塔（见第二章）曾主张，限制个人权利，更可能的是让人们远离文明，而不是走向文明。第四，“野蛮人”以好的方式还是坏的方式使用他们的自由并不重要，他们仍然拥有和其他人一样的权利。

请注意一下，在这些回应中，前三个大体上接受了功利主义的框架，认为穆勒的计算过程是不对的，功利主义其实更支持自由，至少具体到印度来说是这样。但是，最后一个回应就大不相同了，它认为计算过程无关紧要，所有人都有权享受自由。看起来，这种无条件的权利似乎是功利主义绝对无法顺应的东西。所以，许多人才认为，尽管功利主义有诸多吸引人的地方和根本的人文关怀，但本质上而言，它作为一种道德理论还是有缺陷的。

本章回顾

小结

我们在第九章开头先考察了一组针对功利主义理论认为幸福是唯一至善的反驳理由。我把它们分别称为狭隘性、行动性、邪恶的快乐、质量和无关性反对理由。接着，我们看了看幸福最大化这一理念涉及的一些问题：基本上来说，那么做可能会导致反直觉的结果。然后，我们又探讨了一些更为成熟的功利主义形式：规则功利主义、总督府功利主义和双层功利主义，想看看它们能否避免此类结果。虽然这些理论至少在表面上成功地展示了如何得到正确答案，但它们还面临一个更为微妙的反对，即它们以错误的理由得出了正确的结果。通过考察穆勒对待性别和种族问题的不同态度，我们看到了这一难题的具体表现。他似乎心安理得地从功利主义角度为殖民主义的某些方面进行了辩护，认为这至少是一种使受压迫民族为其未来自由做好准备的手段。这一立场表明，尽管功利主义有着人道吸引力，但也容易受到批评。

讨论题

1. 在你看来，对幸福是至善这一功利主义观点最有说服力的反驳理由是什么？
2. 解释对功利主义的替罪羊反驳理由。
3. 行为功利主义和规则功利主义的区别是什么？
4. 什么是偶然性问题？请参考穆勒在性别和种族问题上的观点作答。

关键词

善理论，p. 205
边际效用递减，p. 212
道义论，p. 215
行为功利主义，p. 219
总督府功利主义，p. 222
对理论，p. 206
结果主义，p. 215
偶然性，p. 215
规则功利主义，p. 219
父爱主义 / 家长式统治，p. 226

关键思想家

约翰·斯图亚特·穆勒（1806—1873），pp. 205—206，210—227
亨利·西季威克（1838—1900），pp. 207—208，221—222
罗伯特·诺齐克（1938—2002），p. 208
杰里米·边沁（1748—1832），pp. 210—212
彼得·辛格（生于 1946 年），p. 212

弗里德里希·尼采（1844—1900），p. 213
E. F. 卡里特（1876—1964），pp. 216—218
菲利帕·富特（1920—2010），p. 216
罗伊·哈罗德（1900—1978），p. 219
理查德·黑尔（1919—2002），p. 223
乔莫·肯雅塔（约 1891—1978），p. 227

延伸阅读

* 约翰·斯图亚特·穆勒的《功利主义》（*Utilitarianism*）版本众多，比如 Hackett（2001；首版于 1861 年）就曾出过一版。
* 引文摘自《妇女的屈从地位》（首版于 1869 年），参见穆勒《时代精神、论自由、妇女的屈从地位》（*The Spirit of the Age, On Liberty, The Subjection of Women*, W. W. Norton, 1996）。
* 亨利·西季威克的《伦理学方法》（*Methods of Ethics*），由 Hackett（1981；首版于 1874）出过一版。
* 罗伯特·诺齐克的《无政府、国家与乌托邦》（*Anarchy, State, and Utopia*）由 Basic Books（1974）出版。
* 彼得·辛格的文章《饥荒、富裕和道德》（Famine, Affluence, and Morality），最初发表于《哲学与公共事务》（*Philosophy & Public Affairs*）, *1*, 3（1972）: 229—243。
* 引文摘自尼采的《偶像的黄昏》（*Twilight of the Idols*, ou1888），参见《尼采文选》（*The Portable Nietzsche*, Penguin, 1954），编者为沃尔特·考夫曼（Walter Kaufmann）。
* E. F. 卡里特对功利主义的批判，参见其著作《伦理和政治思考》（*Ethical and Political Thinking*, Oxford University Press, 1947）。
* 有关功利主义的一个重要讨论，参见 J. J. C. 斯马特（J. J. C. Smart）和伯纳德·威廉斯，《功利主义：支持与反对》（*Utilitarianism: For and Against*, Cambridge University Press, 1973）。
* 罗伊·哈罗德对规则功利主义的讨论，参见他的文章《修正的功利主义》（Utilitarianism Revised），《心灵》（*Mind*）, *45*, 1936 : 137—156。
* 有关功利主义的不同形式的展开讨论，参见大卫·莱恩斯（David Lyons），《功利主义的形式与局限》（*Forms and Limits of Utilitarianism*, Oxford University Press, 1970）。
* “总督府功利主义”一词源自阿马蒂亚·森（Amartya Sen）和伯纳德·威廉斯的文章《导言：功利主义及其他》（Introduction: Utilitarianism and Beyond），

收录于二人合编的《功力主义及其他》(*Utilitarianism and Beyond*, Cambridge University Press, 1982)。

* 理查德·黑尔对双层功利主义的辩护，参见其著作《道德思考：其层次、方法和意义》(*Moral Thinking: Its Levels, Method, and Point*, Oxford University Press, 1981)。

* 穆勒的《论自由》(1859)，此处采用的版本见《时代精神、论自由、妇女的屈从地位》(W. W. Norton, 1996)。

* 穆勒的《功利主义》和《论自由》，以及诺齐克和辛格的相关节选，参见乔纳森·沃尔夫(编)，《道德哲学选读》(W. W. Norton, 2018)。

第十章

道义论：康德

（追求道德思考的大众化，会产生）一种令人作呕的大杂烩，里面只有一些东拼西凑的观察和思虑不周的原则，但头脑空空的人却陶醉其中，因为这些在日常闲谈中很有用。

——伊曼努尔·康德，《道德形而上学原理》

道德的最高原则

我们在前面两章中讨论过一个对功利主义立场的有力批评，也就是将总体幸福最大化可能会造成极大的不幸福，或者更糟糕的，受害者还是少数群体。为了震慑他人而惩罚某个无辜之人便是一例。虽然这让一个人受了本不该受的苦，但根据功利主义，由此产生的有利影响的总和，要比这个人的痛苦更重要。若能用这种方法发出警告，便等于保护了那些本有可能成为受害者的人，并缓解大家的焦虑感。

将总快乐减去总痛苦的值最大化可能会引发让大多数人痛恨的结果，此类例子不难想到。比如，据说罗马人曾以把基督徒扔进狮群里为乐。数量庞大、情绪癫狂的观众感受到的那种野蛮的快感，如果加起来，可以超过一小群受害者体会到的恐惧和痛苦。但我们大部分人会认为这种情况严重地违背了道德，或许没有比这更邪恶的事情了，因此肯定不是某种道德理论可以赞同的东西，更别说提倡了。很多功利主义者也认同这种批评，并提出了不同形式的规则功利主义，试图规避这类情况，但正如我们在第九章中已经看到的那样，他们是否成功尚有争议。

实际上，由经济学家罗伊·哈罗德（1900—1978）提出的规则功利主义，可以说其灵感来自一个风格迥异的哲学家——伊曼努尔·康德（1724—1804）。其核心观点是，我们不能孤立地去看待各种行为，而要把它们视作行为规则的结果。按照这种理解，道德是由规则支配的，或者更好一点，是受法则支配（不过，不是自然法则或法律制度中的法则那种含义），而这正是康德道德哲学的关键主题。不过，我们还是有必要仔细考察一下康德的理论，因为在他看来，所有形式的功利主义思想，包括规则功利主义，都犯下了大错，而且很可能也有违道德。在《实践理性批判》一书中，康德写道："道德实际上并不是有关如何让我们快乐的学说，而是有关我们如何配得上享受幸福的理论。"（1788/1956，p. 134）

康德对严格的道德规则的维护，以及对那种处在功利主义核心的**结果主义**思维的驳斥，使得我们可以把他当成杰里米·边沁和约翰·斯图亚特·穆勒的功利主义的尖锐批评者——虽然我们在此主要关注的著作《道德形而上学原理》(以下简称为《原理》)出版于1785年，而边沁的《道德与立法原理导论》要到1789年才首次出版，穆勒的《功利主义》更是许多年之后才发表（先是1861年的一系列文章，后在 1863 年结集成书）。穆勒很了解康德的作品，不过如我们将在后面看到的，他认为，康德的贡献说到底顶多也就是乔装打扮之后的功利主义。当然，如果康德看到这种批评，肯定会嗤之以鼻，认为这显示了穆勒完全没有理解他的观点。

康德的著作与穆勒的对比鲜明。穆勒的大部分作品以受过教育的一般人为目标读者，而康德则是一位彻头彻尾的学者。他出生在柯尼斯堡，一辈子都未离开过那里，在柯尼斯堡大学获得了博士学位后，他又成了该校一名备受尊敬的教授。康德的写作风格比穆勒更偏学院派，因而其著作通常也比穆勒的更为晦涩难解，虽然他有时候宣称自己是为“大众”读者写作。

康德是一位著作等身的写作者，不光探讨哲学话题（包括形而上学、美学、政治学、伦理学的全部内容），还研究地理学、人类学和天文学。他最重要的作品都是在漫长一生（享年 79 岁）的最后 25 年中完成的，其中便包括我们要关注的《道德形而上学原理》。正如其复杂的书名所暗示的那样，这是一本严谨的哲学著作，而对于到底该如何解读它，直到今天人们仍然争论不休。在这本书中，康德提出了一些**形而上学**的基本问题，关涉他的整个哲学体系，比如宇宙中存在什么的问题，或者人类知识的范围问题。不过，究其核心，它是一个精彩的道德理论，在这一章中，我们将主要探讨这个理论。在下一章中，我会谈及一些该理论与他的那些深度理论之间的联系。

康德伦理学简述

每一种道德理论都有一个起点。我们在前面的章节中看到，功利主义始于善理论：幸福或快乐是至善，不幸福或痛苦是至恶。这个理论与结果主义的对理论——对的行为总是会将善最大化——结合在一起，便产生了功利主义的道德理论。

根据康德在《原理》中所描述的思维过程，他的道德理论似乎有个很不一样的起点。康德将自己的分析集中在了“善良意志”（good will）这个概念上，随即将其同义务和道德律的概念联系在一起——这种观点让人望而却步，甚至有些讨厌。但在他理论的核心部分，还是有一些很有启发性的理念。康德坚持认为，人类是理性、自主的自由行动者。我们首先来看一下康德所谓的道德最高原则，也就是**绝对命令**（categorical imperative，也叫定言命令）。然后，我们再来考察康德如何借鉴法则、理性以及——最重要的——自由概念，来构建他的道德体系。

康德通常会用“你行动时所遵照的准则，应该是你意欲其成为普遍的自然法则的”（1785/1997，4:421，p. 31）之类的话，来言简意赅地总结他的道德理论。虽然细节的理解可能需要下点儿工夫，但基本概念不难掌握。我们很多人都习惯在行动时比对那句口号：“如果大家都那么做会怎样？”或者，用这句话来斥责某个人做了什么我们认为属于反社会的事情，比如乱扔垃圾，或者在公用厨房做完饭后从不收拾。

康德为我们提供了一个更为极端和严格的类似理念。他是在要你假设，你的行为导致了所有人从现在开始，在完全相同的情况下，都会像你那样做。比如康德在他的伦理学著作中经常举这样一个例子：假想你正处在极大的困境中，为了脱离窘境，你不得不做出了一个你知道自己无法遵守的承诺。如果我们运用康德的原则，你现在就得假设你仅仅因为做了虚假的承诺，便制造了一条普遍法则：任何身处窘境的人都可以做出虚假的承诺。但是，康德提出，这种世界根本无法存在。守信取决于可靠性这种普遍惯例。要想行得通，虚假承诺必须是极为例外的情况。如果虚假承诺成为家常便饭，那么任何承诺都不可能会被接受了。因此，康德说，你不可能希望在窘境中做虚假承诺这一行为变成普遍准则。所以在康德看来，做虚假的承诺之所以违背道德，不是因为它会造成不好的结果，而是因为我们绝对无法将其普遍化。康德提出，如果你的行为不能普遍化，就像虚假承诺那样，那么通过你的行为，你便展示了你对别人缺乏尊重。

康德在虚假承诺和类似的说谎问题上谈了很多，我们稍后会详细考察他的一些例子。不过，首先我们应该集中来看看“如果大家都那么做会怎样”这个日常道德的口号，同康德自己的观点之间的一个重要差别。在日常道德中，我们通常会问：“如果大家都那么做，你会喜欢吗？”但康德说他更关心一个不同的问题：“你是否真的有可能希望每个人都像你那样做？”这两个问题之间最重要的差别是，你是否喜欢某个东西属于主观偏好。或许我可以说服自己，我就喜欢大家时时刻刻都说谎：这可以让生活变得更刺激，减少那种惯常的无聊感。康德更关心的是从客观上来讲，哪些东西是你可能愿意使之实现的。他更为严格的观点将普遍性同他所谓的理性联系到了一起：什么是你可能或者不可能希望实现的，而不是什么是你喜欢或不喜欢的，甚至也不是如果大家都做出同样的行为会造成什么后果。如果你不可能希望全世界都遵守那条（假设）你用行动使之成真的普遍准则，那你的行为便有违道德。

但愿上面的简介彰显了康德的理论作为道德推理的一种进路所具有的魅力。我们已经初步了解了法则和理性，或许还有向他人给出的辩解理由，在他的理论中占据了怎样的位置。在某种程度上，将你自己的行为想成一条普遍法则，其实就类似于在问你能否向他人证明你的行为有着正当理由。我们还看到康德如何试图在理性概念而非“喜欢和不喜欢”这类主观概念中为道德寻找一种客观的根据。不过，这些概念和作为《原理》一书出发点的“善良意志”有何联系？接下来，为了更好地了解这些概念如何融为一体，我们再回去看看该书的前几部分内容。

善良意志

康德的伦理学观点始于试图确认什么具有无条件的善。他承认，在日常生活中，我们相信各种事物都有其价值所在。但康德宣称，即便在日常的道德观念中，我们也都承认，只有善良意志才是没有限度的善。至于其他的一切，诸如理解、勇气、财富、健康，甚或幸福，“如果使用这些自然馈赠的动机……不善，那么它们也会变得极其邪恶和有害”（康德，1785/1997，4:393，p. 7）。就连对于善良意志有所助益的节制和自制，也可能有危险。一个有自制力的罪犯可能比那种容易失控的人更邪恶。如康德所言，“某个无赖如果沉着冷静，不仅会让他更危险，而且在我们眼中——相较于他缺乏这种特质时我们对他的看法——也会更加面目可憎”（1785/1997，4:394，p. 8）。

与功利主义形成鲜明对比的是，康德认为，善良意志之所以是善的，并非因为它能实现什么，而是因为它本身就是善的。用我们前面提到过的一个说法来讲，就是它拥有**固有价值**（本身具有价值），而非**工具价值**（是一种用来完成或实现其他有价值事物的手段）。即便它实际上无法实现任何东西，善本身也是有价值的。康德十分诗意地表达了这一点：

> 即便……这种意志完全缺乏实现其意图的能力——即便用尽全力也一事无成，剩下的只有善良意志（当然，不是仅仅作为一种愿望，而是作为所有在我们掌控范围的手段的召集）——那么，它也会像一块宝石那样，依然独自闪耀，是一种本身便有着全部价值的东西。（1785/1997，4:394，p. 8）

实际上，功利主义者可能会认同康德观点的某些面向，对道德上好的人和道德上好的结果做出区分。对功利主义者而言，道德上好的人，其行为会带来最大化的幸福，也就是道德上好的结果。如果这种努力因为完全不受行为者的控制且无法预料的情况而失败了，那这个人在道德上也仍然是好的。不过，康德拒绝接受这种区分。除了抱着善良意志而行动这一概念外，没有什么道德上好的结果这种概念。后来的批评者，如卡尔·马克思（1818—1883），指责康德将道德简化成了“区区的意志”，忽略了这种意志对世界是否造成了任何影响。对此，康德可能会回答，他所想的那种意志可一点儿都不“区区”。

康德告诉我们，善良意志是由义务的理念驱使的一种意志。我们还是回到亚当·斯密的那个例子（见第六章）。假设你是一名肉贩子，有各种机会诓骗顾客。或许你可以在秤上做手脚，缺斤少两地卖给顾客。或者你还可以以次充好。但你不太可能这么做，原因之一是这会有损于你的生意。如果顾客认为他们买到的肉质量不好，或者更糟糕，发现他们被骗了，那就不会再光顾，而且还会逢人便说你的坏话。欺骗顾客很危险，因为这可能让你没生意可做。或者，你可能不会欺骗顾客，因为你觉得那么做违背了你的道德义务，因此你无论如何都不能做。康德认为，你与顾客打交道时的诚信行为，如果是出于第二个原因，即出于义务的目的，便表明你拥有善良意志，这种行为也拥有道德价值。当然，"按照义务"做事要好过诓骗，但道德价值只同行事出于义务目的的人有关。

同情

康德用以对比出于义务的目的而行事的，不仅有出于自利而做正确的事（显而易见的一点），还有出于"倾向"（inclination，这个概念不太容易理解）而做正确的事。不过，看过《原理》中这个精彩段落之后，其含义或许会清晰一些：

> 很多人极富同情心，以至于在没有任何额外的虚荣或自利动机的情况下，他们也心满意足地向周围的人传播着快乐，而且只要这快乐是他们传播的，他人的满足感便能让他们感到欣慰。但我主张，在这种情况下，无论这种行为与义务多相符，有多友好，都不具有真正的道德价值，而是同其他倾向有着一样的地位。（1785/1997，4:398，p. 11）

所以，康德认为，如果一个人享受向他人传播幸福、为他人做好事，那他们的行为便没有真正的道德价值。他们的行为只有在出于义务的目的时，才拥有道德德性。

有时候，这被认为是一种太过自我克制和反直觉的道德观点。诗人弗里德里希·席勒（1759—1805）曾质问，康德的意思是不是你首先得鄙视他人，然后你对他人做出的积极行动才能被算作善（见 H. J. Paton，1947，p. 48）。但是，席勒可能自己知道答案。康德并不是在说你不应该从做善事中获得快乐，或者拥有同情心不好。事实上，康德在他的一些著作中把同情视作一种“次级”的道德义务，应当与义务的动机相伴相随。当然，他要表达的主要意思是，如果快乐或即时的同情心是你帮助他人的主要理由，那么你的行为便缺乏道德价值。

为了更好地理解这一点，我们回想一下前面讲到的康德的一个意见——义务之外的动机极易将你引入歧途——然后扩展一下他的例子：同情心致使肉贩子违背了道德律，比如他可能跟一些有钱的顾客要高价，以便能把肉便宜点儿卖给穷苦之人。所以，同情心有可能出现偏差。康德认为，即便我们还有其他动机，义务动机也必须是行为的决定要素。但他也承认，在生活中，我们永远都不能确信一个人的行为动机是什么，即便我们自己的动机也一样，因为我们还可能受某种“隐秘”冲动的驱使。因此他说，在世界历史上，可能从未出现过什么真正具有道德价值的行为。

但即便这样，康德还是认为，从哲学的角度去深入、严格地探讨道德仍然有必要。如果我们停留在大众对道德的思考层面上，那便只会剩下——借用本章开头那段来自《原理》一书的引文——“一种令人作呕的大杂烩，里面只有一些东拼西凑的观察和思虑不周的原则，但头脑空空的人却陶醉其中，因为这些在日常闲谈中很有用”（1785/1997，4:409，p. 22）。同边沁一样，康德拒绝容忍日常道德思想的无序，希望能让道德变得严谨、有条理。

绝对命令

不过，我们是怎么从善良意志的概念，即出于义务的目的而行事，过渡到本章开头介绍的道德最高原则上的呢？在康德的《原理》中，该原则的一种表述方式是“如果我不愿我的准则成为普遍法则，那我就不应该按它来行动”（1785/1997，4:402，p. 15）。正如我们已经看到的，康德强调说，道德不能基于欲望、同情或倾向，因为它们并非无条件的善。他还将这一点泛化，说道德不能基于任何**经验主义**（empiricism）的东西——虽然足够出人意料，但换言之，他的意思就是，道德不能基于任何与人有关的普通事实。在哲学中，经验主义一词通常用来指我们能在经验中观察到的事物。比如，科学便是一门经验学科，言下之意就是，它以通过观察积累的经验数据为基础来产生知识。经验主义也被称为**后验**，拉丁语为 *a posteriori*，与之相对的是**先验**，拉丁语为 *a priori*。不过，这两个词组的字面意思几乎无助于我们的理解：*a posteriori* 的意思是“来自之后”，*a priori* 的意思是“来自之前”。或许搞清楚 a priori 含义的最好办法，就是同经验进行对比；故而，先验知识就是那些不是通过经验或观察过程获得的知识。

要理解先验知识的概念——这是一个真正的哲学问题——确实

让人头大，因为它暗示的是，我们可以不必经历事物，便对它们有所了解。但是，先验知识又似乎的确存在。逻辑和数学便是例证。虽然很难在理论上说清楚我们怎么知道 102 + 102 = 204，但可以肯定的是，我们得出这一知识，不是把两堆总数各有 102 件的东西堆在一起，然后去数这个大堆有多少。我们是设法通过一系列的计算得出了这个结果，而不是通过经验或观察。数学和逻辑通常被认为是先验知识体系——虽然有些哲学家不承认先验知识存在，还试图把数学和逻辑简化为经验。

假言命令和绝对命令

在康德看来，道德不是经验的知识体系，因为它的基础不是与人有关的事实：道德必须对所有理性的生物都有效，不管是不是人。因此，康德认为，道德的终极原则更接近于逻辑原则，而非科学理论。但是，如果剔除了与人有关的事实，那我们还剩什么？只有康德视为道德的“形式”（formal）特征的东西了。这里的形式就是“形式逻辑”里的那个形式，或者也可以理解为“与理念有关”的东西。因此，康德认定，道德必须基于道德律的形式，或者理念。

道德律的主要形式要素是：（a）因为它是道德的，所以具有规范性，也就是说为行为设立标准；（b）因为它是法则，所以具有普遍性。故而善良意志是通过行动表现出来的，而行动则要依照具有规范性、普遍性的道德律的纯粹理念，不掺杂任何经验的东西。

要想全面理解道德律的概念，我们必须先搞清楚两个关键点：**绝对命令**和**假言命令**（hypothetical imperatives）之间的区别，以及

行为准则（maxim of action）的概念。我们先来讨论这两个命令。

所谓的命令，就是以某种特定方式行事的指令。要了解康德如何区别绝对命令和假言命令，我们最好先从假言命令的概念入手。思考一下这个主张："如果你想增重，就应该多吃。"我想没有几个人会对此持有异议。有些人确实想增重，比如他们大病初愈后正在恢复身体，或者他们参加了某项体育运动，而身体粗壮会更有优势。但如今，人们几乎不怎么想增重，而是想减肥，而且我们其他人一般都觉得，比现在吃得更多于情于理不通。因此，我们可以说，"多吃"是个假言命令。或者更确切地说，这个命令有条件限制——只有在为了实现别的目的时，具体到这个例子里是增重，你才应该那么做。在康德的体系中，假言命令不包含任何道德内容，正如他举例说明的：

> 训练有素的医生让病人保持健康的准则，与投毒者确保杀死其投毒对象的准则，本质上来说具有同等价值，因为它们都完美地满足了实现其目的的需要。（1785/1996，4:415，p. 26）

康德说，道德的命令是绝对的，也就是说它们不是假设的或假言的。绝对的意思就是"不容置疑"或者"无条件的"。"不要说谎"便是一种道德的绝对命令，相比之下，"如果你不想惹麻烦，就别说谎"则是一种**审慎**（prudence）的假言命令，任何主要出于避免惹麻烦而不说谎的人，都不是通过出于义务的目的行事而表现出善良意志。康德会说，他们的行为虽然遵从了道德律，却没有任何道德价值。

那“如果你想出于义务的目的行事，就别说谎”这一主张呢？在语法形式上，或者从表面来看，这是一个假言命令，但我们可以合理地认为，它实质上是一条经过了伪装的绝对命令。“如果你想出于义务的目的行事”这个条件从句应该抛弃，因为所有人都理应如此行事。这个条件其实是无条件的。事实上，如我们已经注意到的，它不仅是人的责任，也是所有理性生物的责任。如果天使存在的话，康德认为，他们也同样要受到道德律的约束。

假言命令怎么可能存在这一点很容易理解；实质上，它们是有关如何达成某一特定目标的指令。但绝对命令的概念会让人挠头，因为它给出的指令，在某种程度上本身便是其存在的正当理由，并不是为了完成什么外部的目标。任何具体的绝对命令，比如“不要说谎”，只要与道德的最高原则保持一致，便具有正当理由。康德所谓的绝对命令（单数形式）是：“如果我不愿我的准则成为普遍法则，那我就不应该按它来行动。”（1785/1997，4:402，p. 15）

行为准则

我们上面看到的绝对命令的主张，提到了你的行为“准则”这个概念。在康德的理论中，这是关键所在，因为他主张行为的道德价值不在于其目的，而在于决定该行为时所使用的准则。康德将准则的概念解释为“意志的原则”，并且将“意志”同偏好或情感做了区分。

我们还是来看肉贩子称重和要价的例子。童叟无欺的肉贩子，如果其动机纯粹出于开明的自利，那么他的行为准则或原则是这种：

“总是诚信待客，如果这能让你的生意红火、声名远扬。”而动机纯粹出于同情心的肉贩子，遵循的则是这种准则：“总是诚信待客，如果这能让他们满意而归。”但第三个肉贩子遵循的可能是“总是诚信待客”原则。康德认为，只有这个肉贩子的行为具有真正的道德价值。他似乎是在说，只有这个肉贩子会愿意让他的行为准则成为普遍法则。那么康德说得对吗？唯有这个诚实的肉贩子拥有一条他会愿其成为普遍法则的行为准则？

实际上，康德并未讨论这个例子的具体细节。但我们需要暂停片刻，问一个问题：康德给出的这个测验是一种处理道德问题的合理方法吗？康德观点的核心是如果我们不可能希望某种行为普遍化，那么它便有违道德，比如我们在前面看过的虚假诺言。这是一种精妙、有趣的道德观。而康德所谓的“不可能”这个词，至少在第一遍读的时候，意思似乎是“严格来说，在逻辑上不可能的”，而不是“很困难、不理想或者麻烦的”。不过，这个理论要接受的第一个考验，是它能否行得通。我们真的能把所有的不道德行为，都解释成以不可能被普遍化的准则为基础的行为吗？以及，所有以不可能被普遍化的准则为基础的行为都不道德吗？

为了更好地理解这些质疑，我们来看看哲学家马科斯·辛格（1926—2016）提出的一个例子。假设我想成为一名木匠，这在道德上是可接受的吗？一般情况下，我们似乎很难看出这哪里有错。但再假设一下，如果所有人都想当木匠，那我们怎么生活？没人当农民或裁缝的话，吃的没了，穿的没了，最后大家可能都得死掉。因此，当木匠不可能被普遍化。

当然，对于这个反驳理由，康德主义者可能会感到不屑。首先，它混淆了概念，把我们在前面已经确认的采纳某种普遍法则带来的不可能结果，误解成了希望该法则被采纳（在逻辑上）的不可能性。但希望法则被采纳在逻辑上没有什么不可能，尽管如果我们严格遵守它，人类生活将变得极为艰难。其次，就算先不管第一个反对理由，也还有如何确认我的行动准则这个问题。准则应该是“当木匠”吗？还是“从事一份你会从中获得快乐且有价值的职业”？虽然把第一个准则普遍化会制造困难，但第二个似乎并没有问题，当然，前提是我们承认人各有志。

然而，这个回答却带出了一个人们很多次想问康德的问题。我们怎么知道某个行为的“真正”准则是什么？任何一种具体的行为都可以归到一堆不同的准则之下：“当木匠”，“从事一份你会从中获得快乐且有价值的职业”，“想办法赚钱”，“发挥你的才智”，等等。好好动动脑子的话，我们可以把这些准则无限翻倍。而且，我们能确定行为背后总会有一条准则吗？毕竟大多数时候，我们做什么事好像并没有特别明显的理由。

比如，你为什么要学习道德哲学？你能准确指出你的行为准则吗？有时候，人们认为，行为准则便是“能制造出差别”的那个方面。假想在一种场景中，你的行为没有某种具体的特征，那你还会那么做吗？如果不是，那么就可以合理地认为，你的准则便需要包含该特性。或许你学习道德哲学，仅仅是因为你需要满足必修课的要求。这样的话，如果它不符合你的学习计划，你本可以不修这门课。又或者，长久以来，你一直觉得哲学很有意思，也对道德有兴趣，所以觉得合二为一很有用，这就是你修道德哲学的原因。尽管如此，问题还是很复杂。即便你修这门课纯粹是因为对这个话题感兴趣，可如果没有学分的话，你也不会选这门课。但说你学道德哲学只是为了学分，好像会让你的选择看起来特别功利和精于算计，虽然事情也许并非如此。

确定某种行为的准则远非简单明了，不过康德似乎并不是特别在意这个问题。或许他认为，一个真正诚实的道德行为人，永远不会通过玩弄行为准则的表达，来试图躲过道德律的约束。

康德的例子

为了进一步了解康德的立场，我们下面来看一看康德为了阐明他的观点而提供的一些有益例子。康德举了四个事例：自杀、虚假承诺、荒废自身才能和拒绝帮助他人。他说，这些都有违道德，因为在每种情况中，其行动准则都不会被希望成为一条普遍法则。康德并不是随便选了四个例子，而是做出了两种互有交叉的区分，因而需要四个例子。第一个区分比较容易理解，是对你自己和对他人的义务之间的区别。虚假承诺和拒绝帮助他人这两个例子，自然可以归到对他人的义务这个范畴中。自杀和荒废自身才能则与对你自己的义务相关。这样的义务存在吗？康德显然这么认为；虽然在后期的著作《道德形而上学》中，他也承认“对自己的义务”这个概念看起来有些自相矛盾（1797/1991，p. 214）。因为如果你对自己负有某种义务的话，那你似乎就可以解除自己的这种义务。因此，如果你不想的话，就根本不会有任何义务。但这样的话，义务就具有了选择性，失去了其原有意义。

康德化解这个问题时，依赖这样一个理念，即人可以从两方面来考虑：一是自然存在，也就是以实践为依据的经验存在，同其他动物一样，人渴望和追求幸福；另一个是有着内在自由的存在，遵循理性来行动，而且也有能力遵守道德律（康德，1797/1991，pp. 214—215）。康德似乎认为，对你自己的义务，就是你有义务让你的欲望服从你的理性自由，就像一个瘾君子为了达到某种“更高级的自由”而努力压制自己对毒品或酒精的渴望那样。你或许可以解除自己的这个义务，但可以合理地认为，这样做的话，某种意义上你是在欺骗自己。那么，对你自己的义务，便是你有义务克服你的倾向或欲望，以便遵守理性和道德律。这里，我们可以看到它同自尊有着强有力的联系：如果你以理性自由为代价，去追求你的渴望或倾向，那你极有可能会感到深深的悔恨，甚至是自我仇恨。

康德所做的另一个区分，是**绝对义务和非绝对义务**（perfect and imperfect duties）。在《原理》中，康德只是简单提了一下，并没有深入解释。对这一区分的一种理解方法是，绝对义务适用于所有情况，具有普遍性。用康德的话来讲，如果遭到违背，它会动摇自身的可能性状况。如我们所见，他用了说谎的例子来阐释自己的意思：如果每个人都随心所欲地说谎，你就没办法说谎了。相比之下，对非绝对义务的违背，从逻辑上来讲，可以成为一条普遍原则；不过，康德说，这会违背我们作为理性生物的天性。这个区分可能有些不好理解，学者们至今仍然在争论康德的意思究竟是什么。

不过，一种理解该论点的正常方式可以通过例子来阐释。根据这种解读，非绝对义务应该时不时履行，但不必总是履行。想象一下做慈善的义务。在日常道德中，大多数人都认为，相对富裕的人有义务向慈善机构捐款。但很显然，这并不意味着我们有向所有需要钱的慈善事业慷慨解囊的义务。那样很可能会捐到我们破产；即便不会，多拿出点钱给一小部分慈善机构，也要好过把钱给所有慈善机构，但每家只能分摊到一点。在实际中，我们或许有义务在自己能合理负担的范围内，时不时地捐款，但我们没有义务向所有慈善机构捐款，或者总是给某家捐款，或者把自己的钱都捐进去。这就是非绝对义务的含义：我们时不时需要做的事。做不做没的选——毕竟是一种义务——但在怎么做和何时做的问题上，我们有选择权。

鉴于这两类区分，康德需要四个例子。不自杀的义务，按他的解读，是对你自己的一项绝对义务。不做虚假承诺的义务则是对他人的绝对义务。不荒废自身才能和帮助他人的义务，则是非绝对义务——前者是对你自己，后者是对他人。因为是非绝对义务，所以它们意味着，在合理的情况下，我们不应该忽略自身的各种才能，而且应该帮助他人。

自杀

我们先来看康德的第一个例子：某个人打算自杀。这种情况，康德认为，涉及绝对义务：一个人永远不应当自杀。在此，康德设想打算自杀的人遵循了如下行动准则："我出于自爱，将缩短我的寿命作为我的准则，因为继续活下去会带来的烦恼多过了可能拥有的愉悦。"（1785/1997，4:422，p. 32）这一准则相当直白地描述了打算自杀者的精神状态。实际上，康德在《原理》中多次讨论自杀问题，而他的第一个例子也确实准确捕捉到了打算自杀之人那种极度痛苦的内心状态，即认为“无望的痛苦”已经“夺走了生命的滋味”，因而渴望着死亡。

康德认为，根据所描述的情况，缩短你的寿命不可能成为一条普遍的准则。他说，原因是：

> 在一个自然中，如果有毁灭生命这样一种法则，而该法则借助的那种情感，又和目的是促进生命发展的情感是同一种，那这个自然就会与自身矛盾，因而无法作为自然而存在；所以，那个准则绝不可能是自然准则，也因此完全与全部义务的最高原则相悖。（1785/1997，4:422，p. 32）

要理解康德在此处的论证不太容易。他似乎是在说，我们被赋予了一种促进我们生命发展的自然本能，所以自杀的决定是与这种冲动有所抵触的。不过，我们不能将“如果将来快乐减去煎熬和痛苦的值极有可能是负数，那就了结我的生命”这一原则普遍化的原因，并不怎么明确。所以，他的这个例子很让人挠头。

我们可以向康德提出两个问题。第一，他说的自杀有违道德，对吗？第二，如果自杀是不道德的，那他的理论能解释原因吗？在第二章中讲到道德的文化差异时，我举过自杀的例子。自杀在某些社会里被认为是罪恶，是不可饶恕的大罪，自杀的人会遭受永刑。有时候，自杀是一种犯罪行为；而且可怕的是，那些试图自杀但没成功的人，有时还躺在病床上康复便被逮捕，并被指控犯了自杀未遂罪。但在其他社会里，自杀则被视为一种对某些失败或屈辱的恰当回应。某个军事领导人指挥失职，导致了关键战役的失败，那么人们就会觉得他该自杀谢罪，不这么做反而会受到批评。有些人在造成他人死亡后，可能会觉得自己“没资格继续活着”，继而自杀。还有一些社会，尽管认为自杀是悲剧，但在道德上比较中立，至少在某些情况下是，比方说，在贫困交加、病入膏肓，或者痛失许多密友和至亲的时候。

康德会认为，这类差别是有趣的人类学话题，但和道德完全不相干。道德的最高原则超越了此类仅仅以经验为根据的考虑，适用于所有时代、所有地方的所有生物。一条准则是否属于道德最高原则的检验标准，取决于一个人是否会希望其成为普遍原则。因此，在康德看来，传统的道德和直觉告诉我们的那些东西都不重要。关键问题是，我们是否希望“如果继续活下去会带来的烦恼多过了可能拥有的愉悦，那我就自寻短见”这一准则被普遍化？康德自信地说，希望该准则普遍化，本身就包含了矛盾。但正如我们已经看到的那样，他给出的理由不甚明确。看起来，一个社会确实可以遵照该准则而存活下去，或许有些社会就是如此。但有些哲学家，比如叔本华和尼采，则怀疑康德是受了其宗教信仰的极大影响，所以在自杀的问题上，为符合宗教对自杀的禁止而歪曲了自己的理论。

不过，也有人支持康德的观点。除了自杀外，他还讨论了所谓的致残，用现在的话来讲应该叫自残。每当我们听说某个朋友或者家人在自残，比如故意反复地割自己的皮肤，我们不会庆祝他们有选择的自由，而是万分担忧。就算他们看起来毫不在意，我们也觉得他们应该在意。那么，自残是在未能履行你对自己的义务这个意义上的道德失败吗？这个说法至少有商讨的余地，因而也打开了一扇思考的大门，或许康德还真的说到点子上了：我们确实对自身有道德义务。

日常法律和道德或许也能为康德的观点提供支持。在生活中的许多方面，我们都遵循 volenti non fit injuria 这一准则，即“有同意则无伤害”。比如，如果是你叫我砍了你的槭树，那通常来说，我要是真的砍了，你也不会抱怨；但如果我未经同意，直接过来把树砍倒，你肯定会气得七窍生烟。现在，我们假设你真诚地恳求我把你杀了，然后我也照做了，但是大多数法律体系仍会将我的行为视为严重的犯罪：你不能同意你自己的死亡。我杀死你，会被认为犯了“反社会罪”，而不仅仅是针对个人的犯罪，虽然那个人是真诚求死。而这一点正是康德对自杀的道德批判。你不能同意你自己被杀害，即便动手的人是你自己，因为你伤害的不仅仅是自己，还有社会。因此，他宣称（无论我们是否认同），如果你确实希望自杀，那你的这个意愿中就会有自相矛盾之处。

虚假承诺、荒废自身才能、未帮助他人

我们继续来看康德的四个例子。上一小节主要探讨的是他对自杀的看法，现在我们谈一下虚假承诺。允许虚假承诺的准则无法被普遍化，这一点相当合理，不过在第十一章中，我们会探讨康德在说谎问题上提出的一些令人困惑的观点。鉴于我们前面已经讨论了虚假承诺，所以接下来，我们只考察剩下的两个例子——荒废自身才能和未帮助他人。

康德说他的方法可以将荒废自身才能和未帮助他人排除在外，但他这个主张有多少说服力呢？康德承认这两种情况从逻辑上都具

有将其准则普遍化的可能性。那么，他这是承认了自己的论证不管用吗？不尽然。我们需要再来看一眼普遍法则的公式："如果我愿我的准则成为普遍法则，那我就按它来行动。"这里有一个很隐晦的点，我必须要明确地提一下。有时候，希望一条准则被普遍化不具有可行性，因为那么做会造成一定程度上的矛盾，比如虚假承诺的例子——康德认为，自杀也是如此。他提出，希望绝对义务（在任何情况下都要遵循）的准则被普遍化，会产生逻辑矛盾。这个理论如果可行，会是一个很优雅的理论。具体到非绝对义务的情况，问题不是将准则普遍化会有矛盾，而是希望准则普遍化会有矛盾。而这一点，康德认为，就是荒废自身才能和未帮助他人这两个例子的问题所在。

在荒废自身才能、宁愿游手好闲的例子中，康德假设了一群"南海岛民"就是这样生活的。18 世纪时，很多人认为南部海域上的诸岛上有着丰富的天然食物供给，如椰子和菠萝，生活在那里的人会"任……才能荒废……毕生都献给懒惰、放纵、生育，一言以蔽之，就是享乐"（1785/1997，4:423，p. 33）。脾性不同的人可能会觉得那里是天堂，但从康德的措辞来看，他显然认为人不应该过这种生活。（在第十一章中，我们会详尽考察康德对非欧洲人的一些令人不安的态度。）康德承认，如果一条普遍法则允许每个人荒废自己的才能，那法则本身并没有什么矛盾之处，但他又说，希望这种生活模式成为普遍法则，与理性之人的本质背道而驰，因为人必然会希望发展自己的能力。在某种程度上，这个论点类似他在自杀问题上阐释的那个：康德必然预设了一个"更高级"的理性自我和一个"较低级"的快乐自我，才能支撑这个说法，也就是在荒废自身才能时，你未能履行对你自己的义务，削弱了你的自尊。在此，我们又得问一句，这里是不是偷偷夹带了什么隐晦的宗教观点？如果说对你更高级的自我的义务，便是对造物主的义务，是否会更容易理解呢？（这个问题，我们也会在第十一章再次探讨。）

最后一个例子，也就是未能帮助他人，与忽视或者毁掉你自己无关，而是关乎忽略他人。因此，根据康德的分类，这属于未能尽到对他人的义务。康德想象，一个人看到他人遇上危难时心里想：

> 这和我有什么关系呢？上帝希望一个人多幸福，或者他自己能做到多幸福，那他便尽可以那样去生活；我不会剥夺他的任何东西，甚至不会嫉妒他，我只是不想对他的福祉有任何贡献，也不想在他身处危难时有所支持！（1785/1997，4:423，p. 33）

或许，这是伦理利己主义（见第六章）的又一个版本。在此，康德又一次承认，这类准则可以被普遍化——原则本身不包含逻辑矛盾——但问题在于，你不会希望它被普遍化。因为你可能会需要别人的帮助，也自然希望自己能被保全，但是那样一种什么都不贡献的普遍法则，会允许他人忽略你——如果他们选择那么做的话。因此，康德主张，你的意志会自相矛盾。

一些批评者认为这个论证有毛病，其中之一便是德国哲学家阿图尔·叔本华（1788—1860）。在《论道德的基础》（1840）中，叔本华引用了威廉·华兹华斯（1770—1850）的诗《纪念苏格兰之旅，1803，六：罗伯·罗伊之墓》（Memorials of a Tour in Scotland, 1803, XI: Rob Roy’s Grave）来阐明这一点：

我大可以希望不公和恶意成为一条普遍法则，并依此来管理世界，

根据这个简单的计划，

有本事夺取之人，可夺取，

有能力保留之人，可保留。（叔本华，2009，p. 158）

而且，我们别忘了，该准则只是允许我们忽视他人的困境，而不是禁止我们提供帮助。如果他人得到了目睹我身处困境时可以袖手旁观的许可，并不意味着他们希望那样。或许他们会出于同情而非义务来帮助我。如果是这样的话，那么其中的矛盾并不像康德认为的那样显然。在这里，他的论证似乎更接近于很多宗教传统中的“黄金律”：“己所欲，施于人。”也就是说，你希望别人怎么样对待你，你就怎么对待别人。所以，在这个例子里，康德未能表明我们真的无法希望“冷漠地互相对待”成为一条普遍法则。

事实上，看过了康德的论证，我们可能还会对于穆勒在《功利主义》中对康德的批评有所认同：

这个了不起的人，其思想体系将长久地成为哲学思辨历史上的里程碑之一……他提出了一条普遍的第一原理，作为道德义务的起源与根据，原理如下：“当以汝之行为准则可被所有理性存在采纳为法则而后行。”当他开始从这条准则推出任何真正的道德义务时，却几乎一败涂地，未能表明所有理性存在若采纳最骇人、最不道德的行为准则会产生任何矛盾和任何逻辑上的（更别提物质上的）不可能性。他所表明的仅仅是不会有谁选择去承

受人们普遍采纳该准则带来的后果。（1861/2001，p. 4）

穆勒用这个论点说明了康德在暗中其实是个功利主义者——康德肯定会觉得这个说法极大地歪曲了他的观点。叔本华在很多方面也提出了相关批评，康德的论证基础与他自己所宣称的恰恰相反，是人们想要和不想要什么——他们不想被忽视——而不是什么可以和不可以被希望。如果穆勒或者叔本华的批评正确，那么说到底，康德并没有把“仅仅以经验为根据”从道德中彻底消灭。在第十一章中，我们会看一看康德如何回应他的批评者。

本章回顾

小结

在本章中，我们了解了康德伦理立场的基本内容：其基础是善良意志的概念，对按照义务行事和出于义务行事做出了区分，对绝对命令和假言命令做出了区分，并介绍了行为准则的概念。我们还考察了康德为阐明他的理论而举的那些稍微有些问题的例子。这些例子——自杀、虚假承诺、荒废自身才能和对他人的困境视若无睹——说明了两个区别。一是对自身的义务和对他人的义务之间的区别，二是绝对义务和非绝对义务之间的区别。很显然，康德是一位严谨、高度讲究原则的思想家和道德家，提出了他认为适用于所有理性生物的那条正确的道德路径。在下一章中，我们将详细考察其中的一些主题。

讨论题

1. 为什么康德认为善良意志是唯一且绝对的善？
2. 解释绝对命令与假言命令之间的区别。
3. 在确认某种行为的准则时，有哪些困难？
4. 康德的例子在阐释其理论上有多充分？

关键词

结果主义，p. 232
固有价值，p. 237
经验主义，p. 240
先验，p. 240
假言命令，p. 241
审慎，p. 242
形而上学，p. 233
工具价值，p. 237
后验，p. 240
绝对命令，p. 241
行为准则，p. 242
绝对义务和非绝对义务，p. 247

关键思想家

伊曼努尔・康德（1724—1804），pp. 231—255
罗伊・哈罗德（1900—1978），p. 232
杰里米・边沁（1748—1832），pp. 232，240
约翰・斯图亚特・穆勒（1806—1873），pp. 232—233，254—255
卡尔・马克思（1818—1883），p. 237
亚当・斯密（1723—1790），p. 237
弗里德里希・席勒（1759—1805），p. 239

马科斯·辛格（1926—2016），p. 244
阿图尔·叔本华（1788—1860），pp. 253—254
威廉·华兹华斯（1770—1850），p. 253

延伸阅读

* 伊曼努尔·康德的《道德形而上学原理》（1785）版本众多。这里采用的是 Cambridge University Press（1997）版。这本书的节选可参见乔纳森·沃尔夫（编），《道德哲学选读》（W. W. Norton, 2018），其中也包括杰里米·边沁的《道德与立法原理导论》（1789）的节选。
* 我在这里采用的《实践理性批判》，是 Bobbs-Merrill（1956）的版本。（首版于 1788 年。）
* 席勒对康德的简短批判，引自 H. J. 佩顿（H. J. Paton），《绝对命令》（*The Categorical Imperative*, Hutchinson & Co., 1947），书中对他的批判做了讨论。
* 约翰·斯图亚特·穆勒的《功利主义》，我选用的是 Hackett（2001）版。（首版于 1861 年。）
* 马克思和恩格斯在合著的《德意志意识形态》（*The German Ideology*）中，曾指责康德将其理论建立在“区区的意志”之上，该书的节选可参见《马克思恩格斯读本》（*The Marx Engels Reader*，第二版，W. W. Norton, 1978），编者为罗伯特·塔克（Robert Tucker）。
* 康德的《道德形而上学》（*The Metaphysics of Morals*），我采用的是 Cambridge University Press（1991）版。（首版于 1797 年。）
* 阿图尔·叔本华的《论道德的基础》，收录于《伦理学的两个基本问题》（Cambridge University Press, 2009），编者为大卫·E. 卡特赖特（David E. Cartwright）和爱德华·E. 埃德曼（Edward E. Erdmann）。（首版于 1841 年。）

第十一章

对康德伦理学的质疑

你行动时，永远要把人性，无论是你自己的人性，还是他人的人性，同时视作目的，而不仅仅是一种手段。

——伊曼努尔·康德，《道德形而上学原理》

道德最高原则的表述公式

在第十章中，我们讨论了康德理论中最基本的要素，但是我们还有一个谜团没有解决。伊曼努尔·康德（1724—1804）用四个例子阐释了他的理论：自杀、虚假承诺、荒废自身才能和未帮助他人。虽然是康德自己引入这些例子来阐明其理论，但它们如我们预想的那般有说服力这一点，并不总是显而易见。现在，为了克服这些困难，更全面地搞清楚该如何更好地理解他的理论和例子，我们就来进一步考察康德道德哲学的一些方面。

大家应该还记得，康德是在寻找适用于所有时代、所有地点和所有理性生物的“道德最高原则”。这是一个很高尚也很有野心的计划。我们已经看到，在《道德形而上学原理》中，他提出了道德要求必须具有“绝对性”，并且指出道德最高原则是**绝对命令**，到目前为止可以表述为“你行动时所遵照的准则，应该是你意欲其成为普遍的自然法则的”（康德，1785/1997，4:421，p. 31）。自然，这被称为“普遍法则公式”，其他道德准则（也应该是绝对形式）会受到该公式的检验。截至目前，我们看到康德的理论令人信服地排除了做出虚假承诺；但他宣称自己的理论还排除了自杀、荒废自身才能或者未能帮助他人，就有些成问题了。不过，康德还提出了另外两个绝对命令的主要表述公式（他的著作中还包括了许多的细微变体）：“人性公式”和“目的王国公式”。搞清楚另外两个表述公式，不仅能有助于我们理解他的理论，还能帮我们更好地理解他举的那些例子。

本章开头的引文就是人性公式，表述如下：

> 你行动时，永远要把人性，无论是你自己的人性，还是他人的人性，同时视作目的，而不仅仅是一种手段。（4:429，p. 38）

目的王国公式的表述如下：

> 你行动时，要按照一个只是可能存在的目的王国中的成员为其订立普遍法则时遵守的准则。（4:439，p. 46）

康德的立场在逻辑上令人困惑，因为这些绝对命令公式在某种意义上应该是等价的。但它们似乎又采用了不同的概念，因此相似之处实在不明显。不过，它们的结果很可能一样。学者们还在就这个问题争论不休。或许，用一条绝对命令公式比用另一条来衡量某种行为，更容易看出该行为的错误。无论如何，我们应该来好好看一下这两条新公式。

目的王国公式

最后一条公式，也就是目的王国公式，看起来似乎很接近普遍法则公式。二者都采用了普遍法则的概念。目的王国的概念看起来或许费解，但康德的目的是强调我们每个人都是众人中的某个人，就道德而言，我们每个人都是统治者和被统治者。康德想让我们明白，道德是我们每一个理性生物制定的法律体系，但它也约束着我们每个人。我们通过自己的理性来制定这些法则，但是它们又必须具有普遍性——要约束包括我们自己在内的每个人。

这是个极有趣的理念。康德是在要求你思考一下，如果道德律具有绝对的束缚性，不仅是对他人而言，就连身为立法者的你也要受到约束的话，你会希望有什么样的道德律。目的王国公式帮我们把焦点集中在了这个问题上。不过，因为这个公式同第一个相当接近，所以可能不需要再做更多的评价——当然，有一点需要提到：康德观点的这一面，是约翰·罗尔斯（见第七章）提出的社会契约理论版本的启发来源之一。罗尔斯想让我们思考一下，如果我们不知道自己在社会中所处的位置，又想着如何治理社会，这就需要采取一定的普遍性视角。

人性公式

第二个公式，也就是人性公式，确实引入了某些新东西。这个观点可能是康德道德哲学中最著名的要素，对比了“把如何对待他人当作达到你的目的的手段”和“把如何对待他人当作‘目的本身’”这两个概念。乍一看，这似乎又是一个晦涩的说法：什么是“目的本身”？但在某种程度上，它要表达的意思又相当明显。为了达到你自己的目的而（只是）把他人当作手段来利用的概念很好理解，这种行为被认为高度可疑，十分接近“只要能得到你想要的东西，便可压榨或操纵他人，不顾他人利益”这个观点——这在糟糕的或充满虐待性的友谊或情感中很常见。无论你愿不愿意遵循康德道德哲学的其他方面，这个理念都显然有可能成为任何人的道德原则的核心部分：你为达到自己的目的，仅仅把别人当作手段来利用，是不道德的。

不过，什么叫把他人当作目的本身来对待呢？某个人有自己的目的，这好理解，可某个人本身就是一种目的，就不那么容易理解了。但是在康德看来，这两个理念实际上相辅相成。把一个人当作目的来对待，就是把他们当作有自己的兴趣、目标、野心，以及最重要的，有着自己意志的人来对待，而不是仅仅把他们当作某种途径，来得到你想要的东西。仅仅把他人当成某种手段，就等于试图让他们的意志屈从于你的意志。

然而，在日常生活中，我们似乎经常把他人当作实现自身目的的手段。我在车站的售票处买票时，对待那个卖给我票的人和对待自动售票机一样：只是把他当成一件能把我想要的东西给我的物品或工具，而且我显然并不在意那个人自己的意志。当然，我应该有礼有节地对他，避免态度粗鲁或者不屑；但如果我在这场交易中只是公事公办的话，我真的做错了什么吗？显而易见的答案是，我确实把售票员当成了实现目的的手段，可我并没有仅仅把他当成实现目的的手段，忽略他自身所关切的。假设我发现售票员被链子拴在了桌子上，或者被铁路公司非法买来当奴隶用的话，我应该会感到有义务尽己所能去帮助他。由此看来，从本质上而言，在一般情况下，如果售票员自愿同意做这份工作，也十分清楚自己在做什么，那么我更多会把他当成一种手段，不过我可能没办法通过行动来表达我的关切。但是，如果我觉得售票员的工作状况完全与我无关，那就可以说，我仅仅是把他当成了一种手段；而这样的话，我就有理由受到批评。这个例子可不仅仅是学术讨论。想一想那些有时候是在最残酷、剥削最严重的劳动条件下制造的进口服装和其他货物。运动人士通常抗议的是把工人当作“区区的手段”来用，而且我们经常还更关心那些通常是非法移民，被骗去做性工作者的人，这些人无法抽身，又因为缺乏法律地位，更是投诉无门。

不过，我们再回头看一下康德的人性公式，会发现有一个要素，我到目前为止都还没有予以评论。该公式说的是：“你行动时，永远要把人性，无论是你自己的人性，还是他人的人性，同时视作目的，而不仅仅是一种手段。”（4:429，p. 38）请注意，这个公式里既提到了他人，也提到了“你自己”。因此，康德认为，除了把他人当作手段外，把你自己仅仅当成一种手段，也是不道德的。这个概念同样令人挠头。如果你把自己当成了某种手段，那一定想通过这个手段达到什么目的。可如果该手段是为了达到你自己的目的，那你就同时把自己当成了手段和目的，至少看起来是这样。但你怎么可能让你的意志屈从于你的意志呢？或许你可以把自己当成他人实现目的的手段；但这个听起来，至少潜在地接近于自我牺牲，是利他主义而非背德的行为。那么，你怎么能把自己当成一种手段呢？很显然，这对康德来说是一个重要的概念，因为它会同上面探讨过的你对自身有义务的概念挂上钩。

在日常道德思想中，人们确实有类似的观念。比如，我们会使用“有辱人格的行为”这种说法。从人类尊严的角度来看，有些形式的工作会被视为很有问题，比如（上面提到过的）性工作或者带有侮辱性质的家政工作，但有些人会为了赚钱而承担这类角色。可以说，他们是把自己当成了手段，但难题再次出现了。达到什么目的的手段？大概可以说是赚钱的手段吧。在《原理》中，康德颇具启发性地说，人性有尊严，没有价格（4:435，p. 42）。但即便我们同意这种说法，可为什么为了赚钱去做某些工作就是有辱人格，做其他的就不是呢？脱衣舞娘和铁路售票员——或者有必要的话，以及道德哲学家之间的区别是什么？这些角色中的每个人都在靠自己的能力赚钱。康德并没有直接回答这些问题，但我们可以看看他如何用人性公式再一次解释为什么自杀是不道德的，以此阐明他的观点。康德谈起自杀者时说：

> 如果他毁灭自我，是为了逃避煎熬，那他就是把人仅仅当成了一种手段，来维持一种可以容忍的状况，直到生命终结。（4:429，p. 38）

这段措辞有些古怪，因为自杀并不会为一个人提供什么可以容忍的状况，直到他走到生命的尽头。自杀是让一个人的生命停止，是终止了一种很可能无法忍受的情况，让其不再延续。此外，目的和手段的说法，在此也着实不和谐；自杀的人并不是把自己当成了某种手段。不过，康德的想法显然言之有物。可能自杀的那个人可以被指责为未能把自己的生命当成目的本身，或者未能当成某种本身具有价值的东西，或者未能保持自尊。

我们认识到在康德看来，生命拥有这种固有价值后，或许才可以开始更好地理解他的立场。与他这个立场相对的观点是，生命本质上至多是一个痛苦和快乐的容器。按照这种观点，有价值的生命，就是实现了快乐减去痛苦的正平衡。秉承这种更倾向于功利主义观点的人，如果觉得未来只会有折磨或者痛苦，那就完全有理由去自杀。但在康德看来，那么做就等于把生命的固有价值降格为工具价值，因为生命在这种情况下被当成了实现那些积极体验的工具。这么一想，我们最终就能明白人怎么会把生命当成一种实现快乐的手段，而非具有固有价值的目的了。简言之，一个考虑自杀的人，已经对生命产生了错误的理解，仅仅是把它当成了手段而非目的本身。这样的分析可能不是康德的意图，但至少是理解他的立场的一种方式。

自律和他律

到这里，我们有必要引入康德的另一组关键区分，即他所谓的**自律**（autonomy）和**他律**（heteronomy）。autonomy（自律、自主、自治）是时下大家比较熟悉的说法，通常被当作自由的同义词，取的是“独立自主就是自由”的含义。康德对二者画等号不会有异议，但他会把我们对 autonomy 一词的理解推向一个更深的层次。这个词源于古希腊语，原意为 self-law（自律）。所以在康德看来，有道德的人是自律的（autonomous），自然取的就是这个意思：他或她在行动时，必须要像是在制定适用于所有理性生物的法律一样。可见对康德而言，道德、理性和自由是一致的。

相较而言，他律的人本质上就是那种在行动时或许出于自利，甚或出于对他人的同情，而缺乏自律的人。比如，假设你决定不欺骗顾客，是为了保护你的名声，甚至是因为你喜欢你的顾客，那么，即便你的行为符合道德律，康德也会说它们只具有他律性，不具有自律性，因而没有真正的道德价值。

接下来，我们按照他的人性原则，思考一下他举的例子。人性公式告诉我们，不要把他人仅仅当成手段，而是同时要把他们当成目的本身。由此，我们可以快速地解决第二个例子，也就是虚假承诺。被骗的人仅仅被当成了一种手段。用康德的方式来阐明这一点的话，就是说我欺骗的那个人，不可能认同我的行为。其中存在着严格的逻辑不可能性。如果那个人确实认同我的做法，那我就不能再算是说了谎，因为说谎若要成立，就必须确实有欺骗行为。康德的评论者在此找到了反对欺骗和胁迫的有力论证。究其本质，欺骗和胁迫若要成立，就必须存在另一方的不认同。因此，如果“可能认同”是一个人的行为在道德上可以接受的必要条件，那么欺骗和胁迫便很容易被排除在外了。

第三个例子是荒废自身才能。我们同样可以认为这个例子与自杀有某些共同的特质：在康德看来，一个人这么做的话，就是把自我放纵置于认真对待生活之前。康德对这个例子的讨论很简短：他说，尽管未能发展你的才能同把你自己的人性当作一种目的是相容的，但每个人都有促进该目的的义务，而荒废你自己的才能无法促进那个目的。由此看来，康德不仅认为生命具有固有价值，还认为我们有义务去培养自己的才能，不那么做就等于没能促进生命中的固有价值。这并非什么不同寻常的观点：在日常生活中，我们也不愿意看到那些潜力巨大的人荒废掉自己的才能，哪怕在其他方面，他们的生活可能过得还相当不错。比如一个人是个搞体育或搞学术的好苗子，却把大部分时间浪费在了吃喝玩乐上，没能入选体育队，有些课也没考过。我们可能会认为，选择权在他们，但这么说的时候，我们的语气很可能会略带惋惜之情。如果从某些宗教假设的角度来看，这种日常态度更容易说得通。比如，如果你相信你的生命是上帝赐予的礼物，那么作为回报，你就有义务发展你的能力，要不然，你便违反了自己的宗教义务。不过，即便是无神论者，似乎也在一定程度上认同康德的说法：白白荒废你的才能，反正是不对的。

康德举的最后一个例子是漠视他人的苦难。为什么我漠视别人时就是把他或她当成了一种手段，这也比较难理解。但很显然，我并没有把那个人当成某种目的。比如，思考一下康德主义者会怎么应对饥荒。康德主义者似乎不应该说："只要我不是问题的起因，就没有道德义务。"如当代哲学家奥诺拉·奥尼尔（生于 1941 年）主张的那样，康德主义者不仅应该思考如何处理饥荒问题（这会是功利主义者主要关切的），还要想想怎么帮助那些受苦的人重新掌握自己的人生（奥尼尔，见沃尔夫，2018）。只有这样，你才是尊重他们的人性。康德主张，我们把他人当成目的来对待时，也必须认真看待他或她自己的目的。这个观点也能帮助我们理解康德的另一个思想：我们通过自身有道德价值的行为，构建了一个目的王国。

运用康德的理论

了解康德的立场后，我们就可以思考一下它是否能解决我们如何行动才能符合道德这个问题了。值得称赞的是，康德确实给我们提供了一种检验任何打算采取的行动是否在道德上可接受的方法。这可是哲学上的一项突破。在康德之前，虽然许多哲学家提供了支持或反对这么做或者那么做的理由，并且给出了详尽的论证，却没能拿出什么可以用来计算答案的正式方法。康德觉得这个缺陷太不光彩，所以决心做得更好。我们可以把他的解决方案描述为几个步骤。在将其应用到某个具体的道德问题上时，你需要回答下列问题：

1. 你打算采取什么行动？
2. 你的行为准则是什么？
3. a. 你会希望你的行为准则成为普遍法则吗？
   b. 你是在提议将你自己或者别人仅仅当成一种手段，而非将其当成目的本身来对待吗？
   c. 你在行动时遵照的是目的王国中的某个成员为其订立普遍法则时会遵守的准则吗？

这些问题中，可能只有第一个容易回答：你打算采取什么行动？不过，即便在这个问题上，我们也能找出碴儿来。我们总是知道自己想做什么吗？通常情况下，或者说甚至是大部分时间，我们都只是在做事情，并非有意决定要怎么做。不过我们可以暂时先把这个复杂问题搁到一边。因为如果我们遇上了什么道德问题或者困境的话，通常会清楚地意识到有哪些选择摆在我们面前。

我们来继续看第二个问题：你的行为准则是什么？在《原理》中，康德似乎认为这个疑问相对不成问题。对于每个例子，自杀、虚假承诺、荒废才能、漠视有困难的人，他似乎都毫不费力地直接找到了其行为准则，并没有提出准则该如何确认的问题。但我们在上一章中，已经通过有人想成为木匠的例子，看到这并不是件简单明了的事。他们的准则是什么？“成为一名木匠”？“追随你的人生使命”？我们可以给出很多准则，其中有些能普遍化，有些则不可以。那么，哪些是真正的准则，哪些不是呢？还记得吧，康德说过，即便我们自己也并不总是知道我们的行为准则是什么，因为我们都有自欺倾向。

再看康德论说谎

康德自己讨论过一个实例，由此说明了确认你的行为准则时会存在的问题。大家应该记得，康德的论证似乎在做虚假承诺的例子里最有效。一个稍有区别的例子是说谎。同样，“当说真话会引发麻烦时就说谎”这条准则似乎无法被定为普遍法则。我们可以辩称，在道德上允许说谎，会导致谁都不相信别人说的任何话，到最后，说谎会变得完全不可能。但我们能否有一条原则允许我们在某些情况下说谎呢？康德至少是愿意探讨这一点的。

康德讨论的一个相对轻松的案例来自他的著作《德性论》：

> 仅是出于礼貌而讲的假话（比如，信末尾的“您恭顺的仆人”）可以被认为是谎言吗？没人会信以为真。一位作家问某个读者：“您觉得我的作品如何？”读者可以开玩笑地说这问题问得不恰当，以此为答案敷衍过去。但谁又能时时刻刻都机智呢？要是回答时稍有迟疑，作家就会把这当成侮辱。那么，读者要按对方想听的那样说吗？（1797/1991，p. 227）

康德并没有回答自己的问题，这一点很有趣，说明与人们惯常认为的不同，他其实愿意考虑“有时候说谎是可以接受的”这种情况。不过，另一个有关说谎的例子更引人注目。在一篇题为《论所谓的出于博爱关切而说谎的权利》（1797/1994）的短文中，康德讨论了一个案例：有个人的朋友遭到追杀，躲到了他家里，然后杀手找上了门，并问他那个潜在的受害者是不是在这儿。150 多年后，这个虚构的例子在康德所在的德国变成了悲惨的现实：纳粹到处追杀躲在朋友和邻居家里的犹太人。

康德的原则似乎要求你即便是为了救人性命，也有义务不说谎。让一些读者吃惊的是，康德在回应瑞士裔法国哲学家邦雅曼·贡斯当（1767—1830）的批评时，恰恰就是这么说的。贡斯当相当合理地提出，面对潜在的杀人凶手时，说谎是有正当理由的。康德引述了贡斯当的论证，即杀手的行为有违道德，丧失了道德的保护，所以“无权知道真相”。我们可以用康德思想的术语来解读这个论证，也就是假设如果要说谎，那么行为准则会是：“如果能救人一命，而且你用谎言欺骗的那个人无权知道真相，就可以说谎。”鉴于这个事例的情景太过具体，所以我们有可能在不放弃讲真话这一常规的情况下，将该原则普遍化。当杀手跑来问一些棘手的问题时，人们已经吓得魂不守舍，真实交流的惯例本已混乱，因此或许也没有什么业已确立的常规可供打破了。况且，杀手真的期待人们在这种情况下还讲真话吗？

康德并不赞同杀手无权知道真相这个说法，他认为说谎会动摇讲真话的常规，所以伤害的是全体人类，而不仅仅是杀手一个人。那么，你应该告诉杀手真相吗？有人觉得，如果你怀疑来访者心怀叵测，那么正确的反应可能是干脆拒绝回答任何问题。康德还主张，说谎可能会适得其反：假设你告诉杀手那个人不在这儿，但你不知道他已经从房子里偷偷溜了出去。结果杀手离开后，正好在大街上发现了那个人，那么因为你的谎言，“你完全有理由被指控导致了他的死亡”（1797/1994，p. 164）。这段分析看着确实残酷，尤其是康德还主张，如果你说了真话，然后那个杀手进你家杀了那个人的话，你反倒没有责任——至少从“公共正义”的角度来看是这样，也就是说你不会受到惩罚。这个论证作为有关惩罚的论点可能是正确的，但你这样帮杀手，却在道德上没有什么错误，就比较难获得认同了。康德提出我们人类非常不善于计算结果，遵循坚定的原则反倒会有更好的表现，这一点或许有充分的根据。但正如我们在第十章里看到的那样，这个见解会引出规则功利主义，所以对于康德的立场而言，这是不是一个有力的论据还有待商榷。

我引用对杀手说谎这个例子，是为了说明任何行为都可能被归到不止一条准则之下，而在这条准则下，该行为可以被普遍化，但换成另一条，就不能了。不过，康德拒绝往这个方向走，而是最终给出了一个有关说谎道德的严格理论。但它是否太严格了？稍后我们再回来看这个问题。

实际生活中的康德伦理学

现在，我们暂时把目光转向如何运用康德的理论这个问题。他提出的考验之一是：你是否希望你的行为准则被普遍化？而且我们看到，康德指出了所提议的准则可能无法通过考验的两种方式。对绝对义务而言，将行为准则普遍化不具备可行性，比如说谎，或者更具有争议性的例子，比如自杀。而对于非绝对义务而言，则是希望行为准则普遍化不具备可行性，比如未能发展你的才能或者拒绝帮助有困难的人。但是我们还有很有吸引力的人性公式：永远不要把一个人，无论是你自己还是别人，仅仅当作达到你目的的手段；而是要同时把那个人当成目的本身来对待。我们还有另一个公式，即目的王国。如果真如康德所言，这些公式具有相等性，那么任何行为只要通过一个公式的检验，应该也可以通过其他公式的检验。同理，如果某种行为通不过其中一个公式，那也通不过其他公式。康德没有具体证明这个论点；而且如果它们具有相等性，那我们是不是需要这么多公式也不是很清楚——不过康德倒是令人信服地提出，它们凸显了道德律的不同方面。请记住这一点：在某些情况下，按照一个公式来判断某种行为的不道德性，可能要比按照另一个公式来得更容易些。

不过，对我们来说，关键问题是康德到底说得对不对。确实，他构想出的绝对命令是很有用的道德行为指南。知道一个人是否希望他或她的行为准则被普遍化有着重大意义。比如，如果我正考虑顺手牵羊，从商店里偷走什么东西，我可能会问：“只要你不想花钱的时候就偷拿商品，这可以被普遍化吗？”答案很可能会是，如果偷盗变得普遍，那么我们便会丧失个人财产这个概念，因为我们失去了财产安全的保证。但如果没有了财产的概念，那偷盗的概念也就不存在了。因此，这完美地契合了康德的说法：希望允许随便偷盗这个准则被普遍化，不具备可行性。财产所有制度会崩溃，而且也没有偷盗这种事了。这告诉我，偷盗是不符合道德的。

再举一个例子：假设你答应要和一个朋友去参加派对，但就在派对前一天，你收到了一个更令你兴奋的邀约，因为你觉得这个人更有意思、更有魅力。然而，接受第二个邀请就意味着你会让第一个朋友失望。那你怎么做呢？你可以做很多事：直接不出现在派对上，或者告诉朋友你生病了，或者解释一下情况，看看你的朋友还认不认识其他也想去那个派对的人，等等。如果你选择的是这些行为方式中的某些，那你就是在承认你的朋友是与你平等的人——有他或她自己的意志和目标，可以同意或不同意你的做法。或者换句话说，你把朋友当成了目的本身对待。而如果你选择了错误的行为方式，倒不是说你把朋友当手段来利用了，而是你没能把他或她当作一个目的来对待。用康德的话来说就是，你没能承认他或她具有的人性。你会忽视朋友的兴趣和目标，因为它们不再与你的兴趣和目标相符。脑子里存一点儿康德的道德哲学，可能会帮助你做出更符合道德的决定。

但是，康德到底有没有解决如何行动的问题呢？换言之，通过康德的考验，是某种行为在道德上可接受的必要条件吗？（如果行为未能通过绝对命令的考验，则在道德上是不可接受的。）它是充分条件吗？（不管是什么行为，只要通过考验，在道德上就是可接受的。）我们至少需要考虑三个问题。

首先，正如我们已经看到的，某种行为能否通过考验，并不总是一清二楚的。这种情况会发生，一个原因是你的行为准则是什么可能会存在分歧；而且你有可能希望这条准则被普遍化，却不希望那条被普遍化。不过，即便在准则上毫无疑义，你是否可以希望它被普遍化，也并不总是明确的，这一点我们在康德自己举的例子中已经看过。在这些情况下，不是所有的都显而易见。对于康德使用的一些例子，别的哲学家即便采用了康德自己的方法，也可能会提出不同的结论。因此，这些案例解读起来实际上相当困难。我不是说康德为他自己的例子所做的解读是错误的，我只是说我们真的很难说清楚。因此，虽然康德给了我们一个公式，但看它如何应用却远非易事——至少在某些情况下是这样。

第一个问题与公式在应用上的困难有关。现在我们需要看的问题是，是否所有在道德上正确的行为都会通过康德的考验？我们再来看一下在家门口对杀手说谎的那个例子。怎么做才是对的？从个人角度来说，我更愿意认为正确的做法是告诉杀手这不关他的事。但说实在的，这个回应不太可能解决问题。接下来，杀手可能会掏出枪，对准我的脑袋。这个时候，大部分人可能会出于恐惧而说实话；但一个勇气可嘉的人可能还是会说谎，告诉他那个人不在房子里。那么，他或她在道德上做错了吗？康德显然是这么想的。

可如果我们在用谎话骗过杀手才是正确的做法这个问题上，与康德有不同看法，但在向杀手说谎这一行为准则无法被希望成为普遍法则的问题上，又同意康德的观点呢？那么，我们就是不赞同康德的道德理论了。把这些观点结合在一起后，我们不必一定要通过考验才能做出道德上正确的行为。或者，我们可以说，我们需要找到一条更具体的行为准则；但这样的话，我们就又回到了第一个问题上，也就是如何确认行为准则。

由此，我们可以看出，通过考验是做出在道德上正确的行为的必要条件这一点，确实有理由被质疑。但第三个问题呢？通过考验是否足以表明某种行为在道德上是正确的？（通过考验是行为符合道德的充分条件吗？）事实上，相同的例子证明了其中的困难。对杀手说实话，康德说，通过了考验。但如果我们觉得这种行为在道德上是错误的，那就意味着某些有违道德的行为通过了考验。当然，康德会觉得我们只是在对是非的判断上出了岔子。有些人会认同康德的观点，有些则不会。但总之，我们必须承认，虽然康德在如何处理道德难题上做出了十分重要的贡献，但他是否解决了如何知道我们的行为符合道德这个问题，却远非显而易见。

自由与道德

在本章开头，我提到了激发康德的关键理念之一，也是他那个时代的拥护者经常强调的一个理念，即自由。有关自由和某些形式的决定论之间的区别，我们已经在讨论他律和自律的差别时提到。简言之，他律就是根据你的欲望来行事，而自律——或者自由——则涉及以你的理性为依据而行事。康德认为，人与其他动物之间的主要区别是人有能力做出自律的行为，也就是基于理性而行动。而这个特质，归根结底便是有能力控制你的欲望，按照道德律，即你通过自己的理性创造的法则去行动。因此，自由就是按照道德律行动。

这个观点或许看起来有些惊人。很多人会觉得，自由地行动就是不受约束地行动，而道德律是一种约束，因此有些人会主张，按照道德律行动就是不自由地行动。如果我得遵守道德律，那我有哪门子的自由？但康德主张，这个论点完全是本末倒置。他会提出相反的问题：如果你像动物一样，只是跟着你的欲望和倾向走，那你怎么可能是自由的？自由是克制你的欲望，遵照理性来行动；反过来，理性需要你在行动时，要当作你可以通过你的意志，让你的行为准则成为普遍法则那样。理性——对自由的行使——产生道德。

当然，我们不必非得在这一点上与康德达成共识；但是我觉得，我们必须承认，这个立场有一些价值。举个例子，有人接受了一大笔贿赂，要做一件他明知道不道德的事，比如把紧缺的大学招生名额拨给一个考试分数很差、没资格获得它的申请人。谁拥有更多的自由，是接受贿赂的人，还是拒绝贿赂的人？当然，我们会说那个拒绝受贿的人要比另一个有骨气。我们佩服那些拒绝诱惑，最终做出正确选择的人。他们在行动时也拥有更大的自由吗？似乎可以这么说。无论如何，我们在这里可以看到，在康德眼中，自由、理性和道德律有着牢固的联系。

康德与基督教

康德在阐述他伦理学著作的主要原理时明确提到，他不会从宗教前提来论证，也不会在他的理论中引入任何的宗教元素。在前面的章节中，我们读过《原理》中的一段引文，它揭示了康德在道德的宗教基础问题上的立场：

> （上帝的）旨意这个概念……包含了追求荣誉和主宰的属性，并结合了权力和报复的可怕表象。要是它成为一个道德体系的基础，那么这个道德体系会同道德观念截然对立。（1785/1997，4:443，p. 49）

不过，批评者却声称，康德的理论只有从他秉承的那种基督教新教思想的角度才能说得通。在他的一些著作中，康德确实明确地将道德和宗教的某些方面联系到了一起。稍后我们会看康德的一些明确说法，但现在，我们先要了解批评家声称康德的思想中可能包含宗教内容的种种方式。比如，我们在第十章中说过，康德反对自杀和荒废自身才能的论证，十分契合我们是被上帝放到这个世界上，而且我们在世间是为上帝的旨意而非我们自己的目的而服务这一宗教思想。按照这种解读，你对自己的义务其实是你对创造你的上帝的义务，这样会更说得通。或许这就是为什么有些无神论者否认我们对自己有义务的原因所在。

事实上，阿图尔·叔本华（1788—1860）曾指责康德从一开始假设道德以“法律”或“命令”的形式存在时，就已经将宗教角度的伦理概念夹带进了他的理论中。在《论道德的基础》中，叔本华提出，“摩西十诫”就是康德“神学”道德的模型和来源（叔本华，1840/2009，pp. 30—31）。弗里德里希·尼采（1844—1900）在《善与恶的彼岸》（1886/1999）中也提出了类似看法，认为归根结底，康德思想体系的基础接近于某种新形式的宗教信仰，符合伴随康德出生和长大的路德宗新教传统。

令人惊讶的是，在他后期的著作《实践理性批判》(1788/1965)中，康德自己反倒在一定程度上支持了这些批评。大家应该记得，我在上一章的开头曾提到，康德认为道德的意义不在于让我们幸福，而在于让我们配得上享受幸福。康德主张，最高程度的善是既有德行，又可以享受幸福，而两者很显然不是同一回事。不过，他又提出了一个尴尬的问题：一个人拥有德行，因而配得上享受幸福，但实际没能过上幸福的生活。康德似乎发现这种状态无法忍受，因而坚持认为，品德高尚的人一定在什么别的地方通过什么别的方式获得了奖赏。这个以及其他有关人类可以变得完美的论证，致使他提出了这样一个假设：世界上存在一位“大自然的作者”，他会以一种更令人满意的方式来安排各种事务。这个观点进而又让他力主灵魂是不朽的，上帝是存在的。

由于他坚持认为有德行的人做事是出于义务而非为了幸福，以及他反对道德以宗教为基础，所以看到康德如此明确地将宗教元素纳入他的理论中，可能会让人有些惊讶。然而，宗教并不是康德道德信念的明确基础，而是他从他的道德立场得出的结果。当然，如果叔本华和尼采是对的，那康德的道德哲学其实从头到尾都贯穿了宗教思想。但即便如此，非宗教信徒也还是可以从康德有关行为普遍化和不将他人视为手段的重要性这类主要洞见中，找出其巨大的价值。

道德原则、种族与性别

我们在第八章看到，约翰·斯图亚特·穆勒（1806—1873）推导出功利主义支持将女性从男性压迫之下解放出来，以此阐明了这种道德方法的长处。但麻烦的是，我们在第九章中又看到，他似乎认为功利主义也支持殖民事业，至少在“野蛮人”被提升到一定的文明层面、有资格获得自由之前是这样。

阅读康德的道德哲学时，我们会很自然地认为，这可以作为性别和种族平等问题的一个具启发性的基础。因为我们永远不应该将他人仅仅视为达到自身目的之手段这个观点，似乎排除了压迫形式的婚姻、奴隶制、虐待性质的雇佣关系和很多社会痼疾。而你应该把自己想象成目的王国的立法者这一提法，则意味着如同社会契约理论那样，你必须将所有人的角度都考虑进去。由此，似乎所有形式的歧视都被排除了。毕竟，你为什么会同意一套有可能用来歧视你的规则呢？追求性别和种族平等的当代理论家在康德的思想中找到了很多有用的东西。

但是，正如康德会第一个向我们指出的那样，外表具有欺骗性。在研究康德的著作时，我们会发现他并不曾往这些方向发展过他的思想。事实上恰恰相反。康德似乎认为，只有白人男性才完全有能力达到那种能让他们成为完整道德主体的理性水平。比如，他明确否认了女性应该有选举权，理由是她们在经济上无法自给自足。当然，这个论证会招致为什么女性在经济上无法自给自足的追问。而康德可能会主张，这只是男女天生能力有别，而不像穆勒那样会认为这源于不公正和歧视性的社会结构。不过，事实仍然是，康德拒绝把握机会，将完整的道德平等权给予女性。（关于康德和性别的讨论，见赫尔曼，2002。）

但更糟糕的或许是康德在种族问题上的立场。除了哲学著作之外，康德还在地理学与人类学方面写作和演讲，虽然他一辈子都没离开过德国北部的家乡柯尼斯堡（一个国际港口，游客络绎不绝）。康德相信种族存在天然的等级，欧洲白人在上，其他种族依次在下。我们在前面看到，穆勒也有着类似的观点，只不过他认为这种情况只是暂时的，完全的种族平等最终会实现。穆勒的成就差别观念背后，似乎是一种对人人都会最终拥有道德平等的信念。但康德不是这样，他认为不同种族的人有着某些固有的特质，而这可以解释他所看到的那些智力、才能和辛勤工作能力的不同水平（大家应该还记得他在第十章中提到“南海岛民”时的评价吧）。（关于康德与种族的讨论，见希尔和博克斯尔，2000。）

康德个人对这些问题的看法着实令人震惊，尤其是考虑到他在著作中表达了对平等的深刻信念之后。不过，在一定程度上，它们似乎相对肤浅，只是偏离了他的思想的逻辑，为的是让它们符合18世纪那些虽然未被普遍化但也很常见的偏见。尽管他有自己的看法，但他立场背后的根本逻辑是反对性别歧视和种族歧视的。

不过，近几十年来，康德的道德理论也遭受到了压力，尤其受到女权主义哲学家的反对——虽然她们的反对同样可以用在功利主义理论上。我们已经看到，康德强调的是不偏不倚的理性所具有的重要意义，认为这是道德思想的基础。人们对他的批评就是从这里开始的。美国社会心理学家卡罗尔·吉利根（生于1936年）提出了主要的反驳，而论据的内容从她给自己的著作所取的标题《不同的声音》上就能明显看出来。吉利根认为，有证据表明，男性和女性分析道德问题的方式不一样。她说，男性会寻求明确的道德原则或公式，然后运用它们，通过理性思考来回答道德难题。而女性，吉利根宣称，则更注重境况的具体细节。她们更强调人际关系的重要性，尤其是爱、同情和同理心这些“关怀性质的”情感。

这可是道德哲学中一个极其重要的进展。如果吉利根是对的，那我们就应该好好思考一下道德哲学在其整个历史中是否被“性别化”了：它是否忽视了女性思考道德问题的方式？如果是这样，那我们或许需要彻底地重新思考道德哲学。但与此同时，很多女权主义者虽然认同吉利根对康德的批评，可也担心她的这种方式会使得一些性别歧视观念又卷土重来，比如男性和女性本质上天性不同，因此有各自适合的社会角色。很多女性会痛恨男性天生比女性擅长抽象思考这类明显暗示，而男性也会厌恶一些说法，比如他们关怀他人的能力不如女性。鉴于这个问题的重要性，我们还会在第十四章中对此进行详细讨论。

本章回顾

小结

在本章中，我们看到康德给出了绝对命令的三个主要表述方式：普遍法则公式、人性公式、目的王国公式。虽然它们按理说应该具有相等性，但有三个公式，可以更好地帮助我们应用康德的理论。其中的人性公式告诉我们，永远不要仅仅把他人当作实现我们目的的手段来利用，这一点尤其具有启发性。此外，我们还解释了康德对自律和他律所做的区分，并且再次考察了康德的一些关键例子。不过，我们注意到，康德的方式似乎太过苛刻了，因为在他看来，根据他的理论，我们即便在面对潜在的杀手时也需要说真话。

康德的理论同自由的概念有着紧密联系。他的伦理学和宗教信仰之间也存在重要联系，但这个联系具体是什么，仍然有争论。我们还简单看了一下康德在种族问题上出人意料的观点。最后，我指出康德在其理论核心过于依靠抽象的伦理原则，致使他容易受到女权主义作家的批评，她们认为他的著作中缺乏对“关怀伦理学”的关注。

讨论题

1. 解释一下绝对命令的三个不同公式。
2. 讨论康德如何看待向潜在杀手说谎的伦理。
3. 面对道德困境时，你如何利用康德的理论来决定你该怎么做？
4. 指责康德在他的道德哲学中夹带了宗教信条是否公平？

关键词

关键思想家

延伸阅读

* 约翰·罗尔斯的《正义论》首版于 1971 年。我选用的版本是 Harvard University Press（1999）的修订本。
* 康德的《道德形而上学原理》（1785）选用了 Cambridge University Press（1997）的版本。著作的节选参见乔纳森·沃尔夫（编），《道德哲学选读》（W. W. Norton, 2018），其中还包括了罗尔斯的文选和奥诺拉·奥尼尔的论文《终结世界饥饿》（Ending World Hunger）。
* 康德的《德性论》（*The Doctrine of Virtue*）收录于他的《道德形而上学》，这里采用的是 Cambridge University Press（1991）的版本。（首版于 1797 年。）
* 《论所谓的出于博爱关切而说谎的权利》（On a Supposed Right to Lie Because of Philanthropic Concerns），可参见康德的《伦理哲学》（*Ethical Philosophy*, Hackett, 1994），译者为詹姆斯·W. 埃林顿（James W. Ellington）。（首版于 1797 年。）
* 阿图尔·叔本华的《论道德的基础》收录于《伦理学的两个基本问题》（Cambridge University Press, 2009），编者为大卫·E. 卡特赖特（David E. Cortwright）和爱德华·E. 埃德曼（Edward E. Erdmann）。（首版于 1841 年。）
* 弗里德里希·尼采的《善与恶的彼岸》由 Vintage（1989）出过一版，编者为沃尔特·考夫曼（Walter Kaufmann）。该著作的节选参见乔纳森·沃尔夫（编），《道德哲学选读》（W. W. Norton, 2018）。
* 康德的《实践理性批判》，我在这里采用的是 Bobbs-Merrill（1956）的版本。（首版于 1788 年。）
* 卡罗尔·吉利根《不同的声音》（*In a Different Voice*）由 Harvard University Press（1993）出过一版修订版。（首版于 1982 年。）
* 芭芭拉·赫尔曼（Barbara Herman）在《康德对性和婚姻的论述值得我们思考吗？》（Could It Be Worth Thinking about Kant on Sex and Marriage?）一文中，对康德在女性问题上的态度做了精彩讨论，该文参见 L. 安东尼（L. Antony）和 C. 威特（C. Witt）（编），《自我之心》（*A Mind of One's Own*, Westview Press, 2002），53—72。
* 托马斯·希尔（Thomas Hil）、伯纳德·博克斯尔（Bernard Boxill）在《康德与种族》（Kant and Race）一文中考察了康德的种族态度，该文收录于伯纳德·博克斯尔（编），《种族与种族主义》（*Race and Racism*, Oxford University Press, 2000），448—469。

第十二章

德性伦理学：亚里士多德

我们的讨论，只要尽可能达到主题容许的准确程度，便已足够，正如手工艺制品无须件件都精雕细琢那样，讨论也不必追求场场都严谨周密……因此，我们必须满足于在谈论此类话题时，根据此类前提，只能指出粗略、概括的真理，满足于在谈论只有多半为真的事物时，根据同样情况的前提，得出同样多半为真的结论。所以，对于每一种陈述，我们也应该以同样的心境去接纳。因为一个人有教养的标志，就是在每类事物中只寻求该事物的本质所容许有的那种准确程度。

——亚里士多德，《尼各马可伦理学》

亚里士多德处理道德的方法

我们在前面已经看过，伊曼努尔·康德和杰里米·边沁（或者扩展一下，功利主义者大体上）想找到一种严格的方法论，作为其道德哲学的基础。这样的探索让他们提出了抽象的公式来处理道德问题。但是大约在 2 500 年前，古希腊哲学家亚里士多德却指出，我们不能总是期待给伦理问题找到准确的答案，因为它们通常很棘手、很复杂、很含糊。如本章开头的引文所说的，亚里士多德提出，有时候我们应该料到，我们最终选定的回答会是不确定或者不精确的。

如此说来，亚里士多德是在给我们打预防针。他不会提出什么公式来解决所有的伦理困境，不过正如我们稍后会看到的，这并没有阻止一些读者试图从他的著作中找出这样的公式。但如果你也想试试的话，最终只会感到懊恼不已。因此，在某种意义上，亚里士多德的方法显然令人失望。人生为我们奉上了各种道德难题，可如果道德哲学不能告诉我们如何解决它们的话，又有何用？一直以来，人们都是抱着这种希望去投奔道德哲学的。边沁认为，他能证明所有的道德难题可以如何运用功利主义理论来回答。康德没有像功利主义者那样提供一个简单的公式，而是给出了一个测试，一种处理道德难题的系统化方法，认为任何行为都必须达到**绝对命令**的要求。但是，亚里士多德却提出，尽管道德哲学能帮助我们思考道德问题，指导我们的行为，但道德本身无法被简化为一个公式，或者一套简单的规则，甚至是一个用来评判行为的测试。行为有德，需要古希腊人所谓的 phronesis，也就是“**实践智慧**”，需要判断力和经验。所以，那些渴望清晰解决方案的人很不走运，因为按照这个思想，道德没有附带用户手册。

书都快要完了，才来讨论我们所知的最早的道德哲学家之一，似乎有些奇怪。确实，亚里士多德出生于公元前 384 年，去世于公元前 322 年。他是柏拉图（公元前 429？—公元前 347）的学生，在柏拉图位于雅典的学园待了二十年后，他创建了自己的学校——吕克昂学园。可一个生活在古希腊的思想家能对我们现在生活的世界有什么见解呢？毕竟，亚里士多德的世界和我们的世界大相径庭：那时候，奴隶制度被认为是理所当然的，女性不允许参与政治以及公共生活的很多领域。希腊生活的这些方面在那个时代司空见惯，在我们的时代却说不过去，所以现代的读者可能惊讶于亚里士多德曾试图在他的著作《政治学》中为之辩护。然而，亚里士多德思考道德问题的一般方法，其实能给今天的人们提供一种新的视角。在看过一些较为现代的道德哲学，比如功利主义和康德的理论遇到的困难后，我们才能更好地领会诸如亚里士多德伦理学这类非公式化的道德哲学所具有的魅力。

但是，理解亚里士多德的理论并不是那么容易。他的思想可以追溯到2 500年前，但真正由他自己写的那些东西早已佚失。现存的亚里士多德著作卷帙浩繁（权威版本有近三千页），极有可能只是他的学生所做的笔记组成的。在有的地方，笔记似乎还没写完，或者晦涩难懂，或者自相矛盾。读亚里士多德是一个不断阐释和解读的过程。我们在这里集中关注的是《尼各马可伦理学》（布朗编，2009），拿现代哲学的标准来看，这是一本很奇怪的书。因为其中有很多我们熟悉的元素，包括对那些从古至今都很重要的伦理问题——比如界定一个人应该在什么时候被追究其行为的道德责任——进行的引人入胜、见地深刻的分析，但书的大部分内容读起来就像一本心理自助手册或者提供人际关系建议的书。

事实上，《尼各马可伦理学》通常被认为是在介绍如何过上美好生活——说到底，很多人也是怀抱着这种希望才来阅读道德哲学著作的。比如，我们被告知，尽管在极其特殊的情况下，父亲可以和儿子断绝关系，但儿子却永远都不应该和父亲断绝关系（布朗编，2009，1163b20，p. 162）。书中有很多页谈的都是友谊的本质和朋友间可以互相期待什么。给出的建议大体上明智，但讨论的是不是哲学问题却并不总是一目了然。此外，有些评论看起来十分脱节，着实不知道该作何解，比如“在剧院里，爱吃糖果的观众在表演拙劣时吃得最多”（1175，p. 190）。

或许亚里士多德会说，在现代世界，哲学家把道德哲学这个可能只有学者才感兴趣的理论性课题，同人们应该如何生活这种每个人都会面对的现实挑战分得太清了。到目前为止，我们在本书中考察过的大部分道德哲学只是在告诉我们应该如何思考道德，虽然一些谈论商业伦理学或医学伦理学等道德话题的普及读物可能会告诉我们该怎么做。而亚里士多德既关注思考，也关注行动：理论和实践。只不过在实践问题上，亚里士多德最关心的是我们应该成为怎样的人和应该努力培养什么样的品行。当然，品行包括思想和行动，但也涉及情绪和对他人的回应。道德不仅需要我们思考和行动，也需要我们有特定的感受：同情、内疚、快乐、憎恨等等。亚里士多德通过这种方式提出的理论，要比许多后辈哲学家倡导的理论更加全面。

因此，亚里士多德关心“我怎么做在道德上才是正确的”，更关心“我应该怎样生活”这个宽泛的问题。在回答他的问题时，我们需要思考对他人的关怀，也要思考对我们自己的关怀。这一点值得重点强调。因为很多人认为，道德通常与自利冲突，因此利他主义和利己主义的原则通常也会针锋相对。按照这种观点，有道德的行为需要大量的自我克制。但在亚里士多德看来，为自己行动和为他人行动之间存在固有冲突，这个观点是错误的。本质上，亚里士多德的理想就是要展示出生活的这两个面向怎样可以达到和谐统一（就这方面而言，亚里士多德的思想和我们在第六章中看过的伦理利己主义理论有关联）。只要经过正确的训练和培养，你对自己的关怀也会变成对他人的关怀，反之亦然。正如我们将在后面看到的，这个观点意味着道德教育会成为亚里士多德的核心课题。

美好生活

在《尼各马可伦理学》中，亚里士多德首先讨论了人们想要实现什么。他最初给出的答案一点都不意外：所有人——大众和精英——都同意，过得很好或者过得不错，就等于过得幸福。但幸福是什么？亚里士多德说，不只是一辈子寻欢作乐："很明显，大部分人的喜好都是随大流，偏爱那种适合禽兽的生活。"（布朗编，2009，1095b，p. 6）亚里士多德的观点似乎得到了约翰·斯图亚特·穆勒的附议，比如后者就说，做一个不满足的苏格拉底要比做一头满足的猪好（见第九章）。不过，边沁的观点正好相反，他会不屑地把亚里士多德的主张斥为精英主义偏见，力主幸福得从快乐的角度去理解，并且快乐只有强度和时长之差，无关质量。

而亚里士多德则会将边沁的立场斥为过于简单化。在亚里士多德看来，幸福是一个比快乐更为丰富的概念。实际上，他所用的那个古希腊语词 eudaimonia，至今都没有一个统一的英文翻译。有时候，这个词会被翻译成"幸福"（happiness），有时候则是"人的茁壮成长”（human flourishing[*]）或“自我实现”（fulfillment），或者经常干脆不翻译。其中，“人的茁壮成长”这个译法可能最有帮助，而且接近 thriving（蓬勃发展）一词，以及有时候儿童和老年人会存在的“未能蓬勃发展”的相关问题。一个茁壮成长或者蓬勃发展的人，身体和心智都很健康，享受生活，并且达成了一系列目标。他通常有朋友、家人和一个支持自己的社交圈。这些概念中的一部分还可以延伸到非人类的动物等身上：我们都知道说一条狗或一匹马，甚至是家里的一棵植物茁壮成长是什么意思。对亚里士多德而言，美好的人生就是茁壮成长的人生。

不过，幸福或人的茁壮成长或者自我实现，到底包含哪些东西呢？荣誉不算，亚里士多德说，因为那个要取决于人们当时选择重视什么，太过主观了。德性（virtue，这个词我们随后会讲）也不算。亚里士多德颇有些怪异地说道：“就连（德性）似乎也缺了点儿什么，因为有德性实际上似乎可以和睡着了觉或者一辈子无所事事的状态并存。”（布朗编，2009，1096a，p. 7）要回答人类茁壮成长的本质问题，亚里士多德提出，我们需要先理解人的“功能”。这似乎说得通。一棵茁壮成长的植物，会达成我们对植物的期待——长得越来越高，越来越绿，并且（有些植物可以）开花结果。由此，一个茁壮成长的人，也应该满足我们对一个人的期待：

> 因为正如对长笛演奏者、雕刻家或者任何艺术家而言，以及一般来说，对所有拥有某种功能或行为的事物而言，善和

---

* 这个词一般被译为“人的繁荣 / 兴盛”，但为了上下文的通顺，flourishing 在此译为“茁壮成长”。——译者注

"好"被认为存在于其功能之中，人似乎也是如此，如果他有这样一种功能的话。（1098a，p. 11）

不过，认为人类有其功能，这么想对吗？追问人的目的是什么，这么问合理吗？我们在第五章中谈到**自然法**理论时提过这个问题，所以大家现在应该可以理解为什么亚里士多德会被视为自然法理论的创建者之一了吧。在宗教的世界观中，人是否有功能这个问题或许很有道理，因为上帝为什么要创造人，是一个很合理的疑问。确实，神学家从古到今一直都在问，尤其是在"上帝是完全和自足的"这个基督教信仰的背景下，既然如此，为什么还要创造别的东西呢？人类一定是为了某种目的而被创造的，至少在某些宗教观点看来是这样。当然，亚里士多德著书立说的年代在基督纪元之前，而古希腊的众神又是一个多姿多彩的群体，远非完美，并且只为自己着想。亚里士多德并没有把这个问题同神学关注联系在一起。他似乎感到，如果我们考虑一下人的功能，或许能帮助我们搞清楚幸福对人而言到底意味着什么。他是这么做的：

原来，人的善就是灵魂的行动表现出了德性，如果德性不止一种，则要表现出最好、最完整的那种。但我们必须要再加上"一辈子"。（布朗编，2009，1098a，p. 12）

亚里士多德强调的是"灵魂的行动"表现出了德性，这一点要着重思考；推测起来，这大概是为了解决他之前提到的那个问题，也就是人在睡觉时也可以有德性，并且他还强调了一辈子都要保持德性的重要性。此外，他还给“智性德性”赋予了重要的任务，甚至主张反思或沉思能带来最高程度的幸福，因为这比我们做的其他任何事都更接近神性。不同于低级动物，亚里士多德说，我们人类是理性的动物。他认为，所有的动物都有一种允许它们四处活动的“运动灵魂”和一个让它们成长与繁衍的“滋养灵魂”，但只有人类还拥有一个“理性灵魂”。到这里，我们就可以得出亚里士多德的幸福观了：过一种符合人类的卓越性或者德性的生活。但正如我们在前面看到的，对于亚里士多德而言，这并不是一种自我牺牲的人生，因为有着积极德性的人生是愉快的人生。确实，亚里士多德这样主张：

> 不为高尚行为感到欣喜的人甚至不能算是一个善的人：因为一个人不喜欢行事公正的话，没有人会说他是一个公正的人；一个人不喜欢行事慷慨的话，也没有人会说他是一个慷慨的人；其他情况亦是如此。所以，如果是这样，那么德性的行为必然本身就是令人感到愉快的。（布朗编，2009，1099a，p. 14）

这个说法在某些方面与康德的观点是对立的，因为康德认为道德动机与快乐动机有着严格的分界。尽管他也认为行事有德通常会和快乐的感受扯上关系，但是不会认同亚里士多德这种除非你享受行事有德，否则便不是一个善的人的观点。不过，即便在亚里士多德看来，要每一种符合道德的行为本身都令人愉悦，也有些强人所难。在某些情况下，道德需要自我牺牲。只是对于一个有德性的人而言，这正是人生格局中更为广博的那个部分，道德与自利可以在整个人生中达到和谐统一。

德性的习得

现在，我们需要更详细地来考察一下亚里士多德的一个重要概念：**德性**。这个术语可能在日常生活中不常用：你何时用“有德性”形容过别人呢？如果有的话，是指什么？亚里士多德的道德哲学被称为**德性伦理学**（virtue ethics），有时也叫德性论。简单来说，一个道德上令人钦佩的人就是“有德性”的人，而德性则是指一套有价值的、坚定秉承的性格特征。比如，勇气通常就被认为是一种德性；亚里士多德还列出了其他一些，如诚实、谦虚、节制（他指的是克制你的欲望）。其他德性可能包括善良、体贴或者慷慨。做事有道德可不是做正确的事或者遵守规则那么简单，而是要成为正确的那种人。一个有德性的人会以特定的方式来思考和看待事物，对于境况做出正确的情绪反应。一个有德性的人还要根据他或她认为什么是应该做的而行动。如我们前面所见，这个理念被称为实践智慧。

我们可以用古希腊哲学曾专注的一个问题，来更好地理解亚里士多德的德性概念：德性如何才能习得？有一点很值得玩味，很多现代道德哲学家只会讨论那些已经成熟的道德主体，很少谈及儿童和少年。如果你只是把道德视为一套知识体系的话，这么做是合理的。真理是一回事，该如何教授它是另一回事。但如果我们把道德视作一个实践课题，那么一个重要的问题便是它是如何被习得的。

答案有可能是什么呢？亚里士多德的老师柏拉图在其对话录《美诺篇》中，给出了最明显也最有可能的回答。美诺是古希腊塞萨利地区一名富有的访客，他问道：

> 能不能告诉我，苏格拉底，德性可以教授吗？还是说它没法教，而是实践的结果，抑或二者皆非，而是人天生或者可以通过什么别的方式拥有德性？（格鲁伯译，1980，70a，p. 3）

如果我们先略过“什么别的方式”这个开放式说法，那么这里提出了三种可能性。一是德性是一种理论知识，就像几何学那样，可以被教授。或者可能是“实践的结果”，就像婴儿学习说话那样。你通过沉浸在环境中学习，包括观察、重复、建议和纠正。最后，德性可能是一种自然本能，就像呼吸一样，根本不需要教授。这些答案中有没有哪个是合适的模式，可以解释德性或者说道德知识是如何获得的呢？

德性是天生的吗？

我们先来考察最后一个见解。亚里士多德认为，行为有德显然不是什么自然本能，他主张：

> 没有一种道德个性是天生就生发于我们心中的，因为没有哪种天然存在的事物可以养成与其天性背道而驰的习惯。比如，石头天然会往下滚，但无法习惯于往上滚，就算你想训练它，把

它往上扔一万次，也没用。（布朗编，2009，1103a，p. 23）

亚里士多德说得当然对，不管你多努力，也没法通过把石头扔到天上，来训练一块石头往上滚。他的论点似乎是，如果一种性格特质是天生的，便无论如何也无法被改变。但我们却可以训练人们培养甚至改变自己的道德德性，因此，亚里士多德认为，德性对我们而言并非天生。

不过，这个论证是否有说服力，却不甚明晰。前面谈到自然本能时，我们曾以呼吸为例。但是很多瑜伽老师或练习者却相信我们天生的呼吸方式对我们来说不是最好的。他们花很多时间练习如何呼吸得更好，并且就这个问题著书立说。当然，无论我们练得多刻苦，都不可能不靠呼吸活着，但是我们呼吸的方式确实可以训练。那么，道德德性也是同样的道理吗？亚里士多德预先考虑到了这一点，于是又指出，自然赋予了我们接受德性的能力，但只有通过实践，我们才能完全实现它们。而对于呼吸，瑜伽老师可能也会这么说。经过足够的练习，正确的呼吸方式会成为“第二天性”，一种本能的习惯，当然在一开始的时候，它一点儿都不本能。

德性可以从书本上学会吗？

另一个可能性是我们可以把道德纯粹当作理论知识的一个分支，要么跟着一位好老师，要么自己通过看书来学习。为了更好地理解亚里士多德的立场，我们有必要了解一下当代哲学中常见的一个区分：**是什么的知识**（knowledge that）和**如何做的知识**（knowledge how）。

我知道世界各国的首都时，获得的就是是什么的知识，比如印度尼西亚的首都是雅加达这条知识。这通常被称作命题知识：要表述一条命题知识，我可以说“我知道雅加达是印度尼西亚的首都”，或者“我知道巧克力对狗有害”。但知识还有另一种类型：如何做的知识。“我知道如何游泳”或者“我知道如何骑自行车”是非常标准的说法。知道这些事，就是说我知道如何做出一系列行为。但一个有趣的问题在于，这种知识能否写成一套指令，比如“游泳时要向左转，须将上身略朝向左边，同时用那一边的胳膊用力划水”。当然，确实有这种教人游泳或者骑自行车的手册，但是如果有谁纯粹只是通过阅读手册便学会了这两件事，那可真是太令人惊奇了。无论你在下水前看多少书，学得有多刻苦，除非有奇迹发生，否则你没法立即就能学会游泳。这个例子可以证明，有关游泳的那类知识是如何做的知识，而不是是什么的知识，这类知识需要通过实践和练习才能获得。

亚里士多德认为，道德知识是二者的结合，既有是什么这种命题知识，比如他著作中包含的那类命题，也包括大量的如何做这种过程知识。为了阐明这一观点，他提出，做一个有德性的人在很多方面就像成为一名技艺娴熟的艺术家或者工匠。在《尼各马可伦理学》中，他说道：

> 对于那些我们得先学会之后才能去做的事，我们学习的方式就是去实践，比如，人通过亲手造房子才能成为建筑师，要通过弹奏里尔琴才能成为里尔琴演奏者；同理，我们要通过做正义的事，才能变得正义，做有节制的事，才能变得有节制，做勇敢

的事，才能变得勇敢。（布朗编，2009，1103a，p. 23）

练习被亚里士多德称为习惯化，其重要性表明，就像成为一名游泳健将那样，要想成为有德性的人，可不能只是自己看看书或者听听老人言，虽然那样会有帮助，但一个人要练习德性，才能成为有德性的人。在亚里士多德看来，这条原则应该被更多人知道：

> 但大多数人……躲在理论中，认为自己已经是哲学家，这样就能变好了，表现得就像病人一样，聚精会神地听医生讲，但样样都不按医嘱去做。（1105b，p. 28）

习惯化

事实上，我们可以将完整的习惯化分成几个方面。首先，是亚里士多德所谓的道德之“然”，这类知识似乎就是对一般规则的了解，就像听医生讲话一样，因此本身是不够的。其次，是另一种形式的理性知识，亚里士多德称之为“所以然”，为什么道德要求会是那样的。只知道规则是不够的，我们还需要搞清楚每条规则的最终意义。这也是命题知识的一种形式，因此在这个意义上，也可以被算作是什么的知识。但我们可以引入一个新的概念：为什么的知识（knowledge why）。知其然和知其所以然（或者说为什么），便会产生更完整的道德智慧。但显然，亚里士多德认为，如果没有实践过德性，那你就无法理解德性的所以然。只有通过实践，你才能得到如何做的知识，进而让你继续培养和校准正确的道德识别力，熟能生巧。但同样重要的是，在道德上有德性的人要能在“高尚与正义的”行为中找到乐趣。如果德性是一种牺牲的话，那么在亚里士多德看来，它就不是严格意义上的德性。

因此，我们要习惯成“德性”，必须将四种元素结合在一起：然（是什么），所以然（为什么），实践练习（如何做），乐趣（或许可以说是快乐）。而所有的习惯化，在亚里士多德看来，都需要正确的教养。年轻人天性贪图享乐。但如果培养得当，他或她也会想行事得体。好的教养关键在于将二者结合起来，使得成熟的人越来越享受行事得体的乐趣。这个目标无法一蹴而就。首先，我们需要学习道德规则，遵守父母和老师的命令，虽然可能不完全明白应该怎么做，而且做错的话通常还会受到批评甚至是惩罚。有了经验之后，也就是不可避免地犯过一些令人羞愧的错误后，有德性的人会最终懂得道德规则存在的原因。到了这个阶段，他或者她通过了解规则的意义，已经明白了“然”和“所以然”。

更重要的是，这就意味着有德性的人有了判断能力，可以决定规则是否过于简单化，去做那些严格来说在表面上看来不应该做的事反而才是对的。康德那个对杀手说谎的例子，很值得再次思考一下。有德性的人可能会这样分析：讲真话的意义在于为了互惠互利而创造一个有着可靠预期的世界。但是，当一个人打算做出的行为显然会违背公共利益时，那么通常赞同讲真话的理由便会被其他考虑盖过。盲目遵守规则可能要比从不遵守规则好，但道德智慧需要做出大量的判断，而这需要从经验中才能获得。

不过，有意思的是，已经拥有了某种德性的人，在分析问题时通常不会用到那种德性。比如，一个勇敢的人不会问：“在这种情况下，勇敢的人需要怎么做？”这个问题一般都是正努力想要习得勇敢这种德性，并且仍然需要仔细思量该怎么做的人才会问。真正勇敢的人，一旦习惯了这种德性，一看便知该怎么做了，而且受到表扬的时候，他或她还极有可能不承认自己的行为很勇敢。勇敢成了第二天性。同样，那些出于友谊而做事的人，不会将自己的考虑定义为“是朋友就会这么做”。谁要这么想的话，那他可能是个假朋友，或者正在训练自己如何做朋友，而不是一位真正的朋友。看起来对于某个德性而言，相关的考量并不包含该德性，一般来说这是正确的。当然也有例外：比如在棘手的情况下，对于正义的人而言，追问“正义需要什么”反倒很根本。我们会期待法庭的法官这么问，无论他多么资深。或者在面临窘境时，谁都有可能问：“真正的朋友会怎么做？”

鉴于道德成熟是一个发展过程，需要正确的教养，所以我们应该问一问，那些受到了不正确教养的人现在应该怎么做，才能回到正轨上。可惜的是，亚里士多德在这个问题上的思考似乎未被记录下来，或许他的听众教养都很好吧。不过，他或许会认为，如果你醒悟得太晚，那要想过上有德性的人生几乎也就不可能了，就像那些成年之后才想起学一门新语言的人，几乎不可能完全掌握该语言一样。教养不善的话，你可能会挣扎一辈子。

德性、恶习与中庸

到现在，我们已经大概了解了亚里士多德的道德观。但是，我们还有一个核心问题有待解决。亚里士多德认为我们该怎么做呢？

亚里士多德的立场中最为人熟知的方面或许就是“中庸”（golden mean）了。正确的行为是过度和不足的平均数（mean）——过度和不足则是两种恶习，也就是德性的对立面。

前面我曾提到德性一词在现代生活中不太常用。恶习（vice）的说法我们倒是比较熟悉，不过也和亚里士多德原本要表达的意思不太一样，虽然二者有关联。我们今天的警察队伍中有所谓的 vice squad（负责扫黄缉赌的警察缉捕队），主要针对的是卖淫、非法赌博、色情等行为。此外，我们还有 vicious 的说法，虽然该词衍生自 vice，但含义完全不同，尤其同毒品或者色情无关，而是最常用来形容极端凶残的暴力行为或者恶意中伤的闲话或批评。对亚里士多德而言，或者至少从其著作的传统翻译来看，vice 和 vicious 更为广义，用来指德性（virtue）和有德性（virtuous）的对立面。如果勇敢是德性，那么懦弱就是恶习。因此有些古怪的是，懦夫是指一个有着负面性格特质的“凶残”（但含义其实是有恶习）的人。尽管这种说法可能比较陌生，但意思应该不难理解。

亚里士多德讨论了一系列德性和对应的恶习。其整个讨论的核心思想框架是，德性可以被过度或者不足摧毁，因此我们（几乎）总会在这个方向或那个方向上犯道德错误。为阐明这一点，他举了几个锻炼和饮食会如何影响体力与健康的有趣例子。要想身体健康，你需要锻炼；但锻炼过度，你会伤到自己，让身体变弱。因此，过度锻炼同完全不锻炼对你来说一样不好，甚至更糟。为了健康，你需要吃喝；但暴饮暴食就像营养不良一样，也会毁掉你的健康，虽然方式不同。所以他的理念就是，要想身体健康，你的行为就必须在过度和不足之间找到一个中间点。这些例子似乎很可靠，但能同我们所谓的健康的道德行为做合理的类比吗？亚里士多德很有自信，认为这个模式恰如其分：两种极端情况（两种恶习）的平均便是德性。

德性

在《尼各马可伦理学》中，亚里士多德举的第一个例子是勇敢。逃避一切的人是懦夫，而什么都不怕的人则会“变得莽撞”（布朗编，2009，1104a，p. 25）。他的第二个例子如下：

> 沉湎于每一种快乐而毫不自知的人会变得自我放纵，而像莽汉一样回避一切快乐的人则在某种程度上会变得无知觉。节制……毁于过度和不足，成于中庸。（1104a，p. 25）

亚里士多德承认“无知觉”（insensible）一词是他自造的，因为他说“在快乐方面缺乏的人不是经常有”，所以这种恶习没名字（1107b，p. 32）。但在这个问题上，亚里士多德其实是未能预料到基督教道德中的一个重要部分：倡导主动过清贫生活和做出自我牺牲。这种思想所受的影响来自古希腊的**斯多葛主义**（Stoicism），在亚里士多德去世几十年后才在希腊兴起。初读亚里士多德的书，我们甚至可能会觉得他用节制一词来谈论某种德性时，倡导的思想很接近斯多葛主义。但他所谓的节制，其实同现代的“节制运动”（temperance movement，即禁酒运动，目标是减少或根除饮酒行为，因而通常被描述为相当无趣）的理念相去甚远。正如我们已经在好几个例子里看到的，亚里士多德认为美好的生活就是享乐的生活，只要不过度就好。

亚里士多德对于生活的态度和自我牺牲哲学之间的区别，可以从他有关金钱和外在事物对德性的重要性的讨论中看得很清楚：

> 慷慨的人需要钱来做慷慨的事，正义的人同样也需要钱来履行他的服务（因为希望是很难分辨的，即便不正义的人也可以假装自己希望做出正义的行为）。（1178a，p. 196）

事实上，亚里士多德说，幸福所需的外部事物远不止金钱：

> 有些东西，比如良好的出身、优秀的子女以及漂亮的外貌，这些如果缺乏，则会夺走幸福的光彩；因为外表丑陋或出身不好或孤独无依、没有子女的人，不太可能过得幸福，而一个人如果有非常坏的子女或朋友，或者说好的子女或朋友已经去世，那他就更不可能幸福了。（1099a，p. 14）

这段话很有趣，但也让人不安。如果作为一段从心理学角度对什么让人幸福和不幸福的分析，它显然是有道理的。但问题在于，外表、子女或朋友这些方面的不幸，是否应该影响你行为有德的能力。可以认为，亚里士多德的讨论是在暗示身处这些艰难困境时，行事有德会更难。这样的立场同前面提到的曾对基督教产生过影响的斯多葛主义截然对立，后者认为德性和幸福几乎完全取决于每个人的内心状态。在斯多葛学派看来，人们拥有什么和外表如何对于他们是不是好人完全没有影响，幸福的实现——甚至是更高一级的幸福——不需要外部事物，无论一个人的外表怎样。

亚里士多德的上述观点（在他看来是人们的普遍观点，所以他自己可能不这么想）似乎确实很普遍。比如在许多文化中，热情好客、赠送礼物很重要，但如果没有一定的财富水平，这种习俗几乎无法维系。而没有子女或者朋友来帮你的话，你要帮助别人也会比较困难。亚里士多德认为，日常生活的这个方面体现了道德的某些重要东西，而相比之下，斯多葛派和一些基督徒则认为这是一种我们能够、也必须去克服的偏见。大家可以回想一下《圣经》中的一句话："骆驼穿过针的眼，比财主进神的国还容易呢。"（《马太福音》19 章 24 节）

不过，亚里士多德的观点可能要比表面上看起来的更为温和。他的立场可能不是说外部事物本身，比如财富或者美貌，在道德上是好的，或者对美好生活来说很关键——事实上，他认为纯粹追求金钱本身在道德上是有问题的。他是在推测，如果你背后有合适的资源支持，那么会更容易过上有德性的生活。道德上的好人会知道如何好好利用财富。亚里士多德会尊重《马太福音》里的那句话，但很可能不会认同。财主更容易过上有德性的生活，但这并不代表他会那么做；也不是说穷人不可能那样。不过，这个观点可能会被认为不公平，因为一个人出生在有钱人家还是穷人家，纯粹是运气问题，而按照亚里士多德的看法，那些出身贫寒的人要想过上有道德的美好生活则会很艰难。避免运气的这种影响是斯多葛学派的一个动机，因此他们更关注内心状态，而非外部成功。

看待亚里士多德观点的另一个角度是提醒自己他的 eudaimonia 概念不完全等同于幸福，而是更接近“人的茁壮成长”、“自我实现”或者“蓬勃发展”。一个人在这个世界上或许身无长物，没有朋友，但也完全可以感到幸福，过快乐的生活。但我们在刚开始时可能会认为他们的生活本有可能过得更好。要想说他们在“茁壮成长”，我们还得再多了解一下他们的生活。同样，一个人一味地追求金钱和外部事物，而忽略了家庭、朋友，以及日常生活的小幸福，也不能算是“茁壮成长”。在亚里士多德看来，追求金钱不是人的正确功能，虽然钱可以帮助我们追求一些形式的卓越。

中庸

亚里士多德用相当系统的方式阐述自己的思想。德性介于不足和过度之间这个想法，至少就目前讨论的例子而言，似乎也有些合理性。更准确一点说，我们可以从字面上把德性看成两种极端的中间点，如亚里士多德所言。在另一个例子中，他将达到平均状态比作击中一个圆的圆心，失败会多过成功。但我们真的能如此理解德性吗？说某样东西是平均数，似乎是在说它可以被量化或者衡量。将德性行为比作圆的圆心，似乎是在暗示我们可以找到一个精确的标准。可这类将其明确化的努力，又会同亚里士多德先前有关我们不应当期待道德具有高度精确性的警告背道而驰。

因此，平均（中庸）的概念应该被看作一种比喻，而不能从字面意思上去理解。此外，亚里士多德自己也指出，不是所有的道德考量都可以被描述为中庸：

> 但不是每种行为或激情都容许有平均数，因为有些名称已经暗示了其恶劣性，如怨恨、无耻、嫉妒，有些行为也如此，如通奸、偷盗、谋杀。对所有这类事物而言，其名称已暗示它们本身就是恶劣的，而不是过度或者不足。因此，它们永远都不可能是对的，拥有该激情或行为的人总是错的。而且这类事物，比如通奸，其好坏也不取决于是不是同对的那个女人在对的时间以对的方式进行的，而是说做其中任何一样都是犯错。（布朗编，2009，1107a，p. 31）

另一个例外是正义，亚里士多德认为，正义本身就是一种限度，因此不可能过度。当然，他可能会主张总是按规则办事、从不宽恕，这是一种过度的正义，尽管他更有可能认为宽恕本身就是正义的一部分。有趣的是，在我们稍后会看到的一本著作中，亚里士多德又把正义描述成了收益与损失之间的一种平均。

亚里士多德罗列了一系列的德性与恶习，不过他更多是在举例，而不是列完整的清单。有些例子尽管符合亚里士多德的总体构想，也就是经历有道德的人生更像是东道主举办一场愉快的聚会，而不是像个修道士那样，但可能还是会让现代读者感到惊讶。所以，除了我们已经看过的勇敢、节制、正义的例子外，亚里士多德还考量了“提供消遣的愉悦性”，他说：

> 在提供消遣的愉悦性上，处于中间位置的人头脑机智，其倾向是机智，做得过度是滑稽，具有该倾向的人是小丑，而机智不足的人是粗人，其状态是粗野……如果一个人令人感到愉

> 悦的方式是正确的，那他就很亲切，其平均就是友好，而做过头的人要是没完没了，他就是个谄媚之人，如果是为了自己的利益，他就是个马屁精，而做得不够、在所有情况下都不能令人愉悦的人则是爱吵闹的乖戾之人。（1108a，pp. 33—34）

这些观察既好玩又有见地，而且表明了2 500年来，人的举止实在没有多少变化。不过，我们得问一问，它们同道德有什么关系呢？确实，我们喜欢和机智、友好的人待在一起，对小丑、粗人、好吵闹的人和乖戾的人避之唯恐不及。但这在道德上是可以接受的反应吗，还是说我们应该试着宽以待人？由此，我们可以再次看到，亚里士多德选取的道德概念要比哲学家通常说的那种更加宽泛，不过他或许没有对美好的生活和道德高尚的生活做出明确的区分，而是更接近一般人对二者的理解。

不过，从一个稍有不同的角度来看，亚里士多德其实提出了一个我们很熟悉的概念。知道什么情况下需要幽默，什么时候开玩笑很不恰当，需要道德上的敏感。比如，在葬礼上拿死亡开玩笑，有时候是正确的做法；但如果开玩笑的内容和时机判断不当，这个玩笑就会让人很不高兴，甚至近乎不可原谅。待人不友好会让他人的日子不好过。道德如果在很大程度上事关我们与他人的关系，那么机智和友好在我们的道德生活中便至关重要。

亚里士多德远远没有提供一份完整的德性和恶习清单。然而，在其著作《优台谟伦理学》中——部分内容与《尼各马可伦理学》重合，但也包含了额外的内容——亚里士多德给出了下面的表格，列举了德性和恶习的一些例子（肯尼译，2011，1221a，p. 19）。其中一些较为古怪的词说明了要将古希腊世界的方方面面翻译成符合我们这个时代的词汇有多么困难。

过度	不足	德性
易怒	漠然	温和
鲁莽	懦弱	勇敢
无耻	羞怯	谦虚
无节制	无知觉	节制
嫉妒	[未命名的]	义愤
收益	损失	正义
挥霍	吝啬	慷慨
炫耀	掩饰	坦率
奉承	乖戾	友好
奴性	无礼	庄重
柔弱	强硬	果敢
虚荣	胆怯	自豪
奢侈	寒酸	庄严
狡诈	幼稚	智慧

德性论与中庸

亚里士多德有道德理论吗？我一直用德性伦理学的说法，没有使用德性论，是因为“论”这个叫法会让人联想到道德背后有某种公式或者算法，可以用来解决道德困境。我们已经看到，亚里士多德曾警告读者不要期待这种方法，毕竟过上美好的人生是一件相当复杂的事。不过，那些习惯了边沁、穆勒和康德的道德理论的人，可能会很希望亚里士多德是在提供一种理论，他的很多读者确实也这么做过。比如，我们来看看下面这段康德作品的节选。这是他对亚里士多德的道德理论为数不多的几次讨论之一，不过不是在我们前面（见第十章）讨论过的《原理》中，而是在他的最后一部道德哲学著作《道德形而上学》里：

> 德性与恶习之间的区别，永远无法在一个人遵守特定准则的程度中找到；这只能在准则（与法律的关系）的具体质量中求得。换言之，众所周知的（亚里士多德的）原则，即德性是两种恶习的平均，是错误的。比如，假设管理有方是挥霍和贪婪这两种恶习的平均；作为一种德性，它无法被表示为在逐步削减挥霍（通过攒钱）或者在吝啬鬼增加支出中产生——就仿佛这两种完全相反的恶习可以折中为管理有方一样。实际上，二者有其特定的准则，并且准则之间必然相互抵触。（康德，1797/1991，pp. 204—205）

这段话很有意思。康德对亚里士多德的观点有着正确的认识，即（大部分）德性是两种对应恶习的平均。但是他将这个平均理解为数学上的平均数。平均确实有这层意思，但亚里士多德所想的平均并非如此精确。不过，康德的主要观点是，我们应该将亚里士多德的思想解读为德性是两种恶习之间的一种妥协。你若想达到“管理有方”，可以从吝啬鬼开始，逐步增加支出；或者可以从挥金如土开始，逐步减少你的花销。但康德又提出，道德行为应该是根据正确的法则或原则行动，而不是寻求两种恶习之间的妥协。你想让自己的行为具有道德价值的话，就需要首先对道德律有一种准确的理解，具体到康德这里，就是绝对命令。因此，康德认为，亚里士多德的学说是“错误的”。

亚里士多德会如何回应？首先，康德并没有证明亚里士多德认为德性是两种（通常意义上）被视作缺点的恶习的平均究竟错在何处。其次，亚里士多德也没有说德性是两种恶习的折中。而最有趣的一点则是，除非你已经有了那种德性，否则你根本就不可能从某个恶习开始，通过增加或者减少行为的强度，做到有德性地行事。又或者，康德的观点似乎是，如果你这么做的话，或许会不小心搞成“按照义务”，而不是“出于义务”行事。

诚然，亚里士多德用的并不是后来康德提出的“出于义务行事”的概念，但我觉得他极有可能会说康德并没有完全理解他的方法。“中庸”之道的本意并不是要为成熟的道德主体提供一种决策程序。如果一个人说，“我想处理好自己的事务，可不知道该怎么做。但我倒是知道怎么做个吝啬鬼，所以我就先从吝啬开始，逐渐增加花销，直至我花到了不多不少正好”，那也太奇怪了。运用管理有方这个德性的道德主体，早已在实践中接受了大量的训练和习惯化，到现在，不必进行大量的思考，也有足够的经验知道一般来说该怎么做。这种先前的训练可能部分牵涉了康德完全反对的那种推理。但如果一个人确实从平均或者妥协的角度分析过，那就是说，他可能正走在通向道德成熟的路上，但还没有到达终点。总而言之，康德曲解了亚里士多德的想法，误认为他是在说中庸之道是道德决策的一种程序。但并不是。它只是对德性和恶习的本质进行哲学反思的一个例子，虽然它可以告诉我们想研习道德的人可以如何通过习惯化来培养出德性。

由此，我们可以看到，如果有聪明的道德新手这种人的话，若没有大量的训练和经验，他们是无法利用亚里士多德的思想来解决道德问题的。总之，如果你试图从亚里士多德那里构建一种简单的决策过程，就无疑会失望，要么什么都找不到，要么会像康德那样对文本过度解读，超出了亚里士多德的本意。这种努力确实有可能总结出一种“德性论”，但该理论也很可能轻易就能被否定，就像康德认为自己已经做到的那样。如果说亚里士多德确实有一个道德行为理论，那就是这个：像有德性的人那样行动。可以拿这个理念对比一下某些基督徒面对道德难题时的办法，也就是问：“耶稣会怎么做呢？”

本章回顾

小结

我们在本章开头探讨了亚里士多德处理道德的进路，发现它同边沁和康德那种更为公式化的理论有差别。我们还考察了亚里士多德所谓的美好生活，记住了phronesis（实践智慧）和eudaimonia（茁壮成长）这两个概念。接着，我们探索了亚里士多德所谓的通过“习惯化”获得道德，并利用对是什么的知识和如何做的知识的区分，解释了他对获得德性的看法。我们还了解了亚里士多德理论中的“外部事物”所具有的作用。然后，我们看了德性是过度和不足两种恶习之间的“平均”这一概念，并思考了一系列的例子和例外。最后，我们探究了康德对亚里士多德的批判，但发现他的批判似乎在一定程度上源于对亚里士多德思想的误读。如果连康德这种声望卓著的人都可能误读亚里士多德，那我们其他人就更得小心，别轻易认为自己已经正确地理解了亚里士多德的思想。

讨论题

1. 亚里士多德认为德性该如何获得?
2. 德性是两种恶习的平均数吗?
3. 亚里士多德的道德方法是否太过看重自利?
4. 评估康德对亚里士多德的反驳。

关键词

绝对命令，p. 286
eudaimonia，p. 289
德性，p. 293
是什么的知识与如何做的知识，p. 295
实践智慧，p. 286
自然法，p. 291
德性伦理学，p. 293
斯多葛主义，p. 301

关键思想家

亚里士多德（公元前 384—公元前 322），pp. 285—310
伊曼努尔·康德（1724—1804），pp. 286，292，308—310
杰里米·边沁（1748—1832），p. 289
柏拉图（公元前 429？—公元前 347），pp. 287，294

延伸阅读

* 本章中的亚里士多德著作采用的版本是《尼各马可伦理学》（Oxford University

Press, 2009)，编者为莱斯利·布朗(Lesley Brown)，译者为大卫·罗斯(David Ross)。该著作的节选参见乔纳森·沃尔夫(编)，《道德哲学选读》(W. W. Norton, 2018)。

* 《优台谟伦理学》(*The Eudemian Ethics*)引自 Oxford University Press(2011)的版本，译者为安东尼·肯尼(Anthony Kenny)。
* 亚里士多德的《政治学》由 Oxford University Press(2009)出过一版，编者为 R. F. 斯塔利(R. F. Stalley)，译者为欧内斯特·巴克(Ernest Barker)。
* 柏拉图的《美诺篇》(*Meno*)版本众多，我在这里采用的是 Hackett(1980)版的第二版，译者为 G. M. A. 格鲁伯(G. M. A.Grube)。
* 有关斯多葛哲学的入门介绍，参见塔德·布伦南(Tad Brennan)，《斯多葛式生活：情感、义务与命运》(*The Stoic Life: Emotions, Duties, and Fate*, Oxford University Press, 2005)。
* 本章引用的《圣经》经文引自“新美国标准版”《圣经》。
* 康德的《道德形而上学》中的那段话引自 Cambridge University Press(1991)的版本。(首版于 1797 年。)

第十三章

对德性伦理学的质疑

在行使道德权力时，我可以做出或残忍、或无情、或自私、或轻率、或自负、或愚蠢、或不周、或不忠、或欺诈的事情——换句话说，恶意为之。

——罗莎琳德·赫斯特豪斯，《德性论与堕胎》

对德性伦理学的批评

在第十二章里，我们大略了解了亚里士多德的道德观。他正确地抓住道德本质了吗？我们在试图搞清楚他的立场时，看到了人们的一些担忧。在本章中，我们将更加系统地来看看对德性伦理学的一些强烈质疑。不过，我们首先来回顾一下部分业已提及的问题。

大家已经注意到，亚里士多德的道德概念十分宽泛：他对个人有多么享受自己的生活，以及拥有财富、美貌和智慧这类外部因素，有着异乎寻常的关注。换一种说法来表达这条评论的话，就是他的道德理论让道德充满了过多的乐趣。虽然这样的描述听起来更像优点而非缺点，它却引来了人们的批评，即认为亚里士多德在描述道德的特征时没抓住重点。有些人主张，他在理论中纳入了与道德完全无关的因素。如果同许多人一样，我们也主要把道德理解成尊重或者促进他人的利益而践行自我约束的话，那么亚里士多德的大部分思想便无关紧要了。

亚里士多德如何回应不难预料：谁又有资格说道德的“自我牺牲”概念就正确呢？因此，归根结底，这个批评预设了一个亚里士多德其实不会认同的道德概念。那么相应地，我们在这里看到的只是针对道德的本质是什么而产生的分歧，并非对其理论的明确反驳。不过这个分歧要想解决可不容易，这也证明道德哲学可以有多难解：连道德的本质和范围都没有一种普遍接受的定义。这个方向的批判会导致一定程度的僵持，因为就连有哪些措施可以解决它都不甚清楚。

不过，一个更麻烦的后续概念引出了第二种反驳。在亚里士多德看来，美好生活，包括道德良好的生活，部分取决于拥有的财富、家庭和其他外部因素。因此，运气不好的人会发现很难实现最高程度的德性。正是这个问题，让斯多葛主义着重关注起内心状态，这被基督教传统发扬光大，最终在康德的观点中得到了最充分的表达：只有“善良意志”才具有道德价值。斯多葛主义、基督教、康德哲学与亚里士多德的观点形成了鲜明对比。

归纳起来，这第二种反驳与亚里士多德观点的分歧在于，过上道德良好的生活是否要如此依赖外部因素，换言之，靠运气。许多道德哲学家会希望根据你有可能做到的事，来调整在道德上需要你做的事。说到这儿，你可能已经想到了《圣经》里的一个故事：

耶稣抬头观看，见财主把捐项投在库里，又见一个穷寡妇投了两个小钱，就说："我实在告诉你们，这穷寡妇所投的比众人还多；因为众人都是自己有余，拿出来投在捐项里；但这寡妇是自己不足，把她一切养生的都投上了。"（《路加福音》21 章 1–4 节）

寡妇的投入，相较于她的财产而言，要远比富人给的那些豪礼更珍贵，很多人会觉得这有更高的道德价值。你的直觉感受是什么？寡妇的礼物要比有钱人的礼物更值得称许，这个观点确实有吸引力。但也有人认为，富人实际上更值得赞赏，因为他们捐得更多，即便他们的财富是继承来的。那么，你认同这种立场吗？如果这个观点对你哪怕有一丝吸引力，那你就是站在亚里士多德那边。如果不同意，那你就是站在斯多葛学派和基督教那边，反对亚里士多德。

第三种反对来自康德与亚里士多德的另一个对照。同杰里米·边沁和约翰·斯图亚特·穆勒一样，康德也为我们应该怎么做提供了一个测试。比如我们经常会遇到这样的道德困境：为了从某种艰难处境中脱身，我应该做虚假承诺吗？对于这个问题，康德和边沁有各自不同的回答。在康德那里，是**绝对命令**的考验，而在边沁那里，则是最大幸福原则（**功利主义**）的考验。很多人读亚里士多德时都会被搞得很恼火，因为他并没有明确提出任何能帮助我们解决道德难题的指导。亚里士多德的官方回答是，如果某种行为是一个有德性的人在那种情况下会选择的做法，那它就是正确的做法。可要是你还没达到亚里士多德所立的那种德性标准，这个回答给不了你多少帮助。简言之，你可以阅读亚里士多德的伦理学著作并认同它们，但仍然不清楚在棘手的情况下该怎么办。

亚里士多德可能回答，道德哲学的目的不是要告诉人们怎么做，而是要让他们洞悉道德的本质。但这个提法无法令人满意，他当然认为道德哲学是一门实践学科，一种哲学方法如果无法给人引导，也太让人失望了。可以理解的是，读者或许会往别处寻求启示。因此，很有必要看看其他人是如何试图把亚里士多德的方法应用到道德问题上的，我们在下一小节就会这么做。但在那之前，我们还是简单看一下亚里士多德遇到的第四个和第五个问题，以便将它们全都列在一处。稍后在本章中，我们再来进一步探讨这些反对意见。

第四个问题源自社会心理学的实验研究。德性伦理学的方法，如我们所见，着重关注个人的品格。其目的是让个人通过习惯化培养德性，这样他们自然而然地就会做正确的事了。这种进路做出了一个看起来有些天真的假设：每个人都有某项品格，可以极大地影响他们如何行动。但假设这不是真的，比如我们如何行动更多由外部因素而非我们自己的品格决定，那么，就像社会心理学的结果可能暗示的那样，亚里士多德的观点所依据的便是一个虚假的设定，因为我们的个人品格已经不再决定我们会如何行动。

第五个问题则涉及性别和种族这两个重要但敏感的领域。我们前面讨论康德和穆勒时触及了这些问题，所以我们也会在亚里士多德的著作中来考察一下。而在第十四章中，我们还会对性别和种族的伦理学进行全面解析。

德性论与堕胎

上面提到的第三个反驳是德性伦理学没有给出真正的行动指南。对于在棘手的道德困境中如何做决定，功利主义和康德伦理学都提出了切实可行的指引，但亚里士多德却没有。因此一直以来，德性伦理学的方法都被指责在实际生活中毫无用处。如果这种批评公允的话，那么对德性伦理学而言可真是个沉重的打击。所以，或许评估这个问题的最好办法，是我们详细考察一下德性伦理学家是如何试图处理某个道德困境的。接下来，我们分析一篇题为《德性论与堕胎》(1991)的文章，作者是来自新西兰的当代哲学家罗莎琳德·赫斯特豪斯（生于1943年）。

赫斯特豪斯正确地指出，有关堕胎的哲学讨论，通常会被框定为两种核心关切：第一，胎儿是否具有人的地位；第二，女性是否有权选择如何处理与自己身体有关的问题。但正如赫斯特豪斯所指出的，这两种考量都没有真正让我们抵达女性在生活中可能面对的这个痛苦决定的核心。假设人们都认同女性有权决定是否进行堕胎。诚如作者所言，有权利选择本身就足以证明反对堕胎的法律是不公正的。但对于一个正在就是否要堕胎而苦恼万分的女性来说，问题可不仅仅涉及她的法律或道德权利，而是面对这种情况，她该怎么办或者如何做决定。当然，如果我们认定女性没有堕胎的道德权利，那么自然会得出堕胎是不道德的。但反过来却不成立。大家应该还记得，拥有做决定的权利并不会告诉你应该做什么决定，也不能保证你的决定，且不管是什么，会因此不受道德的批判。就像赫斯特豪斯在本章开头的引文中所说的那样：

> 在行使道德权力时，我可以做出或残忍、或无情、或自私、或轻率、或自负、或愚蠢、或不周、或不忠、或欺诈的事情——换句话说，恶意为之。（p. 235）

如果女性有选择权无法解决这个问题，那或许可以认为，第一个例行问题，也就是胎儿是否具有人的地位，更接近问题的核心。说到底，如果胎儿是人，堕胎就可被视为谋杀。但赫斯特豪斯也指出，胎儿的地位是一个高难度的形而上的问题，古往今来的哲学家在这个问题上向来莫衷一是，并且仍在争执。但她主张，我们不应该认为只有解决了所有形而上的问题后，才能做道德决定。需要我们做决定的情况蜂拥而至，我们没法等着由来已久的哲学问题得到解答，且不论这答案对于决定是否有意义——赫斯特豪斯怀疑不会有。

在讨论影响女性决定堕胎或不堕胎的因素时，赫斯特豪斯强调了怀孕、童年、亲子关系和充满爱意的家庭关系所具有的重要性，并且提出了一系列会对不同情况下的不同女性产生影响的情感、事实和实际问题。我们越是了解不同女性个体情况的复杂性，便越难相信康德或者功利主义者提供的那种公式可以解决每个女性在她具体、独特的情况中应该怎么做的问题。最后，赫斯特豪斯指出，我们唯一能要求的，就是每个女性对所有相关问题都进行了深思熟虑，并且十分慎重地对待她的决定。

有些人觉得，堕胎就像剪头发或者割阑尾一样，只是去掉多余的人体组织罢了，那这种人就没有足够慎重地思考相关问题。借用赫斯特豪斯的独特说法，那样太过“轻浮”了。但假设女性对相关问题思前想后，考虑了堕胎或不堕胎对她自己和他人会造成的影响，包括情绪影响，也和会受到影响或者能提供建议的人进行了讨论，那么毫无疑问，她对待自己的决定确实慎重。那么，在道德上，我们还能怎么要求呢？

处境类似的两名女性，可能会依据相近的事实而做出不同的决定，但如果她们都好好考虑过的话，那说其中一个做出的道德决定是对的，另一个是错的，似乎就有些奇怪。毕竟，问题并非完全取决于主观考虑，因为有些考虑因素具有相关性，有些却没有。比如，如果一个女人决定堕胎，是为了让她的派对晚装合身，那我们当然可以说这是个轻浮的决定，或者比轻浮更甚。但如果她真的没有能力照顾或者抚养孩子，那么她的分析就不能被轻易否定，虽然很多处境类似的女性坚持把孩子生了下来，而且后来也成功地挺了过来。按照此种理解，与堕胎有关的德性是仔细、慎重地思考，一种为主观考虑留出了余地的客观立场。

对于亚里士多德式理论能如何帮助我们处理道德困境的问题，这算是一个答案吗？那些想用公式解决问题的人还得继续失望下去。但亚里士多德的方法告诉我们，期待更多是不现实的，甚至可以说是幼稚的。根据德性伦理学的方法，没有哪本教材或哪个电脑程序或哪位老师能告诉一位女性，就她所面临的境遇而言，堕胎在道德上到底是正确还是错误。

你有品格吗？

近几十年来，亚里士多德的伦理学遭遇了一种截然不同、出人意料的强烈质疑，而该质疑的基础则是社会心理学的实验结果。亚里士多德理论的核心思想是，人可以在一生中通过教育、训练和练习，来实现德性的习惯化。因此，我们会培养出一种稳定、一致的品格，引导我们在道德遭受挑战的环境中做出正确的行为。一些人会变得勇敢，一些人会变得慷慨，一些人会变得善良，等等。而勇敢、慷慨、善良的人，要比那些未能培养起这类性格特质和德性的人，更有可能做出勇敢、慷慨、善良的行为。

不同的人有不同的品格，而品格可以在一定程度上解释他们的行为，这个观点似乎俗套到不值一提。但一些引人入胜的实验想要检验一下它对不对。我们现在来看两个相关的例子。

第一个是 1973 年，美国社会心理学家约翰·M. 达尔利和 C. 丹尼尔·巴特森发表论文，公布了他们在普林斯顿神学院进行的一项实验（达尔利 & 巴特森，1973）。自愿参与实验的神学院学生被告知，他们需要参加一项有关未来职业生涯的研究。作为实验程序的一部分，他们又被告知要发表一小段即兴演讲。其中一些人被要求谈谈《圣经》中的“好撒玛利亚人”，也就是那个停下来帮助遭到抢劫和殴打的陌生人的善人，另一些人则被安排了完全不同的话题。然后，他们得到通知，演讲地点是走廊另一头的一个房间。一些学生被告知他们在演讲前有充裕的时间，另一些则被告知他们已经晚了，得赶紧去。

所有学生在去演讲地点时，都会经过一个由演员假扮的衣衫褴褛之人。这个人躺在走廊的地板上，假装晕倒了，有学生经过时，他会呻吟、咳嗽，由此给了每个学生一次机会，让他们能够践行“好撒玛利亚人”的故事。鉴于这些都是研究神学的学生，人们预计他们会有相当的道德觉悟和高度的助人动机。实验的目的是想看看哪些学生会停下脚步，然后伸出援手，哪些会无视这个显然病倒了的人，照旧去演讲。根据实验者的观察，决定要不要停下来帮忙的最重要因素是学生是否在赶时间。那些认为自己已经迟到的学生帮忙的概率，要远小于时间充裕的学生。他们要准备的演讲是有关那位善人还是别的话题实际上无关紧要，而且实验也没有发现哪种“个性”因素与结果有关。

这样的结果既在意料之外，也在意料之中。让人意外的是，刚刚被提醒要谈论“好撒玛利亚人”的神学学生没有停下来帮忙。但想想如果你遇上类似的情况，时间难道不是你是否停下来帮助他人的最重要决定因素吗？对很多人而言，确实如此，即便他们匆匆忙忙要去做的可能是一些相对琐碎的小事。因此，实验者提出了这样一个假说：在“实时”的伦理困境中，真正重要的是你所处的境遇本身，而不是你是哪种人。这个观点有时被称为**境遇伦理学**（situational ethics）。如果实验者是对的，那么在解释实际行为时，品格似乎起不到什么作用，甚至完全没用。若果真如此，那德性伦理学麻烦就大了，因为它所依据的前提，即品格在道德行为中有着重要地位，完全是一个虚假的前提。

第二个例子可能更令人吃惊，这个实验发生在旧金山和费城的购物中心，于 1975 年公布（莱文 & 艾森）。实验者架设了一座电话亭，有些时候，打电话的人在离开时会意外地在退币口发现一枚十美分硬币。而这个人从电话亭出来后，一个从旁边走过的女人会“不小心”把文件夹掉在地上。实验的目的是看看谁会停下来帮女人拾起那些文件。根据论文作者的观察，意外得到那十美分硬币与停下来帮忙有着几近完美的关联。他们提出的假说是——至少在这个案例中，心情而非品格是解释助人行为的关键因素。你心情愉快的时候要比你在其他情况下更倾向于帮忙。同样，我们很多人对这个结果点头称是。

此类实验虽然规模较小，但似乎说明了人其实是一种肤浅到令人尴尬的生物。我们在行动时，依据的是一些细枝末节的考量，比如我们是不是在赶时间，或者心情好不好，而不是我们是否已经“习惯成‘德性’”。但是，这两个例子果真能推出如此戏剧化的结果吗？如果只凭它们本身，可能不行，但是这类实验在相关文献中比比皆是，并且都给出了类似的结果。

因此，有些哲学家得出结论，这类实验证明了人“缺乏品格”，所以德性伦理学必须被抛弃。而其他一些人则认为仅凭一些博人眼球的实验就抛弃 2 500 年的哲学传统实在有问题，并主张这些实验其实只证明了拥有真正的德性到底有多困难。说到底，有的人没有意外得到十美分硬币，可也停下脚步捡起了那些文件，或者即便在赶时间，也向病人伸出了援助之手。另一些哲学家则指出，现在人们又做了许多类似的实验，但仅有一小部分出现了如此充满戏剧性和意外的结果。所以，此类实验结果很可能是例外，是统计上的异常，并没有揭示出人性中什么深层次的东西。最后，还有一些批评者则不屑地认为，即便实验确实证明了什么，但实验规模太小，其实根本说明不了问题。他们指出，因为这类实验观察的只是一次性情况，不是一定时期内的行为，而只观察一次行为的话，很难就此评判品格的影响。或许在每种境遇中，一个人的德性只造成了细微的影响，但在其一生中累加起来，则会有很大的不同。

理想的情况是，我们可以多做些实验，但可惜的是，现在已经很难再组织这种实验，进一步测试相关问题。因为此类实验的关键所在，就是在实验本质的问题上对参与者进行误导，但在现在的科研道德规范下，很难再进行这种具有欺骗性质的实验（或许是受康德思想中对欺骗的不道德性的关注影响吧）。但不管怎样，这类实验的结果都惊人、有趣，值得德性伦理学家回应一下。

亚里士多德论性别与种族

我在前面介绍过，罗莎琳德·赫斯特豪斯曾用德性伦理学分析堕胎问题。有些读者可能注意到，她的分析同第十一章中简单提过的女权主义关怀伦理学在某些方面颇有可比性。比如，二者都拒绝抽象的原则或公式，更倾向于就具体情况进行关联式的道德推理。那么，亚里士多德是女权主义者吗？很遗憾，他不是，因为他曾在《政治学》中说过，“男性同女性的关系是上级与下级、统治与被统治的关系”（斯塔利编，2009，p. 16）。

我们看到康德采纳性别歧视和种族歧视的观念时，之所以会大吃一惊，是因为平等这一前提是其道德理论的组成部分，而看到亚里士多德愿意推行等级观念，我们可能并不意外。毕竟，我们已经看过这方面存在的一些潜在的棘手问题。比如，他曾提出有钱的人要比没钱的人更容易变得有德性。所以，亚里士多德的观念中含有精英主义思想，其实早有明确的预兆。而在他看来，如果你是女人，或许我们还应该加上如果不是希腊人，就无法过上最高形式的美好生活，这个观点似乎大体上也同他的精英主义吻合，即便他本来可以适可而止，不必再提出这些额外的主张。

有人可能会为亚里士多德的偏见寻找解释的理由，说在 2 500 年前的古希腊，人们的思想还比较落后，所以不应当指责亚里士多德曾秉承这类在我们现代人看来执迷不悟、充满歧视且归根结底有违道德的观点。但古希腊人真的都持亚里士多德那种观点吗？绝对不是，有一个人对女性的看法便完全不同，这个人就是亚里士多德的老师柏拉图。柏拉图很清楚自己维护的主张在那个时代骇人听闻，但仍然提出，男性和女性都有能力掌握那些政治权力职位所需要的技能。而且他进一步说，有些女性还会成功。从身体上来看，男性通常比女性强壮，所以平均来看，男性成功的概率要高于女性。但他又指出，就本质而言，男女并不存在什么使得男性天然就该统治女性的终极差别。原来，不同于亚里士多德，柏拉图还是一位早期的女权主义者。在《理想国》中，他指出女性和男性一样有当统治者的潜力：

> 那么，这些男性和女性显露出善于做哪种工作的独特天资，就要被分配去做那种工作。如果在男女有别的问题上，批评者只能提出一点——一个播种，另一个结果——那么我们可以看到，就我们的目的而言，他没有给出任何男女有别的证据。因此，我们应当继续坚定地认为，我们的护卫者与他们的妻子应该执行同样的任务。（卷 5，p. 145）

不过，有个问题很有意思，那就是为什么柏拉图似乎相信在自由竞争中，男性更有可能获胜，虽然女性偶尔也能出类拔萃。如果是比体力，这个观点似乎还算公允，但其他形式的竞争呢？纵观人类历史，再看今天的许多领域，男性大部分时候似乎确实要更成功，那这个统计上的事实又作何解？一种可能的解释是，男性通常天生要比女性有智慧、有能力，这就可以解释二者在成就上的统计差距了。但是，任何研究女性解放的严肃思想家都知道，从男性的成就更高这一点倒推出男性天生更有能力（这种策略就是第一章中提到的“最佳解释论证”），完全是谬误。

思想家们虽然赞赏柏拉图克服了那个时代的偏见，但也希望能深挖一下女性在同男性竞争时成功概率较低的原因。如果女性是在性别歧视的文化中长大的，那她们不容易取得成功的原因可能有很多：（a）她们或许不像男性那样被给予过受教育和培训的机会；（b）她们或许不像男性那样被给予过工作或晋升的机会；（c）她们或许被教导不要高估自己的能力，也不必力争上游；（d）其他人或许低估了她们的能力，并且忽视了她们；（e）她们或许就是面临歧视。性别歧视的社会结构和态度显然也在很多方面阻碍了女性取得成就。尽管今天的女性在获得权力或高位方面仍然不如男性，但这并不能说明男性与女性的才能孰高孰低。

在第十四章中，我们还会讨论性别问题，但现在，我们要把目光暂时转向亚里士多德有关奴隶制和非希腊人（或者他所谓的“野蛮人”）的一些令人不安的说法。在《政治学》中，他说虽然奴役希腊人有违道德，但其他人“天生就是奴隶”。诚然，我们或许还可以为亚里士多德找借口，说他只是局限于那个时代，把那些未受质疑的事情视作理所当然。但实际上，亚里士多德自己也承认，“有些人认为，奴隶主对奴隶的统治违背了自然……在正义中无正当依据”（斯塔利编，2009，卷 1.3，p. 13）。提出这个问题后，他必须捍卫自己的观点，于是他宣称，非希腊人的理性思考能力不如希腊人，更容易被身体欲望支配。因此，非希腊人不适于享有同等水平的自由，应当成为希腊人的奴隶。

我们有必要把亚里士多德的论证用形式结构表达出来。

前提 1：若要有权享有自由，就必须具备高度的理性思考能力。

前提 2：只有希腊男性具备高度的理性思考能力。

因此，

结论 1：非希腊人无权享有自由。

因此，

结论 2：非希腊人应该成为希腊人的奴隶。

我们可以从很多方向来质疑这个论证。首先，我们可以比较一下约翰·斯图亚特·穆勒的类似论点，他曾捍卫对那些（尚）未达到必要文明水平的民族进行殖民统治的理念（见第九章）。二者有两点重要区别。第一，穆勒认为每个人最终都有能力达到合适的理性或文明水平；而亚里士多德同康德一样，认为智性和文化潜力天生无法改变，不具备开发的可能性。第二，也是更重要的一点，穆勒主张就像父母照顾子女那样，为了被殖民者的利益，要对他们仁慈地统治。当然，历史记录表明，这种情况并没有发生，殖民统治通常就是残酷剥削。穆勒的思想立场很幼稚，甚至可以说是自欺欺人。但不同于亚里士多德，他并不认为那些缺乏充分的理性或者文明的人应当被能力更高的人役使。我们很难看出亚里士多德为什么会认为他的论证证明了希腊人对非希腊人的奴役是为了非希腊人的利益。他为奴隶制辩护的结论，显然无法从他的前提中推出。因此，即便前提为真，这个论证也是无效的。更何况，前提 2 一看就是假的，而前提 1，即便退一步讲，也颇有争议。鉴于亚里士多德没能为前提 2 提出合理的解释或证据，所以他的立场会让人觉得是不折不扣的偏见。

不过，或许我们可以说，亚里士多德要比同时代的人更诚实，因为那些人视奴隶制为理所应当，都懒得为其辩护。而且，我们也可以认为，他其实帮了我们一个大忙，证明了支持奴隶制的论据有多么站不住脚。

亚里士多德并不是唯一一个曾试图为奴隶制辩护的大哲学家。英国的约翰·洛克（1632—1704）提出过另一个论证。洛克认为，你如果是正义战争的得胜方，便有权处死那些被你俘虏的人，但如果你奴役他们的话，对双方都更有好处。要是奴隶们不同意，宁愿去死，那他们也有这个选择权，可以自杀。

这个有趣的论证也可以从多个角度来质疑。（比如，你真的对那些被你俘虏的人有生杀大权？）洛克在早期北美宪法的起草中颇具影响力，尤其是《卡罗莱纳基本宪法》（1669），它对该州的奴隶制做了规定。可洛克真的认为非洲人是在一场由美洲发起的正义战争中被俘虏的吗？似乎不太可能。所以，尽管他的一系列著作有巨大的价值，但这个观点却让他丧失了作为一位思想家的完整性。

在为奴隶制辩护的问题上，亚里士多德和洛克半斤八两。他几乎没有投入多少努力，只是说有些人一出生便注定适合统治，而另一些人则适合被统治。他们无法为奴隶制提供合理的根据，这给我们所有人都上了一堂课：对特权盲目且下意识的保护，会明显歪曲我们的分析能力。

本章回顾

小结

在本章中，我们考察了当下一些与德性伦理学有关的问题。首先，我们回顾了前一章中已经提到的一些批判，比如亚里士多德把道德同自利混在一起，以及他所谓的道德过于依赖外部事物。然后，我们通过考察罗莎琳德·赫斯特豪斯在堕胎问题上对德性伦理学的应用，探讨了人们为何会指责德性伦理学无法指导我们的行动。此外，我们还思考了德性伦理学遭遇的一项出人意料的当代批判：社会心理学实验表明，我们的行为无法通过品格来解释，但可以用相对而言微不足道的“境遇”因素（比如心情）来解释。接着，我们对比了柏拉图和亚里士多德在女性与男性平等问题上的观点，进而讨论了亚里士多德在女性和奴隶制问题上令人不安的理念。

讨论题

1. 怎样用德性伦理学来处理堕胎的道德问题？
2. 解释“境遇主义者”对德性伦理学的批评。
3. 批判地考察亚里士多德为奴隶制辩护的理由。

关键词

斯多葛主义，p. 314
功利主义，p. 315
关怀伦理学，p. 323
绝对命令，p. 315
境遇伦理学，p. 321

关键思想家

亚里士多德（公元前 384—公元前 322），pp. 313—317，319—320，323—327
伊曼努尔·康德（1724—1804），pp. 314—318，323
杰里米·边沁（1748—1832），p. 315
罗莎琳德·赫斯特豪斯（生于 1943 年），pp. 313，317—318
柏拉图（公元前 429？—公元前 347），pp. 324—325
约翰·斯图亚特·穆勒（1806—1873），p. 326
约翰·洛克（1632—1704），p. 327

延伸阅读

* 罗莎琳德·赫斯特豪斯的文章《德性论与堕胎》（Virtue Theory and Abortion）

最初发表在《哲学与公共事务》(*Philosophy & Public Affairs*) *20*, 1991 : 223—246，精编版本收录于乔纳森·沃尔夫（编），《道德哲学选读》(W. W. Norton, 2018)。

* 约翰·M. 达尔利（John M. Darley）和 C. 丹尼尔·巴特森（C. Daniel Batson）的研究论文，题目是《"从耶路撒冷到耶利哥"：助人行为中的境遇与性情变量研究》("From Jerusalem to Jericho" : A Study of Situational and Dispositional Variables in Helping Behavior)，发表于《人格与社会心理期刊》(*Journal of Personality and Social Psychology*), *27*, 1973 : 100—108；宝拉·F. 莱文（Paula F. Levin）和爱丽丝·M. 艾森（Alice M. Isen）的研究论文，题目是《对助人为乐效果的进一步研究》(Further Studies on the Effect of Feeling Good on Helping)，发表于《计量社会学》(*Sociometry*), *38*, 1975 : 141—147。两个实验在李·罗斯（Lee Ross）和理查德·尼斯比特（Richard Nisbett）的著作《人格与境遇：社会心理学视角》(*The Person and the Situation: Perspectives of Social Psychology*，第二版，Pinter & Martin, 2011）中也有介绍。奎迈·安东尼·阿皮亚曾在他的著作《伦理学实验》(*Experiments in Ethics*, Harvard University Press, 2009）中，对该作品做过颇有意思的哲学评估；更多相关的深入分析，可参阅约翰·多里斯（John Doris）的著作《缺乏品格》(*Lack of Character*, Cambridge University Press, 2002)。

* 亚里士多德的《尼各马可伦理学》在此采用的版本，编者为莱斯利·布朗，译者为大卫·罗斯（Oxford University Press, 2009）；柏拉图的《理想国》采用的是 W. W. Norton(1996)版。两本著作的节选，可参见乔纳森·沃尔夫（编），《道德哲学选读》(W. W. Norton, 2018)。

* 亚里士多德的《政治学》采用的是 Oxford University Press（2009）版，编者为 R. F. 斯塔利，译者为欧内斯特·巴克。

* 约翰·洛克对奴隶制的看法，可参见他的《政府论（下篇）》(*The Second Treatise of Government*)，该书的版本众多，Hackett（2011）出过一版，编者为 C. B. 麦克弗森（C. B. MacPherson）。（首版于 1689 年。）

第十四章

性别与种族的伦理学

作为一个女人，我感觉自己从来没理解我也是个人，我也可以做决定，而且有权利做决定。我总觉得我在某种程度上属于我的父亲或丈夫，或者我的教会，而它的代表又总是一名男性牧师。这些就是我生命中的三个男人：父亲、丈夫、牧师，对于我应该或不应该做什么，他们有更多的发言权。

——转引自卡罗尔·吉利根，《不同的声音》

性别与种族：回顾

在第十三章的结尾，我们考察了亚里士多德对奴隶制的态度。在那之前，我们还对比了他和柏拉图如何看待女性在社会中获得最高位置的潜力。柏拉图认为，只有一小部分女性有可能获得精英地位——距他写作的时代过去 2 500 年之后，这一切才刚刚开始改变。在探讨这一观点的过程中，我们检视了性别歧视文化是如何阻碍女性发展的。

这并不是本书第一次讨论性别和种族的话题。早在第二章探讨文化相对主义时，我们就提过与非西方文化有关的各种道德传统。人们批评文化相对主义没有为反对另一种文化中的性别歧视习俗提供依据。之后在第八章中，我们考察了约翰·斯图亚特·穆勒为何反对“女性的屈从地位”、支持平等的自由。穆勒的结论是，女性的不平等地位在道德上没有正当依据，但我们在赞赏他的同时，也注意到他的一些论证的基础其实很不牢靠，它们在一定程度上依赖的理念是，终结女性的屈从地位有益于总体幸福，而其中包括男性的幸福。如果结束压迫真的能给每个人带来好处，那确实会是个美好的世界，但另一个观点是，女性有享受平等的权利，无论这是否会影响到总体幸福。接着在第九章中，我们又注意到，功利主义的计算使得穆勒在讨论殖民统治时出现了偏差。且不论暂时的专制统治是否能提升非欧洲民族的“文明”程度（这个说法本身就极有争议性），很多人都主张，即使会有损于总体幸福，每个人也都有享受自由和自治的权利。

此外，我们还考察了伊曼努尔·康德对女性和非欧洲族裔的看法（第十一章）。他的道德理论虽以尊重所有人为基础，但如果我们从整体来考虑他的著作，事实就很明显了：对康德而言，“所有人”的范围虽未言明，但就是指“所有的成年白人男性”；女性和非欧洲人则被视为“次要的”人。不过，我也指出，这个视角只是康德思想中的一个异数，无法根据其理念的逻辑推导出来。康德哲学坚定地信奉普遍自由和尊重，因此可以被用作一种解放全人类的理论。

不过我们也看到，即便康德的思想经过扩展，具有了真正的普遍适用性，也还是受到了女权作家的声讨。比如，现代女权主义科学哲学家桑德拉·哈丁（生于 1935 年）就曾以挑衅的口吻质问道（1986，p. 21）：“女权主义的目标应该定得这么低吗，只是与男性平等？”换句话说，哈丁是在问，女性是否应该追求像男性那样思考、感受和行动？

一种有影响力的传统认为，康德哲学以及功利主义提供的是一种**正义伦理学**（ethics of justice，或者更准确一些，是原则伦理学），而非**关怀伦理学**（ethics of care）。该传统说，在这种情况下，道德哲学继续将女性的声音和关切排除在外。接下来，我们将详细地考察这种批评以及其他的女权主义途径。然后，我们会比较一下女权主义道德哲学的新传统和被哲学家内奥米·扎克（生于 1944 年）称为种族伦理学的新领域。有必要指出的是，在哲学中，种族一直被视为一个政治和实际问题，无法催生出自己独特的道德哲学方法。正如牙买加哲学家查尔斯·米尔斯（生于 1951 年）所说的，公平而言，种族问题在整个哲学发展史中通常都被排除在外或者被边缘化了。不过，幸好有了扎克、米尔斯等人的研究，这种状况已经开始改变。在本章后面的部分，我们会看一看种族伦理学是如何发展起来的。

关怀伦理学

在本书前面，我们注意到功利主义和康德道德哲学都想找到一条正式和抽象的原则来处理道德问题、解决道德困境，比如在何种情况下可以说谎。这种道德哲学方法和并不总是期待精确性的亚里士多德伦理学不一样，对后者而言，道德的基本核心是培养正确的品格，也就是彰显德性、规避恶习。在亚里士多德看来，道德决策有时候会很棘手，要取决于所处的情境，而且通常得从多个方面考量，就像我们在罗莎琳德·赫斯特豪斯从德性伦理学的角度讨论堕胎时所看到的那样。

关怀伦理学（在第十一章中曾简单提及）是从女权角度思考伦理学的主要进路，但绝非唯一进路，它同样看重情境，关注每种具体情况的细节，而非追求一般化的公式。此外，关怀伦理学还主张，情感投入和个人关系，尤其是爱、同情和同理心这类关怀性质的关系，对于道德思考来说至关重要。与之相对的观点则认为，情绪和个人关系会蒙蔽康德主义者和功利主义者所珍视的那种清晰、客观的道德推理。许多主要的女权关怀理论家，例如内尔·诺丁斯（生于 1929 年）指出，关怀伦理学和德性伦理学有着密切联系。

诺丁斯还敏锐地补充说，从关怀伦理的角度来看，“我们的主要兴趣不是评判，而是提高道德的感知力和敏感性，理解这一点很重要”（1984/2013，p. 89）。换言之，关怀伦理学对提供一张罗列着道德指示的清单不感兴趣，而是更关注帮助人们培养自己在处理道德问题时的敏感性。

而且抽象的理论往往很复杂，尤其是康德那种，不太好掌握。鉴于此，女权主义哲学家艾莉森·贾格尔（生于 1942 年）指出，“一种普通人没法用的论证方法，必然会将最终的道德权威赋予几个有能力用它的哲学专家。而在西方社会，这类人通常是中产阶级的白人男性”（弗里克、霍恩斯比编，2000，p. 231）。这种精英主义似乎不符合具有普遍适用性的道德的精神，因为真正放之四海而皆准的道德，应该是所有人都可以用的。但平心而论，康德理论的原则掌握起来其实不算难，所以这个批评还有待商榷。不过，我们在这个小节中主要考虑的女权主义批评是，抽象的道德哲学尽管标榜自己具有普遍适用性，但从一个稍有不同的角度来看，它没能做到这一点，因为比起女性的（关怀）推理，它更看重男性的（原则）推理。

杰克和艾米

为了更好地了解关怀伦理学和正义（或原则）伦理学的区别，我们现在来看卡罗尔·吉利根（生于 1936 年）在她的著作《不同的声音》（1993）中用过的一个例子。在书里，她对时年均为 11 岁的杰克和艾米的采访对我们尤其有帮助，而其中最著名的讨论与虚构的海因茨困境（Heinz dilemma）有关：一个叫海因茨的人为了救妻子的性命，考虑去偷一种他买不起的药（当然，这又是一个思维实验的例子）。当被问到海因茨是否应该偷药时，杰克明确认为，从道德上来讲，海因茨是可以这么做的，因为“一条命的价值要高过金钱”。但艾米却说：

> 呃，我不这么想。我觉得除了偷，也许还有别的办法，比如他可以借钱或者贷款什么的，但他真的不应该去偷那种药——不过他的妻子也不应该死……
>
> 如果他偷了药，也许当时可以救他妻子，但他真那么做的话，可能得坐牢，可他妻子要是再生病，他就没法再弄到更多的药了，这就不好了。所以，他们应该好好谈一谈，想想别的

办法，把钱弄到。（吉利根，1993，p. 28）

原则伦理学和关怀伦理学的基本区别在此得到了完美展示：一种是寻找公式，一种是针对具体情况进行敏感的分析。杰克找到了一条原则："一条命的价值要高过金钱。"而艾米则拒绝把问题归结为简单的原则。吉利根认为关怀视角是女性在处理伦理问题时更常采取的角度，而这个视角有一些很有趣、很独特的方面。一个是它更关注人与人之间的关系，包括打算采取的行动对这些关系的长期影响。艾米指出，如果海因茨坐了牢，就没法再照顾妻子了。她或许还会说，如果海因茨真的偷了药，还怎么再次面对药店老板？

关怀伦理学对人际关系的核心关注非常重要。正如女权主义哲学家弗吉尼亚·赫尔德（生于1929年）所指出的，关怀伦理学与亚里士多德的德性伦理学有许多相似之处，但在这一点上却对比鲜明（赫尔德，2006）。亚里士多德说，个人培养德性是为了过上美好生活。诚然，我们同他人的关系是德性生活中的关键要素，但亚里士多德最关心的是每一个主体，而不是主体和他人的关系。相比之下，关怀伦理学的起点就是人际关系。在这里，诺丁斯的一个观点也有助于我们理解，她认为"关怀的伦理"实际上脱胎于**自然关怀**（natural caring），比如母亲对婴儿的呵护。一般来说，一个母亲当然想做一名好母亲了，但她的初衷是为了孩子，而不是满足自恋欲，希望别人佩服她有当妈妈的技能。

而与此同时，关怀如果做得到位，便不是牺牲。同德性伦理学一样，关怀的许多要求并不让人觉得像要求。诺丁斯说，它们是让生命值得活的理由。伦理关怀超越了你与家人的关系，因为充满关怀的关系在陌生人之间也可以产生。这种行为虽然通常是后天习得，而非本能或自然的，但又带有很多自然关怀的印记。不过，我们需要小心地区分一下关怀（caring）和护理（caregiving），后者可以是一种职业，比如敬老院的看护，而且众所周知，护理不一定需要关怀。无可否认的是，家人之间的护理有时会充满敌意和怨恨，而专业的护理则经常充满了关怀，甚至是疼爱。

关怀伦理学的另一项重要特征是，它不像康德那样认为情绪会阻碍清晰的思考，反而将其视为道德感知和思考中的一个关键要素。诺丁斯做过一个很有趣的观察，她指出，我们在与他人谈论与道德有关的话题时，会想直视他们的眼睛，看他们的表情有何变化（诺丁斯，2013）。通常情况下，人们收紧的面部肌肉或者不自然的肢体语言，要比嘴里发出的任何明确表达更能表明他们的态度。焦虑、放松、快乐、恐惧等等一大堆的感受，处于道德体验的核心位置，可以增强我们的道德理解，非但不会阻碍体验和交流，反而能向他人传达我们的道德理解。

我们在前面已经看过关怀伦理学的另一项特征：它试图理解道德情况的复杂性，而不是将其化约成一些概括性的原则。早期的思想家，比如发展心理学家劳伦斯·科尔伯格（1927—1987），曾将这种无原则的道德思考斥为一种“不成熟”的道德推理。对此，吉利根回答，关怀伦理学和原则伦理学具有同等地位（1993）。事实上，她似乎还经常暗示关怀伦理学更高级，或者说至少它具有重要的纠偏功能。看过杰克和艾米的回答后，我们很可能会认同这种说法。而且我们也要注意，吉利根的批评针对的是所有基于理性和抽象思考的道德哲学，且不论是康德的道义论，还是杰里米·边沁和穆勒的功利主义。这些男性哲学家料定，从男性角度所做的道德推理是唯一真正合理的推理形式，结果漏掉了或许是我们的道德生活中最重要的一面，那就是充满关怀的关系和情绪。

吉利根似乎确实说到了点子上。那类以抽象理性原则的应用为基础的道德哲学，似乎没有给人类关系、情绪和道德复杂性留下多少余地。很多女权主义哲学家，如弗吉尼亚·赫尔德，认为我们甚至会从关系的角度来构建我们的个人认同：你是某人的儿子，或者女儿，或者兄弟姐妹，或者同学，或者室友，或者是某所大学的学生，或者是某个国家的公民，等等。在这些关系中，一些是你自己选择的，一些是暂时存在的，但很多则既无法选择，又会永远存在。你的所有关系和角色可能影响你的道德感知，比如你认为什么更重要，什么不太重要，以及哪些是你的道德义务。仅仅以理性为基础的道德哲学，为了用公式来解决道德困境，而试图将其简化成一些基本要素，但这么做似乎有些片面，也漏掉了太多重要的东西。而且更糟糕的或许是，这类哲学仿佛在暗示男性要比女性更有可能成为“道德专家”。

但与此同时，有些女权主义者也拉响了警铃。原则伦理学和关怀伦理学确实存在显而易见的差异，可是把原则视为男性推理、关怀视为女性推理，真的对吗？这听起来换汤不换药，似乎还是对女性持轻蔑态度，只不过把关怀元素重新评定为具有同等或更高的地位而已。这种分析方法通常被称作**本质主义**（essentialism），认为男性和女性在本质上有区别，而且区别是无法避免的。不过，这种类型的本质主义本身也是女权主义批评者共同的抨击目标，因为在她们看来，是社会条件造成了不同的性别态度和角色，而非自然。过分强调吉利根的观点，会正中某些人的下怀，被用来证明女人无法像男人那样进行理性思考。比如哲学家安妮特·贝尔（1929—2012）曾写道：

> 有人觉得，将这种可能因社会将女性强制限定在家庭角色（而且这些角色只为女性而设）中而产生的观点颂扬为一种特殊的道德智慧，是历史的倒退；这似乎正中那些仍然赞同这类限制的人的下怀。（1987，p. 44）

政治哲学家珍·汉普顿（1954—1996）更进一步指出，关怀伦理学可能会将女性置于被剥削的境地，强迫她们在家庭内外都扮演关怀的角色。汉普顿和其他人主张，沉浸在关怀的视角中，会让女性忽略自身的利益，为了丈夫、子女和年迈的父母而牺牲自我。

关怀伦理学反倒会伤害女性的利益，这样的看法一定会让吉利根惊骇不已。她以及赞同她的人当然想避免本质主义。为了更好地明白如何避免这种情况，我们有必要引入人们现在对生物学范畴之下的 sex（生理性别）和被视作社会现象的 gender（社会性别）所做的区分。用法国哲学家西蒙娜·德·波伏娃（1908—1986）的话来说便是，“女人不是天生的，而是后天形成的”（1949/2011，p. 293）。她的意思是男性和女性接受了大量的社会角色训练。其中既包括一些会决定每个人的时间用来干什么的极为重要的职责，比如谁待在家里做饭、整理家务、照顾子女，也包括一些看起来很琐碎的事情，比如在喝酒的时候，女性更倾向于将胳膊肘收在身侧，而男性则更倾向于伸着胳膊肘。女人喝酒时胳膊肘冲外很不“淑女”，男人喝酒时夹着胳膊肘很不“阳刚”。就这样，我们甚至还没有意识到，便已经习惯了何为“男性气质”、何为“女性气质”的概念：我们就是这样做的。但是，据说我们的性别角色并非天生，而是由社会塑造而成。确实，男人可以有女人味，女人也可以有男人味；性别越来越被认为是不固定的、非二元的。

吉利根不想主张那种极端的本质主义立场，也就是说男人的天性决定了他们采纳原则伦理学，而女人的天性决定了她们采纳关怀伦理学。她指出，若鼓励得当，男性和女性都可以同时采纳两者。不过，很多人会认同男性对原则伦理学、女性对关怀伦理学更为熟悉和敏感的泛化说法。这个观点是否真的正确，是一个有意思的问题。有人敏锐地指出，男性和女性的推理方式不同是无稽之谈；男性和女性认为双方各自有不同的推理方式，倒是真的。也就是说，我们在一定程度上被成见所蒙蔽，看不清事物的本来面目。

但即便推理方式真的有差别，那这种差别也完全有可能源自性别化的社会角色训练。在大多数文化中，照顾子女和年迈父母的主要是母亲，不是父亲。女性更容易从事“关怀（护理）的职业”，比如当护士或者小学老师。而且女性更有可能根据具体情况的细节来处理道德问题，就像艾米示范的那样，不是应用某种公式，而是通过把问题的方方面面讨论清楚，来将它解决。传统上，男性一直更有可能承担起指挥一大群人或者站在一定高度做决定这种管理者的职责，而在这种情况下，唯一可行的办法便是利用抽象原则。但根据非本质主义女权主义者的观点，这种差别存在的程度取决于社会性别的社会化，而不是我们的生理性别所决定的纯粹本性。这个讨论不仅有助于从女权主义者的角度来批判抽象道德，还能帮助我们发展出一种更为全面的道德哲学方法，促使我们在使用原则方法分析道德时，也更注重情况的具体细节、所涉及的人、他们之间的关系以及各自的情绪，将其作为补充。

权力、特权、多样性

了解道德推理中的关怀视角，当然对道德哲学大有裨益。但是，问一问关怀伦理学是否为结束女性的屈从地位做出了很大贡献，也很公平，因为这种情况在今天虽不如亚里士多德、康德或穆勒的时代那么明显，但并未绝迹。而且确实就像我们前面看到的那样，关怀伦理学带来了一些危险。很多人主张，要获得性别平等，女性需要主张并坚持自身的权利，但她们这么做似乎需要原则伦理学的支持（大家应该记得吉利根称之为正义视角）。安妮特·贝尔指出（1987），对女权主义者而言，正义很重要这一点毫无疑问；问题在于其他事情有多重要。

更明确地讲，女权主义道德哲学家可以将注意力至少集中在三个方面。最具体的目标是社会体制，借用穆勒的说法便是女性在社会中仍然处于屈从地位，只不过形式变成了不平等和歧视。比如，在其著作《女权辩护》（1792/2009）中，18 世纪的女权运动先驱玛丽·沃斯通克拉夫特（1759—1797）就写过一篇檄文，批判她那个时代的女性所过的那种狭隘、局限的生活。

另一个目标不是直接针对社会，而是针对当时的道德标准，也就是我们从小被教导的那种是非观，我们通常处理道德问题的方式。这是常识道德的一种形式，包括了诸如“善待陌生人”“不要说谎”这类规则。但这类规则也有极为有害的一面，通常会反映社会习俗，为种种非正义文过饰非。比如在19世纪，女性被禁止从事法律和医药等行业。人们为这种做法寻找的借口通常是，女性的首要义务是相夫教子。那个时代的常识道德之一是“持家是女人的本分”，当然，今天的许多文化依然如此认为。因此，社会习俗无论好坏，都可以得到所谓的常识的支持。

女权主义道德哲学家的第三个可能的目标是哲学本身。吉利根、诺丁斯及其他关怀理论家聚焦的就是这一领域。她们提出，一直以来，哲学传统都优待道德哲学的一种形式，忽略（进而贬低了）另一种形式的价值。她们的论点主旨在于改革道德哲学，但与普通的常识道德和社会习俗也有关系。只有接受了道德哲学的改革提议，我们才能在日常生活中强化、认可关怀伦理学。尽管这有可能导致前面讨论过的那些危险，但也可能产生积极的影响，在道德问题的讨论中赋予女性更多的关注、尊重和影响。

我们的社会实践显然影响着女性过上她们最想选择的那种生活的可能性。纵观历史，一条主线便是一系列有损女性权益的露骨法规，比如限制她们投票、拥有财产、从政或从事专业性工作的权利。在一些国家，这类形式的**直接歧视**（direct discrimination）依然存在，而在大部分发达的民主国家，它们虽然已经被推翻，但在很多方面，社会体制实质上仍在以更多隐性的方式同女性作对。

大家可以想象一下男性和女性既想养育子女，又想在压力极大的职场上取得成就时，会各自面临什么样的状况。对男性而言，当爸爸几乎不会带来多少麻烦，但当妈妈却通常会阻碍女性的发展。虽然世界并没有故意为生孩子的女性制造更多的障碍，但深夜加班文化或者需要在短时间内灵活安排约见和会议等，通常会给女性制造更大的困难。当然，这类问题出现的原因是照顾子女和做家务等职责依然不成比例地落在了女性身上。当一套社会习俗有损于某一个群体的利益时，即便不是谁故意设计的，也涉及**间接歧视**（indirect discrimination）。此外，职场和社会习俗在其他方面也不利于女性，比如社会边缘化（被排除在集体活动之外）、性骚扰、家庭暴力等等，不一而足。而且即便某种习俗不合法，官方也不一定总会严肃对待这类违法行为。

思考过间接歧视及其他隐蔽的压迫行为后，我们可以明白为什么许多女权主义者会认为尽管关怀伦理学是很重要的一步，但仍然不足以实现平等。实际上，在关怀伦理学被提出前，女权主义者就曾提出对道德方法彻底进行再思考。比如，非洲裔美国诗人、民权运动家奥德利·劳尔德（1934—1992）说过一句很有名的话，即“主人的工具永远不会拆掉主人的房子”（2007，p. 110），意思是用来为压迫提供支持理由的那些概念，不适于用来结束压迫。如劳尔德所言，她是以一个“49岁的黑人女同性恋者兼女权主义者兼社会主义者兼两个孩子的母亲”的身份在写作。所以，对于她为什么会感觉那些由收入稳定的异性恋白人男性（也许还有女性）发展起来的理论无法帮助她理解并克服自己所受的压迫，也就不难理解了。

那么，有没有可能质疑劳尔德的说法呢？比如主人的工具，尤其是平等权和自主权概念，只要使用得当，其实完全可以拆掉主人的房子？在现代女权主义理论刚出现时，我们便已经见过这样的提议，如约翰·斯图亚特·穆勒、玛丽·沃斯通克拉夫特提出的方法。它可以被简单概括为，传统的道德理论已经包含了为女性争取平等的自由和地位所需的一切，但过去的问题在于未能好好地利用这些理论，发挥它们的全部潜力。

这个论点可以从几个方面展开。一是性别歧视的种种假设意味着只有男性被包括在理论的范围内。二是对女性的利益及其幸福的可能来源所做的错误假设，导致了女性的地位降低。三是那些理论中包含了一些尚未被应用的资源，但通过创新思考，它们可以发挥价值，带来益处。有些方法可能结合了所有三种批评。

比如，珍·汉普顿（1954—1996）和苏珊·穆勒·奥金（1946—2004）便各自进一步阐释了罗尔斯的社会契约理论，明确将女性纳入社会契约，成为与男性具有同等地位的一方。这看起来像是再显然不过的举动，但实际上，罗尔斯本人当初只把“一家之主”视为契约方。所以，这种观点不仅是在暗示男性是主要的契约方，还表明家庭内部的关系未得到探讨。尽管如此，我们还是可以通过苏珊·穆勒·奥金下面这段话，来领会罗尔斯的方法经过改造后所具有的力量：

> 哪个伊斯兰男人会冒这种风险，一辈子要依赖他人，活在与世隔绝中，而且从头到脚都被黑布包着，闷热难耐？或者如果自己极有可能成为那个裹脚的人，落下一辈子的残疾，那么有哪个革命前的中国男人会投票支持裹脚，一瘸一拐地度过一生？或者如果不知道是谁的生殖器会被破坏，哪个男人又会支持野蛮的生殖器切割呢？（奥金，1994）

近来，女权主义哲学家卡罗尔·哈伊又提出了一种结合了康德思想的女权主义。哈伊不但将女性加入了道德群体，还主张女性对于自身有一种康德式的义务，要出于自尊来抵制自己受到的压迫。在此基础上，我们可以看出，主人的工具在实现女性平等方面实际上有相当大的希望。

不过，劳尔德那种需要新工具的洞见，也依然重要。康德思想和社会契约论是高度抽象的理论；要把这些理论同许多女性的实际生活经历联系在一起，需要进行大量的思考，才能发展出新的理念。而在反抗压迫前，我们必须要描述清楚有哪些压迫。为了更好地理解劳尔德的观点，我们来思考一下当代女权主义哲学家艾莉森·贾格尔的一段评论：

> 还是姑娘的时候……我无法清晰地表达诸多模糊、混乱的感受和认识，是因为做到这一点所必需的语言还没有被发明。我需要的词汇包括这类说法："性别"……"性角色""性别歧视""性骚扰""双日工""性物化""异性恋主义""男性注视""婚姻、熟人、约会强奸""情绪工作""跟踪""敌对环境""失去保障的家庭主妇""老年化的双重标准"。(2000，p. 238)

性骚扰(sexual harassment)的例子尤其值得注意。一种说法是，这个词组是为了帮助一个叫卡密塔·伍德(Carmita Wood)的女性打官司而发明的。由于工作场所中巨大的性压力，给她造成了精神和情绪上的压力，所以伍德不得不辞职，但因为她是"主动"辞职，所以无法申请失业救济金。为了描述她所遭遇的那种令人无法忍受的处境，伍德的律师想出了性骚扰的说法。难以置信吧，这个现在已经司空见惯的词组，其实在 20 世纪 70 年代以前并不存在。

鸟笼

那么，要拆掉主人的房子，或许我们需要继续发明新的工具，也就是新的概念。不过在开始拆之前，我们得先搞清楚要拆的是什么、怎样修建起来，这才是明智的做法。

具体说来，我们在这里要考察的是与被排除在外、遭受歧视，甚至是暴力意义上的女性不平等和受压迫有关的社会习俗。归根结底，我们想要知道对抗并终结这类不平等和压迫，需要道德哲学中的哪些资源。但首先，我们需要了解那些制造我们的社会圈子，控制权力、特权和劣势并使之延续下去的结构。女权主义哲学家玛丽莲·弗莱（生于 1941 年）曾颇有见地提出**鸟笼**（birdcage）比喻，为美国学术界早期的女权主义思想做出过重要贡献。鸟笼上的任意一根金属丝都无法单独解释鸟儿为什么无法逃离，但鸟笼的所有金属丝合起来却制造了一个陷阱。弗莱提出，对于女性和其他弱势群体而言，我们的世界也是如此。女性在世界上的不平等经历，无法用某个单独的因素来解释，而是很多因素共同作用的结果。

> 只有在你往后退一退，不再从微观角度看一根根的金属丝，而是宏观地来看整个笼子之后，才可以看清为什么鸟儿哪里都不去，然后你会马上明白。这不需要多少敏锐的思考。因为显而易见，鸟儿被一根根排列有序、相互关联的障碍物包围了，虽然其中任何一根单独拿出来，都不会对它的飞行造成一点点的阻碍，但由于它们相互关联，所以笼子就像地牢的坚固墙壁那样把它困住了。（弗莱，1983，p. 5）

这段描述非常有用。受弗莱的观察启发，许多认为关怀伦理学有问题的女权主义道德、政治理论家，转而开始试图一根根地确认并拆掉鸟笼的金属丝。

我们在这里能做的只有看看例子，所以我们先来看通常被认为是笼上一根金属丝的问题：色情行业。激进的女权主义律师、哲学家凯瑟琳·麦金农（生于1946年）曾和女权主义者安德莉亚·德沃金（1946—2005）合作，共同对这个问题进行了入木三分的剖析和讨论。传统上，保守人士对色情行业的反对至少有三种主要形式：（a）认为色情行业污秽不堪；（b）宣称爱看色情影片或读物的人更可能实施性侵犯，包括强奸；（c）断言色情影片或读物会伤害受众，鼓励性变态和不忠行为。这些论点被用来得出了这样一个结论：色情行业应该受到严格限制，甚至被取缔。

麦金农对于第一个论点，也就是色情行业违背了一般的道德标准，并无多少认同，因为那些标准本身就可以被质疑为是在压制和羞辱女性的性欲。但第二个说法，即色情可能导致性暴力，她认为很重要；而且她也承认，色情书刊、影片有可能破坏感情关系和期待，并且通常对女性不利。不过，我们应该注意，她对色情行业和艺术作品中对情色的描绘进行了区分，将前者定义为在影像或文字中，以直白、露骨的性交描绘将女性置于从属地位，而后者则对所有参与者一视同仁。因此，她批评的是上面定义的那种色情，并非情色。不过麦金农最独特的贡献是，她引起了我们对另外两个虽然通常在讨论中会被忽视，但是看起来更有力的论点的关注。

第一个论点是，我们可以通过采访和回忆录得知，一个显而易见的事实是，许多女性涉足色情行业，尤其是参与拍摄充满暴力的色情影片，是受到了胁迫。其中一些女性吸毒后（有时是受色情影片拍摄者的怂恿），没有其他途径赚钱来满足自己的毒瘾。她们经常会被处于强势地位的男性殴打、威胁、操纵。对于非法移民来说尤其如此。这些女性受到的严重伤害不应该被忽视，但是在麦金农以前，她们的境遇甚至极少在讨论中被提及。

另一个同样重要的论点是：女性被视为是为了满足男人的目的而存在的，这对她们自己的生活经历和前景造成了巨大伤害，而暴力色情作品的存在则进一步强化了这种社会环境。麦金农在谈论拥有合适的概念和词汇（早于上面引述的贾格尔的那段话）时，曾这样说：

> 在色情行业中，在这一个地方，集齐了女性挣扎很久才开始能够明确表达的所有虐待行为，所有恶劣到难以言说的暴行：强奸、殴打、性骚扰、卖淫、儿童性虐待。只是在色情行业中，它们有别的叫法：分别被称作性行为、性行为、性行为、性行为、性行为。色情行业将强奸、殴打、性骚扰、卖淫和儿童性虐待性欲化，进而赞扬、提倡、批准和美化了这些行为。（1985，pp. 16—17）

针对这一评论，惯常的回应是，将女性的从属地位以及她们很多人面对的那种充满敌意和歧视的环境归罪于色情行业太荒谬了。广告、电影、电视、职场及日常社会生活的诸多方面也完全有可能助长这种情况，为什么要把色情行业单独拎出来呢？但是请回忆一下鸟笼类比。没有哪一根金属丝可以单独解释鸟儿被困的原因，而且去掉一根可能也无法让它逃走，但这么做——具体到这里，是指质疑色情行业——是反抗阻碍女性发展的结构性不公正的宏观计划的一个组成部分。

女权主义和科学

对女权主义而言，色情行业及广告等事物是明显目标，但也有很多其他不太明显的事物有着类似的影响，需要仔细调查。将女性困于其中的鸟笼由很多不同的金属丝组成。比如，考虑一下科学。从女权主义角度批评科学，这种想法会让一些人心中充满鄙夷甚至愤怒。人们说，科学显然是一种客观、理性的探索；因此，从性别的角度来分析科学的想法是错误的，或许还有意识形态的目的。桑德拉·哈丁评价说："在现代文化中，无论是上帝，还是传统，都不曾有幸享受过人们对科学理性表现出的那种信任。"（1986，p. 16）但是，科学当然可以从女权主义角度进行分析。

首先，也最明显的一点是，科学领域一直由男性主宰。从历史上看，每当女性被实践活动吸引时，都会被导向从事烹饪或者裁缝这类工作，而非科学技术。正如哈丁所言，很多女性觉得科学不是一份值得她们或者其他女性向往的职业（1986，p. 53）。许多人都知道玛丽·居里（1867—1934）的成就，她两次获得诺贝尔奖，开创了放射性理论，发现了钋和镭元素。但是如果不苦思冥想一下，大多数人很难再举出第二位女性科学家。我们可以把其中的原因归结为一种普遍的性别歧视文化对科学以及其他领域造成的影响。但即便时至今日，科学领域的女性在数量上也远远不如法律、政治或者艺术领域内的女性多。难道是科学的研究方式有什么地方使它对女性不够有吸引力，或者让女性不如男性那么容易取得成就？我们稍后再来看这个问题。

第二个问题围绕的是科学如何描述女性的本质，尤其是与男性相比。当然，生物科学必须展现男女在解剖上的区别。但这种努力可能被推向证据远远无法证明的程度。比如，我们拿“歇斯底里”（hysteria，或译为“癔病”）来说，曾几何时，这种行为被认为是一种医学症状，与“游移的子宫”有关，也就是说子宫脱离了其正常位置，因此被视为女性独有的病症。当然，没有任何身体方面的证据可以证明这种观点。子宫不会四处游移。后来的理论又认为，歇斯底里是一种心理疾病，但患者仍然以女性为主。而如今，歇斯底里已不再被视为是一种有用的医学分类了。

有关歇斯底里的这些细节，现在常常被当作某种历史趣闻来讲，意在展示现代科学破除一大堆医学迷信前那个迷人又古怪的旧时代。但实际上，它却有着极其阴暗的一面。很多有着真正的、合理的观点要表达的女性被诊断为患有歇斯底里。她们慷慨激昂地主张正义，比如赋予女性投票权，却被不屑地解释为是因为子宫到处乱跑得了病，或者是荷尔蒙过剩，所以她们可以，也应该被忽略。对于女性本质的伪科学解释，被用作控制女性或将她们排除在外的辩解理由。这些说法怎么看都不算客观或理性，因为它们完全是臆测，得不到通常所谓的科学证据的支持。

歇斯底里的故事动摇了科学的那种自画像：科学家总在忙于某种受好奇心驱使的事业，而这种事业需要的是痴迷其中、聪明绝顶，但也有些古怪、不谙世事的人一辈子钻到实验室里，证据和实验把他们推向哪里，他们就去哪里。但在现实中，大部分科学研究其实有其他动机：军事胜利、政治筹码（比如太空竞赛），以及再明显不过的商业利益，或者具体到编造歇斯底里的案例上，维持既定的社会秩序。即便这些目标并不是直接歧视，但考虑到男性和女性参与社会生活的典型方式，它们显然更接近“男性”价值。当然，有一点必须说明，那就是有很多男性并不认可这些目标，而很多女性却认同。

无论如何，科学的这种自画像，即科学是由纯粹的理性、逻辑、论证、证据和客观性组成的领域，应该得到仔细审视。很多科学家即便自己的宝贝理论被证据否定，还依然抱着不放，这也不是什么闻所未闻之事。通常情况下，某种理论很流行，并不是因为证据证明了什么，而是源于抱持该理论的人魅力四射、飞扬跋扈。有些科学观点“时髦”，有些则“不时髦”。有些方向的研究之所以有人去做，是因为它们可能带来名和利，而那些无名无利的研究则会被抛弃。这可不能算是什么“客观性”或者“合理性”的纯粹领域。

因此，我们这里便有了两种抨击方向。首先，科学实践并没有达成它所期待实现的那类科学价值。其次，这些科学价值偏向于男性在参与社会生活时向来摆在首位的那类价值：客观性、合理性、竞争、创新和技术。除了这些价值外，我们还需要认可诸多其他的价值，比如：同理心，尤其是对那些被忽视群体的关怀；谦卑，即认识到人的力量是有限的；民主，即让科学遵守社会的价值，而不是认定科学有其完全独立的逻辑。

总结一下，女权主义对科学的批评强调科学是一种社会实践，而非某种不受日常关切影响的“特殊”生活领域。作为一种社会实践，科学的内在价值可以被争论被质疑。但最重要的一点是，科学实践倾向于分配和强化权力：一些人是局内人，其他人是局外人；一些人可以制定议题，其他人只能追随。社会一旦认可这些论点，便可以看到女性及女性价值如何被科学排除在外了——原来，声望卓著的传统科学实践，实质上是将女性困在鸟笼中的又一根金属丝。

道德和权力

有了科学的理论模式做参照，我们可以看到，道德——指我们普通的常识道德信念和态度——也可以被视为一种社会实践。同科学一样，道德也有可能偏向某个群体，反映更有优势的群体所持的价值观。在本书中，我们已经看过对道德的类似批判。弗里德里希·尼采提出，道德是弱者用来制衡强者的阴谋。卡尔·马克思和让-雅克·卢梭则提出，道德是富人用来压制穷人的阴谋，通过传统道德的约束，让穷人安分守己。

女权主义对道德的批判附和了马克思和卢梭的思想，认为传统道德是一种让男性能够对女性实施控制的手段。比如，政治理论家卡罗尔·佩特曼（生于 1940 年）便从这个角度明确地扩充了卢梭的论点，提出女性是被一种“性别契约”固定在了顺从的位置上（佩特曼，1988）。玛丽·沃斯通克拉夫特则对“女德”思想提出了批判，称女性从小被教育要温柔、愉悦、诱人，学会“礼貌、克制、忍耐”（1792/2009，p. 42），而男人则被教导要成为坚强、博学、独立的人。

这些被认为符合道德的德性之间的差别，造就了男性和女性在后来人生中的不同命运。而且它们还因传统道德中的另一个因素——道德专家或领袖的角色被分配给了男性——而得到进一步的巩固。

我们都知道，在人类历史上的大部分时间里，我们的道德专家都是宗教领袖，而他们几乎都是男性。男性对权力的控制具有自我强化能力：女性被教导说，她们的道德义务是服从丈夫和父亲，而男性却被教导，他们的义务是成为一家之主，然后指挥其他家庭成员。

大家或许觉得，我们在近几十年已经取得了长足的进步，但我们必须认识到传统道德的性别权力结构在很多方面依然存在。在许多文化中，女性仍然被教导要感性、顺从和诱人，而男性则被教导要理性、独立和自信。这些性格特质会对未来生活的许多方面造成影响，包括职业的选择和发展。

对道德哲学的批判

我们正在考察的女权主义对传统道德的批判，其出发点是道德是一种社会实践。因此，道德有可能是女性压迫这个鸟笼上的一根金属丝。对于这个批判，我们还可以再深入点儿，探讨一下道德哲学同样是社会实践这个主张。也就是说，道德哲学即便可以被用作解放的目的，但它还是具有一种对女性而言很不公平的“性别化”倾向。

就像前面我们反思科学时那样，大家可以想一想女性在道德哲学中的位置。我们在本书中探讨了柏拉图、亚里士多德、托马斯·霍布斯、约翰·洛克、卢梭、尼采、边沁、穆勒等人的思想，而他们无一例外都是男性（并且有意思的是，其中的大多数没结过婚）。即使在讨论哲学中的女权主义时，早期的核心人物也是柏拉图，而讨论较多的近代思想家则是约翰·斯图亚特·穆勒。当然，玛丽·沃斯通克拉夫特也是一个关键人物。在过去的100年里，很多女性（其中一些在本书中讨论过）都为道德哲学和女权主义做出过贡献，而其他的早期女权主义者也不断被重新发掘出来。不过，在此处的讨论中，约翰·斯图亚特·穆勒是一个尤其有趣的例子。我们已经知道，很多人都怀疑——即便没有证据——他有关女性的重要著作（《妇女的屈从地位》，1869年），其实是和妻子哈丽特·泰勒（1807—1858）合作完成的，只不过她没有署名。对此，一般的解释是，由于那个时代的偏见，署名里有她的话，人们对书的重视程度会大打折扣，即便书上还有穆勒的大名。

为什么在近代以前，道德哲学一直对女性如此不友好呢？一个可能的答案是，它在这方面和哲学的其他领域，或者更确切一些，和其他一般的知识探索领域，其实是半斤八两。可即便如此，在所有领域中，道德哲学竟然没有对女性更开放一点儿，还是令人惊讶。对于女性为什么在道德哲学上会不如她们在文学上成功，很难找到合理的解释。但鉴于道德哲学强调理性（在康德主义传统中）和计算（在功利主义传统中）的重要性，再辅以只有男性才有能力冷静、有逻辑地进行最高级别的思考这种充满性别歧视的偏见，我们有理由说，女性是被“欺负走的”。因此，道德哲学才会将女性排除在外，成为男性价值观的“殖民地”。

到了20世纪，随着德性伦理学的复兴（一定程度上是由伊丽莎白·安斯康姆、菲利帕·富特、罗莎琳德·赫斯特豪斯等女性哲学家引领的），女性终于在这个领域扮演起了主要角色。随着人们对生物伦理学和应用伦理学的话题越来越关注，这一趋势更是越来越突出。无论是从女权主义还是非女权主义的角度来看，女性道德哲学家正站在探讨堕胎、生殖权利、代孕母亲和色情等问题的最前列。或许女性可以参与进来，是因为男人忽略了这类主要会对女性造成影响的道德问题，所以女性在这些话题上起到了带头作用；而现在，对于其他话题，她们也与男性一样关注。因此可以说，虽然有进步，可令人遗憾的是，道德哲学在此之前却是鸟笼上的另一根金属线，直到最近才有所改观。

二元差异之外

我们看到，卡罗尔·吉利根的观点曾被用来主张女性和男性在处理道德问题时存在明显的差异。我们也看到，为了避免本质主义，这种说法在某种程度上缓和了一些，但无论如何，它似乎都基于两个相关的假设：（a）“女性”和“男性”之间的区别很明显（并且具有穷尽性和排他性）；（b）所有同一性别的人都有足够的共同点，因此，分别讨论女性道德和男性道德很合理。但是，这两种假设都存在问题。

首先，我们越发意识到，男性与女性在生物学上的区分和在社会学上的区分，无法囊括人类生活的所有领域。这一点在诸多作品中均有强调：如哲学家朱迪思·巴特勒（生于1956年）的《性别麻烦》（1990），性别研究理论家安妮·法斯托-斯特林（生于1944年）的《身体的性别化》（2000），作家杰弗里·尤金尼德斯（生于

1960年）的小说《中性》（2003）。有些人同时具有两性的身体特征，被归类为双性人，有些人则会通过手术来改变生理性别。而社会性别，可以说更不固定。男性表现出女性气质的例子不胜枚举，反过来也一样。有时候，这种现象只有私下里会表现出来，有时候，则是公开表现。此外，还有相当多的人不愿意被归为男性或女性。那些不愿以传统的生理性别或社会性别分类的人，往往会面临各种形式的歧视，而这相应地会带来一系列的道德问题。他们的存在给传统的道德理论带来了麻烦，因为那些理论认为，所有人都可以被分配到一个明确的性别范畴中，且不论它是否与他们的生理性别匹配。

对于试图构建单一的女权主义伦理而言，一个更大的挑战是人类的多样性。正如世界的构建偏向于西方那些收入稳定、身体健康的异性恋白人男性那样，一些批评者提出，女权主义的质疑则偏向了西方那些收入稳定、身体健康的异性恋白人女性。例如，女权主义运动长期以来的一项关注是，女性被排除在职场之外，以及被导向针线活儿或者水彩画这类所谓的“高雅”的爱好。

但我们可以来思考一下索杰纳·特鲁斯*（约1798—1883）——一位在奴隶制度下出生的非洲裔美国女性，后获得自由，在题为《我难道不是女人？》的演讲中（发表于1851）说过的一段话：

> 我身上的肌肉不比任何男人少，能干的活儿不比任何男人少。我耕地，收割，脱谷，劈柴，修剪，哪个男人能做得更多？我听说了很多关于性别平等的事。如果能和男人平起平坐

* 英文为Sojourner Truth，这是她获得自由后给自己取的名字，两个词的意思分别是“旅居者”和“真理”。——译者注

的话，我也可以像男人那样扛东西，像男人那样吃东西。我和现在的任何男人一样强大。

实质上，索杰纳·特鲁斯是在说，她那个社会中存在的问题，与白人精英女性面临的问题简直有着天壤之别，因此，她们之间的不同点可能比共同点更重要。

当然，性别和种族并不是唯一显著的分类。奥德利·劳尔德把性取向、阶级和年龄增补为不同经历的来源，后来又有人加上了健康和残疾问题。为了引起人们对那些不只属于一个弱势类别的人的关注，并突出各种不利条件相互作用的复杂方式，民权法学者、活动家金伯莉·克伦肖（生于 1959 年）还创造了**交叉性**（intersectionality）一词。换言之，要理解索杰纳·特鲁斯所受的压迫，仅仅了解女性不平等和种族不公正远远不够。她是一名黑人女性，我们无法通过把白人女性和黑人男性各自遭遇的不公加在一起，来理解她所遭遇的命运。由此看来，单靠一种道德方法，无论是关怀伦理学，还是正义伦理学，便能应对所有女性的困境，这个想法似乎很成问题。

种族伦理学

我们在前面的章节中考察几大哲学传统如何对待女性时，也看了它们在种族问题上的态度。许多非洲裔作家，如美国哲学家 W. E. B. 杜波依斯（1868—1963），对于提升公众对种族不公正问题的关注度，做出了巨大贡献。杜波依斯指出，种族平等的问题任重道远，奴隶制的废除只是迈出了一步。歧视和压迫仍在摧毁黑人的梦想与抱负。

近年来，哲学家自然对种族歧视感到惊骇万分。他们讨论了平权法案这类策略的道德可接受度以及实用性，尤其是在工作场所和教育领域中。他们关注了媒体对少数族裔的刻板印象，以及更为普遍的无意识偏见和歧视现象。鸟笼的类比并非只可用来讨论性别问题，它也适用于所有遭受种族歧视的人，因为他们的目标和志向受挫，是各种因素共同作用的结果。

不过在道德哲学中，目前还没有出现类似关怀伦理学的理论可以反映非欧洲裔群体的道德思考。当然，问题一旦提出，单一理论的不足就很明显了。尽管我们可以假设（即便有可能不正确）所有女性都拥有某种共同特质，可以支撑起某种处理道德问题的一般进路，但要是认为所有非欧洲裔群体也拥有某种共同点，可以为某种与传统道德理论相对立的新理论提供依据的话，就太荒谬了，并且本身也是种族歧视的一种表现。同样，认为所有黑人或者棕种人对于道德拥有某种共同的态度，也有很大问题。

因此，近来那些关注种族问题的哲学家一直在寻求更具有普遍适用性的道德理论，以反映他们心目中的种族伦理学该有的样子。这一努力同我们在女权主义伦理学中看到的方向十分类似，也就是从关怀伦理转向了更具普遍性的康德思想或社会契约理论。比如，内奥米·扎克的种族伦理学思想便从自然法、功利主义、康德伦理学、德性伦理学汲取了元素（扎克，2011）。而查尔斯·米尔斯则主张将社会契约论的范围延伸开来（米尔斯，1990）。两位哲学家指出，许多道德理论其实都暗中区分了“完整的人”和“不够完整的人”，将任何不是白人男性的人视为二等公民，甚至是非公民。但当然，这类理论必须具有完全的普适性，才能将所有性别和所有种族的人都纳入其中。

扎克提出了种族伦理学需要包含的几条原则，其中的首要理念是：“种族伦理学须将每个人视为其组成单元，认可每个人的固有价值和自由。”（2011, p. 167）这个说法或许看起来明显得不值一提，但不幸的是，尽管道德哲学家经常在嘴上支持这个观点，但在发展自己的理论时，又往往无法兑现承诺。而这种情况还会带来进一步的问题。比如，如果某种理论表面上看起来具有普遍性，但在另一个不易察觉的层面上却带有种族或性别歧视倾向，那么比起公然表达歧视的理论，前者会更难对付、更难反驳。

不过，种族理论家明白，一旦我们试图诉诸普遍的道德准则，那么忽略某个具体问题或关切的风险便会增加。一个再好不过的例子，是美国近年来兴起的“黑人的命也要紧”（Black Lives Matter）运动，旨在引起人们对数量惊人的非洲裔美国人（其中许多人身上并未携带武器）被警察杀害的情况。对于这场运动，常见的一种回应是“所有人的命都要紧”（All Lives Matter），这样单独挑出一个种族来实在是没必要，不但有故意挑衅之嫌，甚至本身也可以算是一种种族主义。因此，有人提出，我们应该抛弃“黑人的命也要紧”的说法，进一步强化“所有人的命都要紧”的普遍宗旨。但这种处理态度的问题是，该运动之所以有必要，恰恰是因为所有人的命都要紧这个理念，不足以遏制数量不成比例的黑人被杀害的情况。普适性的道德为人们有意或无意地忽视具体关切提供了一种掩护。正因为如此，朱迪思·巴特勒同非洲裔美国哲学家乔治·杨希（生于

1961 年）在 2015 年的一次博客访谈中，才会说："指出哪些性命被认为无关紧要，实际上至关重要。"

因此，内奥米·扎克和查尔斯·米尔斯都主张，普适性的道德必须有一种补救项目做补充，而这个项目会涉及相当程度的物质和社会资源再分配，以便让所有人都能站在同一水平线上。当然，具体的细节还需要大量的讨论和争论。但如果我们只满足于普遍道德，而不把历史也考虑进去，那即便能在理论上取得一些进展，也仍然有滑回原点的风险。就算我们明天采纳一套完全普适的道德，但财富、就业和权力的分配所能反映的，还是过去几十年里带有种族歧视与性别歧视的信仰和实践。

采取行动

那么，我们能做些什么呢？批判是一回事，改变是另一回事。虽然我们没有深入讨论，但也不难看出，我们无法从自然法理论、社会契约理论、功利主义、康德理论或德性伦理的角度，为女性、有色人种以及其他弱势群体现在遭遇的种种结构性不公正，找到合理的道德解释。换句话说，所有在本书中讨论过的道德理论，都可以用来反对弗莱所谓的鸟笼对弱势群体的困陷。站在这个立场来看，这是一个极有说服力的结果。但别忘了，奥德利·劳尔德说过"主人的工具永远不会拆掉主人的房子"，因此，我们必须提出一个问题，那就是现有的道德哲学是否能够终结种种毫无疑问仍然存在的歧视。

现在，为方便起见，我们还是拿科学当例子，来看看如何往前推进这个问题：对于科学领域中那些不公正的社会实践，我们该如何进行改革，才能让科学不再是那个长期让女性处于不平等地位的鸟笼上的一根金属丝？显而易见的回答是，科学实践必须做出改变。但问题来了，这种改变谁来负责？科学没有主管方，虽然科学领域有高校、学术团体、诺贝尔奖委员会这类强大的组织，可以起到带头作用，但它们的力量却是有限的。归根结底，每个科学家都得改变自己的行为才行。

但是从日常道德的角度来看，把科学对女性的不包容归罪到某个科学家的头上，似乎有些粗暴。从个人角度来说，这位科学家很可能是一位反对性别歧视的人士，甚至还是一名政治活跃分子，只不过与此同时，他发现合作的最佳人选恰好都是男性而已。难道我们真的能责怪他延续了充满性别歧视的科学文化？如果不是有谁故意为之，那单独挑出一个人来责难，似乎有失公允；但不这样做的话，我们又能改变什么呢？正如我们所看到的，结构性不公的一个特点便是谁该负责任很难界定，因为这种责任是高度分散的，每个人都承担了一部分。

女权主义哲学家艾莉丝·玛丽昂·杨（1949—2006）认为，一般的道德规范其实暗中依赖一种我们可以称之为“依法”负责的理论，也就是说，个人必须被证明与不法行为有具体牵连之后，才能合理合法地追究其责任（杨，2003）。从这个角度来讲，日常的道德理解是社会进步的障碍，因为对于我们刚刚讨论的那类案例而言，改变根本无法做出。因此，杨建议，在这种情况下，我们需要越过责任追究的概念，转向她所谓的**政治责任模式**（political responsibility model）——在这种模式下，我们每个人都有责任在力所能及的范围内做出改变。根据这个观点，我们不应该执着于谁该为不公正负责这种“向后看”的问题，而是要集中“向前看”，问一问谁有能力做出有益的改变。在不追究任何人责任的情况下，我们可以呼吁每个人来检讨自己的作为，严肃地思考一下自己是否可能助长了一套阻碍女性、有色人种或其他弱势群体发展的社会实践。我们无法在此详谈这个步骤会意味着什么，但应该可以明白，杨是从道德理论的层面提议，对道德思想做出改变，可以促使人们行动起来改善社会实践。由此，我们也可以看到道德哲学所具有的潜力：它的目的不只是分析和批判，而是为了让世界变得更美好。

本章回顾

小结

在本章开头，我们先回顾了前面章节中有关性别和种族的讨论。然后，我们更为详尽地考察了关怀伦理学。这种道德哲学方法，被认为要比以功利主义或康德道德理论为基础的原则（或正义）伦理学，更接近于女性思考道德哲学的方式。我们认识到，相较于抽象的推理，关怀伦理学为我们从关系、情绪和具体情况的角度进行推理分析留出了空间，因而很有吸引力，但我们也思考了将性别角色和价值“本质化”会带来的危险。接下来，为了讨论男性和女性在生物学与社会学的特征差异，我们又介绍了生理性别（sex）和社会性别（gender）的区别。大部分女权主义哲学家承认，尽管关怀伦理做出了重要贡献，但这种方法本身不足以对抗性别不平等和歧视。有些人重新从康德的思想或者社会契约的角度来思考。要想发展出一种更全面的道德方法，重要的一步是理解那些维持和强化不公正现象的社会结构。我们利用对鸟笼这个比喻的讨论，解释了弱势群体的成员陷入困境，是许多不同因素共同作用的结果。然后，我们考察了鸟笼上的“金属丝”可能是哪些，其中包括色情作品、科学、日常道德，甚至还有道德哲学。

我们也探讨了发展还不充分的种族伦理学领域。在这个领域使用普遍的道德原则有充分的合理性，但前提是这些原则具有真正意义上的普适性，可以囊括所有人，而不只是那些经济有保障的白人男性。与此同时，还有很重要的一点：不要让弱势群体的特殊关切被淹没、被忽略。

应对种族和性别问题需要很多不同的策略，其中包括发展出一种新的语言，使我们可以描述和反对具有歧视与不公倾向的做法，创造新的道德责任观念来激发人们行动。道德哲学可以启发、刺激真正的社会变革。

关键词

正义伦理学，p. 333
关怀伦理学，p. 333
自然关怀，p. 336
本质主义，p. 338
生理性别（sex，生物学意义上的），p. 339
社会性别（gender，社会学意义上的），p. 339
直接歧视，p. 342
间接歧视，p. 343
性骚扰，p. 345
鸟笼，p. 346
交叉性，p. 357
政治责任模式，p. 361

关键思想家

卡罗尔·吉利根（生于 1936 年），pp. 335—342，355

亚里士多德（公元前 384—公元前 322），pp. 334—336
柏拉图（公元前 429？—公元前 347），p. 354
约翰·斯图亚特·穆勒（1806—1873），p. 354
伊曼努尔·康德（1724—1804），pp. 332—333
桑德拉·哈丁（生于 1935 年），pp. 333，349
内奥米·扎克（生于 1944 年），pp. 333，358—360
查尔斯·米尔斯（生于 1951 年），pp. 333，358—360
罗莎琳德·赫斯特豪斯（生于 1943 年），pp. 334，354
内尔·诺丁斯（生于 1929 年），pp. 334—337，342
艾莉森·贾格尔（生于 1942 年），pp. 334，345
弗吉尼亚·赫尔德（生于 1929 年），pp. 336—338
劳伦斯·科尔伯格（1927—1987），p. 337
安妮特·贝尔（1929—2012），pp. 339，341
西蒙娜·德·波伏娃（1908—1986），p. 339
玛丽·沃斯通克拉夫特（1759—1797），pp. 341，343，352，354
奥德利·劳尔德（1934—1982），pp. 343，357，360
珍·汉普顿（1954—1996），pp. 339，344
约翰·罗尔斯（1921—2002），p. 344
苏珊·穆勒·奥金（1946—2004），p. 344
卡罗尔·哈伊（出生年份未知），p. 344
玛丽莲·弗莱（生于 1941 年），pp. 346—347
凯瑟琳·麦金农（生于 1946 年），p. 347
安德莉亚·德沃金（1946—2005），p. 347
玛丽·居里（1867—1934），p. 349
弗里德里希·尼采（1844—1900），p. 352
卡尔·马克思（1818—1883），p. 352
让-雅克·卢梭（1712—1788），p. 352
卡罗尔·佩特曼（生于 1940 年），p. 352
哈丽特·泰勒（1807—1858），p. 354
伊丽莎白·安斯康姆（1919—2001），p. 354
菲利帕·富特（1920—2010），p. 354
朱迪思·巴特勒（生于 1956 年），pp. 355，359
安妮·法斯托-斯特林（生于 1944 年），p. 355
杰弗里·尤金尼德斯（生于 1960 年），p. 355
索杰纳·特鲁斯（约 1798—1883），pp. 356—257

金伯莉·克伦肖（生于 1959 年），p. 357
W. E. B. 杜波依斯（1868—1963），p. 357
乔治·杨希（生于 1961 年），p. 359
艾莉丝·玛丽昂·杨（1949—2006），p. 361

延伸阅读

* 卡罗尔·吉利根的《不同的声音》，由 Harvard University Press（1993）出过一版修订版。
* 西蒙娜·德·波伏娃的《第二性》由 Vintage（2011）出过一个新版本，译者为康斯坦丝·博尔德（Constance Borde）和希拉·马洛瓦尼·舍瓦利耶（Sheila Malovany Chevallier）。（首版于 1949 年。）
* 桑德拉·哈丁的《女权主义中的科学问题》（*The Science Question in Feminism*），由 Cornell University Press（1986）出版。
* 内奥米·扎克的《伦理学与种族道德：哲学史之后的平等》（*The Ethics and Mores of Race: Equality After the History of Philosophy*），由 Rowman & Littlefield（2011）出版。
* 查尔斯·米尔斯的《种族契约》（*The Racial Contract*），由 Cornell University Press（1990）出版。
* 内尔·诺丁斯的《关怀：伦理学与道德教育的女权主义进路》（*Caring: A Feminine Approach to Ethics and Moral Education*，第二版），由 University of California Press（2013）出版。
* 艾莉森·贾格尔的文章《伦理学中的女权主义：道德辩护》（Feminism in Ethics: Moral Justification），收录于《剑桥女权主义哲学手册》（*The Cambridge Companion to Feminism in Philosophy*, pp. 225—244, Cambridge University Press, 2000），编者为米兰达·弗里克（Miranda Fricker）和詹妮弗·霍恩斯比（Jennifer Hornsby）。
* 弗吉尼亚·赫尔德的《关怀伦理》（*The Ethics of Care*），由 Oxford University Press（2006）出版。
* 安妮特·贝尔的文章《需要的不仅仅是正义》（The Need for More Than Justice）发表于《加拿大哲学期刊》（*Canadian Journal of Philosophy*）, *17* (suppl. 1), 1987 : 41—56。
* 珍·汉普顿的《女权主义自利契约论》（Feminist Contractarianism），收录于《自我之心》（*A Mind of One's Own*，第二版），编者为路易丝·安东尼（Louise Antony）和夏洛特·威特（Charlotte Witt）（Westview Press, 2002）。
* 玛丽·沃斯通克拉夫特的话引自《女权辩护》（*A Vindication of the Rights of Woman*, W. W. Norton, 2009）。（首版于 1792 年。）
* 奥德利·劳尔德的《有罪的局外人》（*Sister Outsider*，第二版），由 Random

House（2007）出版。（首版于 1984 年。）

* 约翰·罗尔斯的《正义论》（修订版），由 Harvard University Press（1999）出版。（首版于 1971 年。）
* 苏珊·穆勒·奥金的文章《性别平等与文化差异》（Gender Inequality and Cultural Differences）发表于《政治理论》（*Political Theory*），*22*, 1994 : 5—24.
* 卡罗尔·哈伊从女权主义角度对康德道德哲学所做的改进，在她的《康德主义、自由主义和女权主义：反对压迫》（*Kantianism, Liberalism, and Feminism: Resisting Oppression*, Palgrave, 2013）中有详尽阐释。
* 玛丽莲·弗莱的《现实的政治：女权主义哲学文集》（*The Politics of Reality: Essays in Feminist Theory*），由 Crossing Press（1983）出版。
* 凯瑟琳·麦金农的相关引言出自文章《色情、民权与言论》（Pornography, Civil Rights, and Speech），发表于《哈佛民权与公民自由法律回顾》（*Harvard Civil Rights-Civil Liberties Law Review*），*20*, 1985 : 10—68。
* 卡罗尔·佩特曼的《性别契约》（*The Sexual Contract*）由 Stanford University Press（1988）出版。
* 朱迪思·巴特勒的《性别麻烦》（*Gender Trouble*，第二版），由 Routledge（2006）出版。（首版于 1990 年。）
* 安妮·法斯托-斯特林《身体的性别化》（*Sexing the Body*），由 Basic Books（2000）出版。
* 杰弗里·尤金尼德斯的小说《中性》（*Middlesex*），由 Picador（2002）出版。
* 索杰纳·特鲁斯的演讲《我难道不是女人？》（Ain't I a Woman?，最初发表于 1851 年）检索于 2017 年 2 月 8 日，网址是 http://voicesofdemocracy.umd.edu/truth-address-at-the-womans-rights-convention-speech-text/。
* W. E. B. 杜波依斯的《恶人的灵魂》（*The Souls of Black Folk*），由 W. W. Norton（1999）出过一版。
* 乔治·杨和朱迪思·巴特勒的采访《“所有人的命都要紧”有什么问题？》（What's Wrong With “All Lives Matter”?）检索于 2017 年 2 月 8 日，网址是 http://opinionator.blogs.nytimes.com/2015/01/12/whats-wrong-with-all-lives-matter/?_r=0。
* 艾莉丝·玛丽昂·杨有关政治责任的观点，可参见《政治责任与结构性不公正》（Political Responsibility and Structural Injustice），这是她在堪萨斯大学林德利讲座上的演讲（2003 年 5 月 5 日）。杨的论文也选入乔纳森·沃尔夫（编），《道德哲学选读》（W. W. Norton, 2018）。书中还包括上述许多著作的节选，包括波伏娃、赫尔德、贝尔、罗尔斯、沃斯通克拉夫特、麦金农、劳尔德、杜波依斯、杨希和巴特勒的作品。

第十五章

道德观的培养

在本书的前几章中，我们考查了一系列对道德哲学的质疑：道德是否具有文化相对性，我们对道德应该持怀疑主义还是主观主义态度，我们是否缺乏自由意志。考察这些观点是为了看一看它们中有哪个能让道德哲学偃旗息鼓。通过思考，我们发现因为两个原因，这无法实现。比如以道德具有文化相对性这个主张为例，首先，我们看到这个观点并非显然为真；事实上，我们发现要表述和捍卫它其实相当困难，就连简化道德哲学的企图，也会变成一项复杂的道德哲学任务。其次，即便我们觉得有充分的理由相信道德具有文化相对性，我们有时还是会遭遇一些困境，需要知道该怎么做。道德哲学会再次牵涉其中。

道德理论

在思考有道德的人应该如何行事时，我们考察了宗教和自然法道德、伦理利己主义和社会契约理论，然后又详细探讨了道德哲学中的四位重要人物——杰里米·边沁、约翰·斯图亚特·穆勒、伊曼努尔·康德和亚里士多德——的研究。我们基本上是按照时间倒序来讨论这些哲学大家的，因为功利主义可能是所有理论中最容易理解的一个，而且也颇为雄心勃勃：只需一个简单的理论，便能解决我们所有的道德问题。

但功利主义的棘手之处在于，它显然可以导致不公正，于是我们接着又考察了康德的思想。他的理论有一个优势，那就是在处理道德问题时，既可以提供一种系统性的方法，又能同时避免功利主义无法避免的各种不公正现象。但康德的方法，至少从他自己的解读方式来看，似乎在某些情况下过于严苛和死板（例如，不允许对杀手撒谎）。

亚里士多德的理论没有提供行为准则，而是更专注于有德性之人的本质，因此提供了一种更灵活的方法。亚里士多德让我们认识到，思考伦理的目的，不只在于帮我们处理棘手的道德问题，或许更重要的是，伦理学可以让我们懂得该如何过自己的生活。不过，他没能提供任何规则，因此许多读者认为他的思想无法满足人们对道德哲学的需求。此外，我们还看到，所有这些思想家的观点，与那些被排斥在特权白人男性群体范围之外的人对于平等的要求之间，存在着相当棘手的关系。

即便如此，有些读者还是会认为，本书中讨论的某个哲学家已经得出了道德的真相，而理由则可能是反对意见无关紧要，或者可以得到回答。这些读者会希望进一步深入研究自己最感兴趣的那些人的思想。而也会有人认为，本书中讨论的观点全都没有抵达道德的真相，因而希望去探索其他理论家的著作，或是丰富和发展自己原有的道德哲学中的内容。

从道德哲学中学习

在本书的最后，我想简单谈一谈在谈论这些伟大道德哲学家的过程中，我自己有什么样的收获。现在，道德哲学通常被描述为主要包括“三大思想传统”：功利主义、康德的道义论和亚里士多德的德性伦理学。这也暗示了想认真研究道德哲学的学生，只能在三者之间做出选择：你是一名（彻底的或者改良的）功利主义者，还是道义论者，抑或德性论者？本书后面的几章极有可能鼓励了这种方式，因为把理论家视为争论对手，可能是理解其思想的最佳途径。还有另一种途径，就是试图证明在最基本的层面上，不同的理论其实是可以兼容的。我们讨论过这样的例子，比如罗伊·哈罗德在发展规则功利主义时，就曾试图将康德的道义论纳入其中。可以说，约翰·斯图亚特·穆勒也进行过类似的尝试；而其他作者同样在继续发表论文和书，试图揭示不同理论在更深层次上具有的潜在联系。

我自己的方法则有些不同。我不太相信本书中提到的某种理论给出了道德的“全部真相”。但与此同时，我也无法接受本书中探讨过的作者全都错了。他们的思想和智慧所具有的深度，以及他们对讨论主题给予的关注——通常几十年如一日——使得他们极不可能什么重要的东西都没发现。在我看来，哲学中最常见的错误是窥到一斑，但以为自己已经了解了全豹。可这并不意味着把不同的见解融为一个完整的理论会易如反掌。我们或许需要从不同理论中各取一部分，来创立一种普遍性的立场。

那么，本书后面几章所讨论的哲学家对我自己的道德观有什么启发呢？从边沁和穆勒那里，我发现把一个想法铭记在心很有帮助，那就是如果无法证明某些事物对人类或其他有感知能力的生物是有害的，那么也很难理解为什么它应当被认为是错误的。拿在星期天还营业的商店来说，在我小时候，英国的法律禁止大多数商店在星期天营业。对于这项政策，人们给出了两种不同论点。一是星期天是“礼拜日”，大家应该奉行这一习俗。二是星期天商店营业会扰乱雇员的家庭生活，因为根据雇佣条件，他们被迫要在这一天上班。按照边沁和穆勒的思想，第一个论点无足轻重。那些希望做礼拜的人完全可以选择这么做，但无权强迫别人也接受这种理念。不过，第二个论点需要认真对待。如果家人没机会一起相处，那么家庭生活被打乱就可能造成重大影响，比如孩子无法获得他们所需的支持。当然，赞同的论点也不少，比如星期天营业可以促进贸易、旅游，还能方便大众。这些赞同的论点最终赢得了胜利：星期天营业获得许可，尽管还是有些限制。不过，正如边沁和穆勒认为的那样，论证的基础只能是事物对人有害还是有益，而非宗教传统要求怎么做。

由此，边沁和穆勒让我们把注意力集中在行为和政策的后果上：什么会给人们带来伤害，什么又能使他们受益？不过，功利主义立场最大的棘手之处在于，最大化原则可能会导致不公正。康德的道德立场可以用来纠正这种偏差，并且如上所述，即便人们拒绝把康德思想视为自身道德立场的基础，也可以像我一样，至少从康德的两个洞见中获得一些启发。

首先，普遍法则公式问你是否会希望你的行为准则应当成为普遍法则。虽然在解释和应用上尚有一些问题，但是康德的观点会让你思考如何向他人合理解释你的行为，尤其会使任何涉及胁迫或欺骗的事变得充满疑问。我们可能不会把这一点推向极端，说任何形式的强迫和欺骗都不能容许，但对于在特定情况下可以这么做，我们需要一个特殊的辩护理由。康德的第二个洞见是人性公式，即永远不要把他人仅仅视作达到目的的手段。这个公式可以排除某些功利主义似乎被迫接受的不公正（比如那些虽然无辜但仍受到惩罚的人，就是被视作了达到目的的手段），帮助你思考和周围的人拥有合适的道德关系会是什么样，还要求你即便后来发现违背诺言对你有利，也要遵守自己原先的承诺。但是与此同时，我认同女权主义关怀伦理对康德（和功利主义）道德的大部分批判：我们需要多关注人与人之间关系的本质以及我们的情感生活，并且承认我们遭遇的许多道德境遇具有复杂性。

最后，我从亚里士多德主要汲取了三个观点。第一，美好的生活和道德良好的生活之间的区别，并不像哲学家有时认为的那样明确。道德良好的生活也应该是一种愉快的生活，比如对于教养得当的人来说便是如此。第二，由此可以得出：道德同个人品格和行动都有关系。因此，我们对自己和他人的态度，以及我们在同他人打交道或处理道德问题的特定场合中表现出的相应情绪，都关涉重要的伦理问题。第三，我们不能指望道德具有精准性，也不要想着可以用一条道德准则来回答我们的所有问题。但需要再次强调的一点是，我们必须注重女权主义者的洞见，也就是道德和道德哲学是两种社会实践，可能将女性排除在外，甚至导致她们受到压迫。所以，我们必须时刻思考我们做的事情会怎样将那些无法和我们享有同等特权的人排除在外或者边缘化。

虽然我从不同道德哲学家那里汲取了不同观点，但我不会假装这样就好像让他们的观点取得了和谐一致。此外，从不同理论中截取内容，必然会引出在某种具体情况下该怎么做的棘手问题。这些伟大的道德哲学家对我所说的这些会怎么看呢？边沁和穆勒可能会主张，我描绘的这幅画面实际上还是功利主义，只不过进行了乔装打扮，从长远的角度来看问题。而康德很有可能斥之为大众化思考，是“令人作呕的大杂烩”。亚里士多德则可能会宽容些，认为我即便尚未抵达终点，至少正走在通往道德成熟的道路上。而且，他尤其会赞同我们在研究伟大哲学家的著作时，没有把它们纯粹当作某种智力练习，而是将它们用作一种培养道德人生观的途径。但愿我在本书中没有给大家留下“道德哲学不过是一项学术事业”的印象。

关键思想家

阿奎那，圣托马斯（Aquinas, St. Thomas, 1225—1274）。他可能是天主教思想传统中最重要的神学家、哲学家，尤以作品《神学大全》（*Summa Theologica*）而闻名，这本书将伦理和宗教问题合在一起进行了探讨。他还是重要的自然法理论家。

艾耶尔，A. J.（Ayer, A. J., 1910—1989）。英国哲学家，尤以著作《语言、真理与逻辑》（*Language, Truth and Logic*, 1936）闻名于世。在书中，他将奥地利"维也纳学派"的哲学著作介绍给了英语读者。

安斯康姆，伊丽莎白（Anscombe, Elizabeth, 1919—2001）。20 世纪重要的英国哲学家，在很多话题上都有著述，不过尤以在心灵和行为哲学方面的著作而闻名。她的天主教信仰极大影响了她在道德哲学上的写作。

奥金，苏珊·穆勒（Okin, Susan Moller, 1946—2004）。女权主义政治哲学家，出生于新西兰，主要在美国从事研究。

奥卡姆，威廉（Ockham, William of，约 1287—1347）。中世纪英国哲学家，以奥卡姆剃刀原理而闻名：如无必要，勿增实体（也就是说，我们应当倾向于最简单的理论）。他的著作探讨了许多神学、逻辑和哲学话题。

奥尼尔，奥诺拉（O'Neill, Onora，生于 1941 年）。班加夫女爵士奥尼尔，道德哲学家，尤以对康德道德哲学的解读和发展而闻名。1999 年，她被任命为英国上议院议员。

巴特勒，约瑟夫（Butler, Joseph, 1692—1752）。神学家、道德哲学家，其作品多以布道词的形式出版，强调良知在道德信念和行为中的重要地位。

巴特勒，朱迪思（Butler, Judith，生于 1956 年）。女权主义哲学家、性别理论家，尤以《性别麻烦》（*Gender Trouble: Feminism and the Subversion of Identity*, 1990）而闻名。

柏拉图（Plato，公元前 429？—公元前 347）。古希腊哲学家，西方哲学传统最重要的创建者之一。他是苏格拉底的学生、亚里士多德的老师。其作品主要是对话录形式，对话的主角则通常是苏格拉底。有人说，柏拉图之后的所有哲学都是"为他做的脚注"。

贝尔，安妮特（Baier, Annette, 1929—2012）。道德哲学家，出生于新西兰。贝尔的大部分学术生涯在美国度过，撰写了许多有影响力的女权主义著作。

本尼迪克特，鲁思（Benedict, Ruth, 1887—1948）。美国著名人类学家，尤以其著作《文化模式》（*Patterns of Culture*, 1934）而闻名。

边沁，杰里米（Bentham, Jeremy, 1748—1832）。英国哲学家、法律理论家，著作颇丰，并以"最大幸福原则"（也就是功利主义）为根据，在作品中呼吁世界各地进行大量的法律改革。

达尔文，查尔斯（Darwin, Charles, 1809—1882）。英国生物学家、进化论的创立者，他最重要的著作是《物种起源》（*On the Origin of Species*, 1859），其中详细阐释了该理论。

道金斯，理查德（Dawkins, Richard，生于 1941 年）。英国生物学家，向大众普及了"自私基因"理论，也因反对宗教而闻名。

德·波伏娃，西蒙娜（de Beauvoir, Simone, 1908—1986）。法国作家、哲学家，其作品《第二性》（*The Second Sex*, 1949）是女性主义哲学的经典著作。

德沃金，安德莉亚（Dworkin, Andrea, 1946—2005）。美国激进的女权主义者，尤以和凯瑟琳·麦金农在色情作品上的合作研究而闻名。

狄更斯，查尔斯（Dickens, Charles, 1812—1870）。英国小说家，公认的19世纪最伟大的作家之一。

杜波依斯，W. E. B.（Du Bois, W. E. B., 1868—1963）。极有影响力的非洲裔美国哲学家；著有许多重要作品，如《黑人的灵魂》（*The Souls of Black Folk*, 1903）。

法兰克福，哈里（Frankfurt, Harry，生于1929年）。美国哲学家，尤以维护相容论及政治哲学方面的著作而闻名。另著有畅销书《论扯淡》（*On Bullshit*, 2005）。

法斯托-斯特林，安妮（Fausto-Sterling, Anne，生于1944年）。美国生物学家、性别理论家，尤以将人们对性别的理解扩展到传统分类之外而闻名。

芬乃伦，弗朗索瓦（Fénelon, François, 1651—1715）。法国大主教，尤以《忒勒玛科斯历险记》（*The Adventures of Telemachus*）而闻名，据说该小说影响了法国大革命。

弗莱，玛丽莲（Frye, Marilyn，生于1941年）。美国女权主义哲学家，将鸟笼比喻引入了女权主义分析中。

弗里克，米兰达（Fricker, Miranda，生于1966年）。当代英国哲学家，以著作《认识论的不义》（*Epistemic Injustice*, 2007）而闻名，该书将道德哲学和认识论中的问题结合在一起进行了探讨。

富特，菲利帕（Foot, Philippa, 1920—2010）。英国道德哲学家，在德性伦理学的复兴上起到了很大作用。

甘地，圣雄（Gandhi, Mahatma, 1869—1948）。印度独立运动的领袖，以倡导非暴力不合作而闻名于世。

哥白尼，尼古拉（Copernicus, Nicolaus, 1473—1543）。波兰天文学家、数学家，创立了以太阳而非地球为中心的宇宙理论模型。

葛德文，威廉（Godwin, William, 1756—1836）。英国政治哲学家，尤以为无政府主义辩护而闻名。

贡斯当，邦雅曼（Constant, Benjamin, 1767—1830）。瑞士裔法国政治哲学家。

哈丁，桑德拉（Harding, Sandra，生于1935年）。美国科学哲学家、女权理论家。

哈罗德，罗伊（Harrod, Roy, 1900—1978）。英国经济学家，在哲学领域以区分行为利己主义和规则利己主义而闻名。

哈伊，卡罗尔（Hay, Carol，出生年份未知）。美国女权主义政治哲学家，发展出了以康德思想为基础的女权主义。

海特，乔纳森（Haidt, Jonathan，生于1963年）。美国社会心理学家，主要研究方向是道德心理学。

汉普顿，珍（Hampton, Jean, 1954—1996）。美国政治哲学家，尤以探讨托马斯·霍布斯及社会契约方面的著作而闻名，并且对女权主义契约说做出了重要贡献。

赫尔德，弗吉尼亚（Held, Virginia，生于1929年）。美国道德和政治哲学家，著有许多重要的女权主义哲学作品。

赫斯特豪斯，罗莎琳德（Hursthouse, Rosalind，生于1943年）。新西兰哲学家，德性伦理学复兴中的重要人物。

黑尔，理查德（Hare, Richard, 1919—2002）。英国政治哲学家，以道德概念的逻辑及为功利主义辩护而闻名。

华兹华斯，威廉（Wordsworth, William, 1770—1850）。英国著名诗人，最著名的作品是《序曲》（*The Prelude*）。

黄百锐（Wong, David，生于1949年）。华裔美国道德哲学家，尤以维护文化相对主义的一种形式而闻名。

霍布斯，托马斯（Hobbes, Thomas, 1588—1679）。被讨论最多的英国政治哲学家之一，主张和平的保障需要一种服从于专职政府的社会契约。

霍尔丹，J. B. S.（Haldane, J. B. S., 1892—1964）。英国进化生物学家、数学家。

吉利根，卡罗尔（Gilligan, Carol，生于1936年）。美国社会心理学家，尤以著作《不同的声音》（*In a Different Voice*, 1982）而闻名，她在该书中论证了男女在处理道德问题时会采用不同的方式。

加缪，阿尔贝（Camus, Albert, 1913—1960）。阿尔及利亚裔法国哲学家、作家，最关注个人自由的问题。

贾格尔，艾莉森（Jaggar, Alison，生于1942年）。出生于英国的女权主义哲学先驱，其学术研究主要在美国进行。

金，小马丁·路德（King, Martin Luther Jr., 1929—1968）。非洲裔美国民权运动家，非暴力抵抗的倡导者，诺贝尔和平奖得主。

居里，玛丽（Curie, Marie, 1867—1934）。波兰裔法国物理学家、化学家，为放射性奠定了基础。居里是第一位两次获得诺贝尔奖的科学家。

卡里特，E. F.（Carritt, E. F., 1876—1964）。20世纪英国哲学家，以批判功利主义而闻名。

开普勒，约翰尼斯（Kepler, Johannes, 1571—1630）。德国数学家、天文学家，提出了行星运动的三大定律。

康德，伊曼努尔（Kant, Immanuel, 1724—1804）。非常重要和有影响的哲学家，其著作探讨了很多话题。出生于德国，尤以在形而上学方面的基础但深奥的著作而闻名，如《纯粹理性批判》（*Critique of Pure Reason*），也以研究道德哲学时严谨、规则化的方法而著称。

科尔伯格，劳伦斯（Kohlberg, Lawrence, 1927—1987）。美国心理学家，提出了道德发展阶段的理论，但该理论受到卡罗尔·吉利根的批评。

克伦肖，金伯莉（Crenshaw, Kimberlé，生于1959年）。非洲裔美国民权法学者、活动家，以提出“交叉性”概念而闻名。

肯雅塔，乔莫（Kenyatta, Jomo，约1891—1978）。肯尼亚第一任总统，此前是一位人类学家，著有《面朝肯尼亚山》（*Facing Mount Kenya*, 1938），该书主要研究肯尼亚的基库尤民族。

拉普拉斯，皮埃尔-西蒙（Laplace, Pierre-Simon, 1749—1827）。法国天文学家、数学家。

兰德，安（Rand, Ayn, 1905—1982）。俄裔美国小说家、哲学家，在美国公共知识界影响力巨大，力主保护自由市场经济，以及与之相应的个人主义。

劳尔德，奥德利（Lorde, Audre, 1934—1982）。非洲裔美国诗人、散文家、活动家。

里贝特，本杰明（Libet, Benjamin, 1916—2007）。美国神经系统科学家，设计过测试人类是否有自由意志的实验。

卢梭，让-雅克（Rousseau, Jean-Jacques, 1712—1788）。极具影响力的瑞士裔法国哲学家，尤以政治哲学方面的著作而闻名，如《社会契约论》（*The Social Contract*, 1762），以及教育学论著《爱弥儿》（*Emile*, 1762）。

罗尔斯，约翰（Rawls, John, 1921—2002）。美国哲学家，被认为是20世纪英语世界最重要的政治哲学家，尤以《正义论》（*A Theory of Justice*, 1971）而闻名。

罗素，伯特兰（Russell, Bertrand（1872—1970）。英国哲学家、逻辑学家，尤以其学术著作和左翼知识分子的身份而闻名。

洛克，约翰（Locke, John, 1632—1704）。英国著名哲学家，经验主义传统中的关键人物，主张所有知识都要通过经验获得。他也是一位极有影响力的政治哲学家，主张公民的自然权利要高于国家的主权。

马克思，卡尔（Marx, Karl, 1818—1883）。德国政治思想家、活动家和经济学家，激励了世界各地的共产主义革命。

马利坦，雅克（Maritain, Jacques, 1882—1973）。法国天主教哲学家，对自然法理论做出过贡献。

麦金农，凯瑟琳（MacKinnon, Catharine，生于1946年）。美国律师、激进的女权主义者、活动家，尤以她和安德莉亚·德沃金在色情作品方面的合作研究而闻名。

麦凯，J. L.（Mackie, J. L., 1917—1981）。澳大利亚哲学家，在许多哲学问题上都有著述，尤以《伦理学：发明对与错》（*Ethics: Inventing Right and Wrong*, 1977）而闻名。

麦克道威尔，约翰（McDowell, John，生于1942年）。当代哲学家，生于南非，现在美国工作，尤以伦理学、希腊哲学、语言哲学、精神哲学方面的著作而闻名。

曼德维尔，伯纳德（Mandeville, Bernard, 1670—1733）。荷兰裔英国哲学家、经济学家，其著作有经济讽喻诗歌《蜜蜂的寓言》（*The Fable of the Bees*, 1714）。

米尔斯，查尔斯（Mills, Charles，生于1951年）。牙买加政治哲学家和种族理论家，其学术生涯大部分在美国度过。米尔斯撰写了多部关注种族不公的著作，比如从种族理论角度分析社会契约。

摩尔，G. E.（Moore, G. E., 1873—1958）。英国哲学家，20世纪初英语语言哲学发展

中的关键人物。

穆迪-亚当斯，米歇尔（Moody-Adams, Michele）。当代非洲裔美国道德哲学家，对文化相对主义进行了细致的批判和评估。

穆勒，约翰·斯图亚特（Mill, John Stuart, 1806—1873）。出生于英格兰，但是苏格兰人的后裔。起初，穆勒是杰里米·边沁的追随者，后来开拓新方向，发展出了自己独特且极具影响力的道德观。他的作品触及范围很广，包括道德、政治、哲学和经济问题，并主张女性解放。

尼采，弗里德里希（Nietzsche, Friedrich, 1844—1900）。德国哲学家，其著作文采飞扬，主要涉及道德哲学、宗教和艺术哲学。尽管人们对其作品的实际含义仍然争论不休，但尼采的影响力依然非常大。他大半生备受健康问题困扰，而生命的最后十年更是饱受精神疾病的折磨。

牛顿，艾萨克（Newton, Isaac, 1643—1727）。英国数学家、物理学家，创立了运动定律和万有引力定律，并做出过许多重要发现。

诺丁斯，内尔（Noddings, Nel，生于1929年）。美国教育哲学家，尤以著作《关怀：伦理学与道德教育的女权主义进路》（*Caring: A Feminine Approach to Ethics and Moral Education*, 1984）而闻名。

诺齐克，罗伯特（Nozick, Robert, 1938—2002）。美国政治哲学家，尤以对政治哲学中的自由至上主义的维护而闻名。

佩特曼，卡罗尔（Pateman, Carole，生于1940年）。英国政治哲学家、女权主义者，其学术生涯大部分在美国度过，尤以关于民主制度的著作和从女权主义角度对社会契约的批判而闻名。

圣奥古斯丁（St. Augustine, 354—430）。早期基督教神学家、哲学家，尤以《上帝之城》（*City of God*）和《忏悔录》（*Confessions*）闻名于世。

叔本华，阿图尔（Schopenhauer, Arthur, 1788—1860）。德国哲学家，以对人类境况的悲观态度而闻名。他专门研究了伊曼努尔·康德的哲学，并受到了印度哲学的影响。

斯蒂文森，查尔斯·莱斯利（Stevenson, Charles Leslie, 1908—1979）。美国道德哲学家，情绪主义的主要推动者之一。

斯密，亚当（Smith, Adam, 1723—1790）。苏格兰经济学家、道德哲学家，尤以《国富论》（*The Wealth of Nations*, 1776）一书闻名于世。

苏格拉底（Socrates，公元前470/469—公元前399）。古希腊哲学家、西方哲学的奠基人之一，未留下任何著作，主要作为学生柏拉图在其对话录中创作的同名角色而为人所知。

泰勒，哈丽特（Taylor, Harriet, 1807—1858）。女权主义作家、哲学家。第一任丈夫去世后，她嫁给了约翰·斯图亚特·穆勒，并深刻影响了穆勒后期的作品。

汤瓦，戈弗雷·B.（Tangwa, Godfrey B.），当代喀麦隆哲学家，主要研究道德和生物伦理学。

特恩布尔，科林（Turnbull, Colin, 1924—1994）。英国裔美国人类学家，尤以介绍艾克民族的《山民》（*The Mountain People*, 1972）这本充满争议的书而闻名。

特蕾莎，修女（Teresa, Mother, 1910—1997）。一位阿尔巴尼亚裔的天主教修女，毕生致力于帮助印度的穷人和病人。尽管有人质疑过她的善行程度，但她在2016年被追封为圣人。

特鲁斯，索杰纳（Truth, Sojourner，约1798—1883）。非洲裔美国民权活动家，在奴隶制下出生，后逃离。以众多演讲而闻名，如《我难道不是女人？》（Ain't I a Woman?, 1851）。

图灵，艾伦（Turing, Alan, 1912—1954）。英国逻辑学家、数学家。现代计算机的发明者之一，也是第二次世界大战中重要的密码破译者。1952年，他因同性恋罪受审并接受激素治疗，1954年死于氰化物中毒，极可能是自杀。

吐温，马克［Twain, Mark, Samuel Langhorne Clemens（1835—1910）的笔名］。美国作家，作品包括《汤姆·索亚历险记》（*The Adventures of Tom Sawyer*, 1876）、《哈克贝利·费恩历险记》（*Adventures of Huckleberry Finn*, 1885）。

陀思妥耶夫斯基，费奥多尔（Dostoyevsky, Fyodor,

1821—1881）。俄国小说家，作品常探讨深刻的哲学问题，如《地下室手记》（*Notes from the Underground*, 1864）、《罪与罚》（*Crime and Punishment*, 1866）、《卡拉马佐夫兄弟》（*The Brothers Karamazov*, 1880）。

王尔德，奥斯卡（Wilde, Oscar, 1854—1900）。爱尔兰剧作家。其主要作品包括《雷丁监狱之歌》（*The Ballad of Reading Gaol*, 1898），这是他从一所英国监狱获释后创作的；此前，他曾因同性恋罪名被关进监狱，做过两年苦役。

威廉斯，伯纳德（Williams, Bernard, 1929—2003）。英国哲学家，尤以道德哲学方面的研究闻名于世。他在大量话题上都写过有影响力的作品。

沃斯通克拉夫特，玛丽（Wollstonecraft, Mary, 1759—1797）。英国政治哲学家，著有《男权辩护》（*A Vindication of the Rights of Men*, 1790）及随后的《女权辩护》（*A Vindication of the Rights of Woman*, 1792），后者是一本极有影响力的早期女权主义作品。其母为《科学怪人》（*Frankenstein*, 1818）的作者玛丽·雪莱。

西季威克，亨利（Sidgwick, Henry, 1838—1900）。英国道德哲学家、经济学家，功利主义的重要维护者。

希罗多德（Herodotus，公元前484—公元前425）。古希腊作家，据说是第一位历史学家。

席勒，弗里德里希（Schiller, Friedrich, 1759—1805）。德国诗人、剧作家、哲学家。

辛格，彼得（Singer, Peter，生于1946年）。当代澳大利亚功利主义哲学家，尤以他在许多当代道德问题上毫不妥协的观点而闻名，如动物解放和应对全球贫困的道德必然性。

辛格，马科斯（Singer, Marcus, 1926—2016）。美国道德哲学家。

休谟，大卫，（Hume, David, 1711—1776）。苏格兰哲学家，其作品在一系列哲学问题上影响巨大，不过在他那个时代，休谟更为人所知的身份是历史学家。

亚里士多德（Aristotle，公元前384—公元前322）。世界最伟大、最具影响力的哲学家之一。他是柏拉图的学生，但对柏拉图的许多学说有着完全相反的看法。他的著作涉及的话题范围极广，从伦理学、政治学、修辞学到形而上学，甚至还有生物学。

杨，艾莉丝·玛丽昂（Young, Iris Marion, 1949—2006）。美国女权主义政治哲学家，著有多部影响力巨大的作品，如《正义与差异的政治》（*Justice and the Politics of Difference*, 1990）。

杨希，乔治（Yancy, George，生于1961年）。非洲裔美国哲学家，主要研究种族哲学的问题。

伊壁鸠鲁（Epicurus，公元前341—公元前270）。古希腊哲学家，现在通常会和享乐主义（epicureanism）联系在一起，但事实上却是一位系统性的思想家，他有关追求幸福和自由的理念，实质上是探索世界的本质及人在其中的位置这一宏观构想的一部分。

尤金尼德斯，杰弗里（Eugenides, Jeffrey，生于1960年）。美国小说家，著有《中性》（*Middlesex*, 2002），书中探讨了双性别的主题。

扎克，内奥米（Zack, Naomi，生于1944年）。美国哲学家，尤以关怀伦理学方面的著作而闻名。

术语表

薄/厚伦理概念（thin and thick ethical concepts）。伯纳德·威廉斯构建的一个区分。厚伦理概念的含义中包括了描述性内容，比如"勇敢"。薄概念则不包含，比如"正确"。

本质主义（essentialism）。在女权主义理论的语境中，通常被用来指责男女的典型属性被视为是本质、不变的特征。该观点的反对者宣称，这类特质是社会化的结果，而非本质。

边际效用递减（diminishing marginal utility）。该理念认为，某种善的次级单位通常会比第一级带来的快乐或幸福（"功利"，或译为"效用"）要少，依次递减。一般被用作"论证"的一部分，如论证功利最大化有利于物品的平均分配。

表达主义（expressivism）。有时被用作"情绪主义"的同义词，但有时更广义，指道德判断表达的不只是情绪，还有其他东西，比如态度。

博弈论（game theory）。经济学和心理学的一个领域，试图将社会情况简化为形式结构（或者"博弈"）。研究者可以通过这种方式建立可能的策略模型，进而通过数学和概率理论来决定每种情况中的最佳"行动"。

不相容论（incompatibilism）。该理念认为，如果"决定论"为真，那么人类便没有"自由意志"。

常识道德（commonsense morality）。日常的道德观点，通常被用来测试道德理论：它们同常识道德矛盾吗？

重估一切价值（revaluation of all values）。尼采提出，有必要重估一切传统价值观，以便决定它们是否真的有价值。

错误论（error theory）。该观点与 J. L. 麦凯有关，主张道德判断表达的是真正的信念，但鉴于客观道德价值并不存在，而所有道德判断都预设了道德价值的存在，所以这类判断都是错误的。

搭便车（free riding）。指某个人自己不参与合作，却依赖他人合作成果的情况。

道德动机（moral motivation）。在通常情况下，任何行为都是由行为主体的信念和欲望驱使的。根据一些道德理论，比如康德的思想，某种行为只有在出于正确的道德原因时，才具有道德价值。

道德感（moral sense）。这个概念指的是，人有能力通过某种天生的能力来辨别对与错。

道德实在论（moral realism）。"客观主义"的一种形式，认为价值在某种意义上存在于世界中。

道德虚无主义（moral nihilism）。该观点认为，道德本身空无一物，并不存在什么行为对错的道德真理或标准。

道德直觉（moral intuition）。指无论在真实情况还是在思维实验中，对于该情况的反应，而该反应表达的是对于所描述的事物是否在道德上可接受的意见。

道义论（deontology）。该理论从履行义务而非实现可欲结果的角度来定义正确的行为。主张道义的理论在定义的正确通常与善无关。对比"结果主义"。

德性（virtue）。指的是导致一个人从道德上值得钦佩的角度进行推理、感受或行动的个性倾向。

德性伦理学（virtue ethics）。一种伦理学方法，关注的是一个人的性格，其理论基础是"德性"和"恶习"概念。

对理论（theory of the right）。有关人如果要做出在道德上正确的行为，应该如何去行动的理论。

恶习（vice）。“德性”的对立面，指的是那些导致一个人从道德上有问题的角度进行推理、感受或行动的个性倾向。

eudaimonia。亚里士多德有关人类福祉的概念。又被翻译为 happiness（幸福），不过 flourishing（茁壮成长，兴盛）可能是更准确的译法。

反直觉（counterintuitive）。某一理论支持的行为与道德直觉相反。比如，某个理论得出杀死无辜之人是正确的做法，那么便通常可以说该理论是反直觉的。

非认知主义（noncognitivism）。该观点认为，道德判断并没有陈述真正的“认知”或信念，因此无关真伪。“情绪主义”“表达主义”都是非认知主义立场的例子。

父爱主义 / 家长式统治（paternalism）。指的是以另一种行为会更好为依据，推翻某个人自己所做的选择，比如父母有时候会这样对孩子。

个人主观主义（Individual subjectivism）。该观点认为，道德真理应由每个人自己决定。那种限制或约束个人应该在道德问题上如何思考的普遍道德准则，并不存在。

工具价值（instrumental value）。说某物具有工具价值，就是说它并非仅仅自身具有价值，而是还有可能帮助引出其他事物的“固有价值”。某物可以同时具有固有价值和工具价值。

公共物品问题（public goods problem）。公共物品是指那些如果有人提供，可以被那些没有出钱的人也享受的物品——比如，公共道路上的街灯。这类物品之所以被视为问题，原因在于对个人而言，明显且合理的策略是等着别人来为该物品付钱；但如果人人都这么做，那么该物品就永远不会有人提供，虽然这样的物品对每个人都会有益。另见“搭便车”。

功利（utility）。主观幸福的衡量尺度，与幸福和快乐有密切关系。

功利的人际比较（interpersonal comparisons of utility）。拿一个人的幸福同另一个人的进行衡量和比较。

功利主义（utilitarianism）。该道德理论认为，任何情况下，正确的做法都是能让总的幸福减去总的不幸的值达到最大。

古怪性论证（argument from queerness）。J. L. 麦凯的论证，指客观道德价值是太过古怪或不寻常的实体，根本不可能存在。

固有价值（intrinsic value）。说某物具有固有价值，就是说它本身具有价值。某物可以同时具有固有价值和工具价值。

关怀伦理学（ethics of care）。该理论通常和从女权主义角度处理伦理问题的方式联系在一起，强调人际关系和特定情况的重要性，与之相对的是试图用一般原则来处理不同情况的抽象原则伦理。对比“正义伦理学”。

归纳推理（induction）。通过观察某一般性假设的重复实例，为其提供支持。比如，所有的天鹅都是白色的，这一假设可通过找到许多白天鹅的例子，进而归纳出来。但归纳永远不是证明。

规范伦理学（normative ethics）。这个领域研究的是道德要求人们做什么。

规则功利主义（rule utilitarianism）。“功利主义”的一种形式，指从行动遵守规则的角度来定义正确的行为，二者合起来会将“功利”或幸福最大化。对比“行为功利主义”。

后验（*a posteriori*）。“经验主义”的另一种说法。

互惠利他论（reciprocal altruism）。该理论认为，利他的情况可以在人与人之间的互相合作中产生。

假困境（false dilemma）。指将两个（或多个）选项视为“困境”的情况，但实质上并非如此，因为选项既不“穷尽”（还有其他可能性），也不“排他”（可选不止一个选项）。

假言命令（hypothetical imperative）。有条件的命令，其形式为“如果你想实现 x，则做 y”。根据康德，道德命令是绝对命令（无条件），不具有假设性质。

间接歧视（indirect discrimination）。如果某项政策虽然并非有意为之，却给某个群体的成员制造了困难，则被称为间接歧视。对比“直接歧视”。

交叉性（intersectionality）。该思想认为，一个人遭受不止一种形式的压迫时——比如一个黑人女性——那么她的经历无法被简化为她所属的两个群体（分别是女性和黑人）所遭受的压迫之和。

教条主义（dogmatism）。指没有慎重考虑可能质疑某观点的证据或“论证”而信奉该观点。

结果主义（consequentialism）。任何按照行为的结果来判断行为是否符合道德的理论。这种思想通常从善的角度来定义正确（的行为）。比如，“功利主义”便是一种结果主义理论，因为它对正确行为的定义是可以将善（幸福或“功利”）最大化的行为。对比“道义论”。

经验主义的（empirical）。指通过感官证据获得。

境遇伦理学（situational ethics）。该思想认为，正确的做法会因为具体情况不同而有差异，并非全都可以按照适用于不同情况的一般原则来做。

决定论（determinism）。否认“自由意志”，主张我们的选择最终由意志之外的其他因素决定。

绝对命令（categorical imperative）。康德思想体系中道德的最基本原则或命令。比较“假言命令”。

绝对义务和非绝对义务（perfect and imperfect duties）。这个区分可以有多种使用方式，但通常是按照下述意义来理解的：绝对义务适用于所有情况，比如不自杀；而非绝对义务则只是偶尔需要履行，而不是在该义务可能适用的情况中都必须履行，比如慈善捐款的义务。

可靠性（soundness）。指从真前提中推导出有效论证的情况。如果前提不真，那么即便论证在逻辑上有效，那它也是不可靠的。

客观性（objectivity）。见“客观主义”。

客观主义（objectivism）。在道德哲学中，客观主义指有关道德的说法具有某种超越主观意见的有效性，并且通常涉及这样一个概念：道德观念在某种程度上以现实的本质为基础，对所有时代的所有人来说都成立。

困境或二难推理（dilemma）。指被迫在两个（或多个）显然“穷尽”和“排他”的选项间做出选择，每个选项都有充分的优势（或劣势），但不能同时都选择。

类比（analogy）。对两个知识或探索领域进行比较，以期对其中一个领域的了解能为另一领域带来见解。

良知（conscience）。这是一种对是非显而易见的直觉信念，会影响情绪、动机和内疚感。

伦理利己主义（ethical egoism）。该理论认为，每个人都有道德义务去追求他或她的自利。

论证（argument）。应用推理的原则，以一些命题为基础，证明某一命题或为其提供依据。

逻辑形式（logical form）。一个用日常语言叙述的论点，通常可以被拆解为一步步的逻辑论据，进而揭示该论证的逻辑形式。

逻辑有效性（logical validity）。在论证中，如果前提皆为真，那么结论也必然为真。逻辑有效的论证，结论的对立面会与前提矛盾，可以借此测试某论点的逻辑有效性。

矛盾（contradiction）。两个（或多个）命题，纯粹从逻辑推理的角度来看，不可能同时为真。

目的论观点（teleological view）。行为或观点指向某种目标或目的，或者可以从目标或目的的角度来证明其合理性。

鸟笼（birdcage）。用来比喻压迫，指不同的实践共同制造不利形势，即便某中具体实践单独来讲并没有责任。

奴隶道德（slave morality）。尼采对他那个时代的道德——主要是基督教道德——的评价，意思是这类道德只适合奴隶。

偶然性（contingency）。如果某一事实为真，但我们也可以想象出它可能为假的情况，那么便可以说这一事实具有偶然性。

排除论证（argument by elimination）。找出包含具有穷尽性的选项集合（也就是说，包含了所有可能性），除一个选项外，对于其他所有选项均能给出有说服力的反对理由，那么，剩下的那个便是无法反驳的选项。

排他（exclusive）。指两种或两种以上的信念或选项中只有一种可以选择。

普遍化（universalization）。通过想象世界上所有人都按照你的提议来做，然后判断行为在道德上是否适当。

乞题（begging the question）。“循环论证”的

另一种叫法。

亲缘利他论（kin altruism）。该理论认为，近亲之间更有可能互相做出无私的行为。这与“自私基因”理论高度契合。

情绪主义（emotivism）。该思想认为，从严格意义上来讲，道德判断无关真伪，而是在表达我们的情绪。

穷尽（exhaustive）。指一系列选项能包含所有可能性。

囚徒困境（prisoner’s dilemma）。指两个人处在某种情况或游戏中时，各自追求自利而导致的结果，会比两个人通过合作能实现的结果更糟糕。

群体利他论（group altruism）。该理论认为，群体中的成员如果对他人表现出利他的关切，则该群体比那些没有表现出此类关切的群体，更有可能延续并壮大起来。

认识论（epistemology）。研究我们能知道什么以及如何知道的哲学领域。

善的理型（form of the good）。柏拉图版的“道德实在论”，指完美的价值存在于经验世界外，而我们在世界中遇到的价值只是不完美的复本。

善理论（theory of the good）。对世界中的善或可欲要素的一种解释。比如，“功利主义”提出幸福或快乐是至善。

社会契约（social contract）。道德哲学和政治哲学中一些观点的总称，指道德或国家的权威，在一定意义上，要依赖人们达成的协议。

神命（divine command）。在道德哲学中，该观点指道德要求是上帝的命令。

审慎（prudence）。指追求或保护一个人合理的自利。

实践智慧（phronesis）。在亚里士多德的思想中，指实用的智慧或者有关如何行动的知识。

“是什么的知识”和“如何做的知识”（knowledge-that and knowledge-how）。是什么的知识是命题知识的简单说法，即知道某物为真。相比之下，如何做的知识是指在实践意义上知道如何做某事。通常认为，如何做的知识可以在无法说清你知道什么的情况下掌握（比如，知道如何游泳指的是获得一项技能，而不是说学会一套命题）。

事实/价值差别（fact/value distinction）。该主张认为，事实问题与价值问题之间存在巨大差别，并且认为从纯粹的事实前提推出价值结论是一种逻辑谬误。

思维实验（thought experiment）。构建一种虚构的情况，以阐释某个理论或者检验它是否同我们的直觉相符。

斯多葛主义（Stoicism）。古希腊哲学的主要思想流派之一。斯多葛学派对很多话题都发表过观点，但在道德哲学中，他们主要强调道德推理的重要性，拒绝道德决策受到情绪的影响。此外，他们还强调我们的内心状态比外在表现或成就更重要。

溯因推理（abduction）。“最佳解释论证”的另一种叫法。

他律（heteronomy）。在康德的思想体系中，他律行为指的是根据你的欲望而非道德律做出的行为。对比“自律”。

伪相对主义（pseudo-relativism）。该观点认为，每个社会都有权按照自己的价值观生活，其他社会无权干涉。它与“文化相对主义”不同的地方在于它认同不干涉的普遍价值。

文化相对主义（cultural relativism）。或称“道德相对主义”或“伦理相对主义”。这一学说认为，道德与每种文化相关，因而没有任何总括性的理论可以评估或对比所有文化中的道德规范。

无穷倒退（infinite regress）。这个说法用来描述针对某一问题提出的解决方案会得出与其意图解决的问题完全相同的问题。因此，如果每次使用同样的解决方案，问题便会一直无穷无尽地重复下去。

无知之幕（veil of ignorance）。约翰·罗尔斯提出的一个概念，用来确保在应用社会契约理论时，我们不会偏向自己的利益。相应地，罗尔斯提出，我们在达成协议时，应当假设我们对和自己有关的事实一无所知，比如种族、宗教、性别、才能、家庭背景、价值观等等。

先验（*a priori*）。通过诸如逻辑或纯粹的推理等方法来知道，而不依赖感官证据。

相容论（compatibilism）。认为“决定论”和“自由意志”可以融合的一种立场。

心理利己主义（psychological egoism）。该理论认为，从心理角度而言，人在某种程度上不得不追求自己的利益。

行动者因果性（agent causation）。该思想认为，如果人拥有自由意志，那么作为行动者，人便是导致行为发生的原因，而不是说行为的根本原因在某种意义上不受其意志或意图的控制。

行为功利主义（act utilitarianism）。"功利主义"的一种形式，从行为将幸福或者"功利"最大化的角度来定义其正确性。对比"规则功利主义"。

行为准则（maxim of action）。在康德的道德哲学中，每种行为都有一条准则，该准则可能被视为采取该行动的原因。它可以被用来检验某种行为是否是出于义务而做出的。而检验的目的则是要看一看行为准则能否被"普遍化"。

形而上学（metaphysics）。指研究宇宙中到底存在什么的哲学领域。

性别，社会的（gender）。指社会角色，通常同阳刚和阴柔的行为联系在一起。社会性别通常被认为要比生物学意义上的生理性别更具有社会偶然性。

性别，生理的（sex）。区别男性和女性的生理与心理特征。

性骚扰（sexual harassment）。指具有性意涵但不受欢迎的行为或话语，通常发生在职场上，并且目标是某个具体的人。

循环论证（circular argument）。一种论证方式，即将意在证明的结论用作论证的前提。由于已经预设了要证明的事物为真，因此最终什么都没有证明。

一词多义谬误（equivocation）。在"论证"中同时使用了一个词的多个意思。通常，这会使论证变得无效。

应用伦理学（applied ethics）。通过哲学推理探索某一道德问题，如是否允许堕胎。

元伦理学（meta-ethics）。指研究道德价值的本质以及我们如何知道它的学问。

原初状态（original position）。指"无知之幕"后面的人的状况。

正义伦理学（ethics of justice）。指以形式、抽象的途径进行道德推理，其基础是将一般原则应用在具体个案上。对比"关怀伦理学"。

政治责任模式（political responsibility model）。该主张认为，终结不公正的责任不能仅仅落在那些可以被指责造成了不公正的人的身上，因为责任的分布要更广。

直接歧视（direct discrimination）。如果某项政策的意图是歧视某一群体的成员，便被称为直接歧视。对比"间接歧视"。

智者派（Sophist，另译诡辩家）。起初是古希腊哲学家中的一个派别，受雇于富有的雅典人，教他们培养推理技能。现在通常用来描述那种为了追求自利而有意进行错误推理的人。

自律（autonomy）。通常被理解为自治。在康德哲学中，还同遵守道德的"绝对命令"并出于义务而行动的思想有关。对比"他律"。

自然法（natural law）。该思想认为，某些法则不依赖人类行为而存在。通常认为，这类法则是通过"自然理性"发现的。

自然关怀（natural caring）。日常生活发生的关怀，比如母亲对孩子或者家人对家人的关怀。

自然理性（natural reason）。该思想认为，人类天然地拥有理性分析的能力，可以不依赖经验或者其他证据来源，而得出实质性的结论。

自私基因（selfish gene）。一种生物学理论，认为基因有一种固有的驱动力，会保护个体自身或其他个体中的相同基因。

自由意志（free will）。该理念认为，人类有能力自由地做出决定，并践行这些决定。

自由意志主义（libertarianism）。这个术语在哲学中含义较为模糊；有时被用来指我们拥有"自由意志"，有时则被用来指政治哲学中有关最低限度的政府干预的主张，尤其是在经济中。

自由主义（liberalism）。一组观点的统称，强调个人的自由和自主，承认不同的人和群体有不同的价值观。自由主义认为，没有谁有权利将自己的道德观念强加在他人身上。

总督府功利主义（government house utilitarianism）。该理论认为，尽管"功利主义"是对的，但只有当一般人被教导该理论是错误的且只有道德精英掌握真理时，幸福才会达到最大化。

最佳解释论证（inference to the best explanation）。指在证明一个理论时，依据的是它为某种观察到的现象提供了最合理的解释。比如，一般人们认为，在抽烟和肺癌的相关性上，最合理的解释是抽烟会导致肺癌，虽然也可能有其他解释理由。

索引

致谢

写这本书期间，我欠了许多人情债。我记得第一个建议我为 W. W. Norton 出版社写这本书的人是罗比·哈林顿（Roby Harrington）。让我最终不再抗拒这一想法的人是肯·巴顿（Ken Barton），与我合作的第一位 Norton 的编辑是彼得·西蒙（Peter Simon），接着，肯回来后，接过了编辑的任务。我和肯在这本书上合作最多，但迈克尔·莫斯（Michael Moss）也扮演了重要角色，还有戴安娜·西波隆（Diane Cipollone）、香农·伊列克（Shannon Jilek）、克里斯蒂亚娜·蒂耶伦（Christianne Thillen）、玛丽安·约翰逊（Marian Johnson）、琼·杜（Quynh Do）、杰拉·戈夫（Gerra Goff）、本杰明·雷诺兹（Benjamin Reynolds）、阿什利·奥尔纳（Ashley Horna）、埃丽卡·弗嫩克（Erica Wnek）、利西·西吉洛（Lissi Sigillo）等同事，最终让本书得以出版。我尤其要感谢这些人，感谢他们在此期间对我的种种鼓励和给我提出的坚实建议。

在写作的各阶段，我收到过大量的意见。其中让我的思考转变最大的反馈，来自我曾经的博士生、道德和政治哲学家拉吉·塞加尔（Rajeev Sehgal），他接连为本书的两份草稿慷慨地做了批注，每次都对我写的内容表达了各种不满。我从他的建议中获益良多，采纳了其中的许多建议，但我还是担心自己没能消除拉吉的全部疑虑。书稿可能仍不完美，但在质量上已经有了很大的提升。此外，我还从其他很多人的反馈中受益匪浅。迈克尔·克伦克（Michael Klenk）、道格·里夫（Doug Reeve）、丹·吉勒里（Dan Guillery）、肖卡特·阿里（Showkat Ali）、卡提吉·哈尼夫（Khatiji Haneef）和唐·贝里（Don Berry）都给初稿的全部或部分内容提过意见。

我也非常感谢以下人员对后来的草稿提供的出色反馈，他们包括：阿卡迪亚大学的保罗·阿贝拉（Paul Abela），得克萨斯大学厄尔巴索分校的卡罗琳·T. 阿鲁达（Caroline T. Arruda），瑞查兰德学院的路易莎·本顿（Luisa Benton），科罗拉多大学波德分校的安德鲁·D. 查普曼（Andrew D. Chapman），费尔菲尔德大学的劳拉·T. 迪·苏马诺普（Laura T. Di SummaKnoop），加州州立大学奇科分校的埃里克·甘佩尔（Eric Gampel），贝克大学的唐·哈彻（Don Hatcher），马萨诸塞大学洛威尔分校的卡罗尔·哈伊（Carol Hay），南得克萨斯学院的德比·哈钦斯（Debby Hutchins），斯托克顿大学的罗杰·杰克逊（Rodger Jackson），纽约州立大学布法罗分校的亚历克斯·金（Alex King），迪由维尔学院的朱莉·基尔希（Julie Kirsch），约克大学的艾丽斯·麦克拉克伦（Alice MacLachlan），巴里大学的迈克尔·麦基翁（Michael McKeon），马萨诸塞大学达特茅斯分校的蒂莫西·J. 纳尔蒂（Timothy J. Nulty），休斯敦大学的安德鲁·帕韦利奇（Andrew Pavelich），蒙克莱州立大学的阿里纳·皮斯缅内（Arina Pismenny），得克萨斯大学厄尔巴索分校的亚历山大·皮耶瓦利察（Aleksandar Pjevalica），宾州州立大学的韦弗·圣阿涅洛（Weaver Santaniello），波士顿大学的苏珊·斯里达（Susanne Sreedhar），波士顿大学的丹尼尔·施塔尔（Daniel Star），得克萨斯农业机械大学科珀斯克里斯蒂分校的格伦·蒂勒（Glenn Tiller）；圣地亚哥大学的洛里·沃森（Lori Watson），俄亥俄州立大学的布赖恩·韦弗（Bryan Weaver）。

我尤其还要感谢普罗维登斯学院的德里克·鲍曼（Derek Bowman），宾州约克学院的罗里·克拉夫特（Rory Kraft），纽约市立大学的乔安娜·斯莫伦斯基（Joanna Smolenski），感谢他们在准备试题库和课程资料包方面所做的工作。